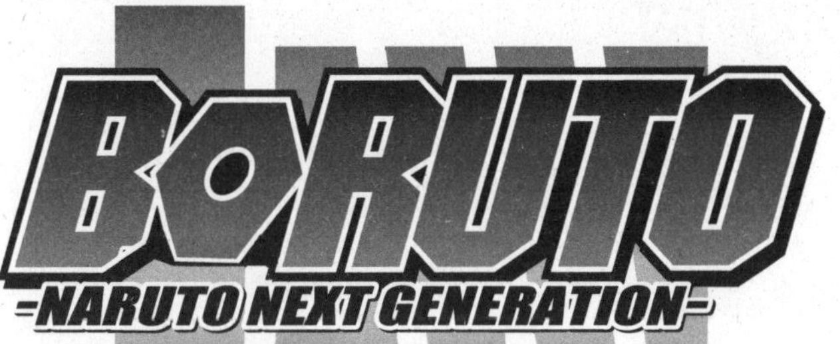

# 14. Schriftrolle Der Nachfolger

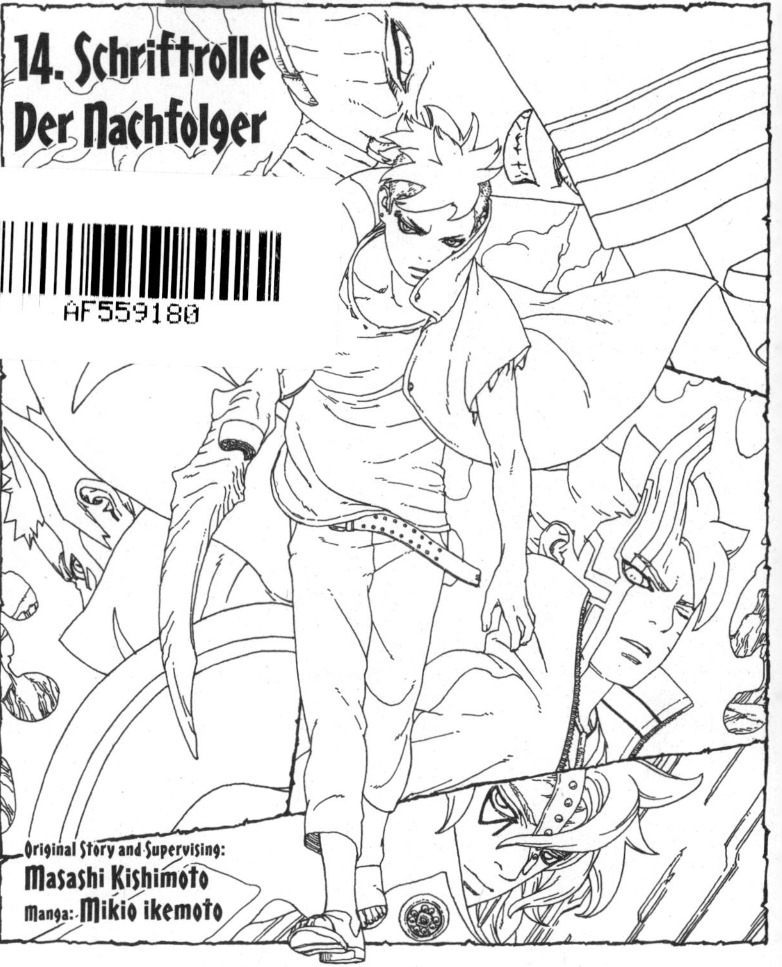

Original Story and Supervising:
Masashi Kishimoto
Manga: Mikio ikemoto

# BORUTO
-NARUTO NEXT GENERATION-

# Charaktere

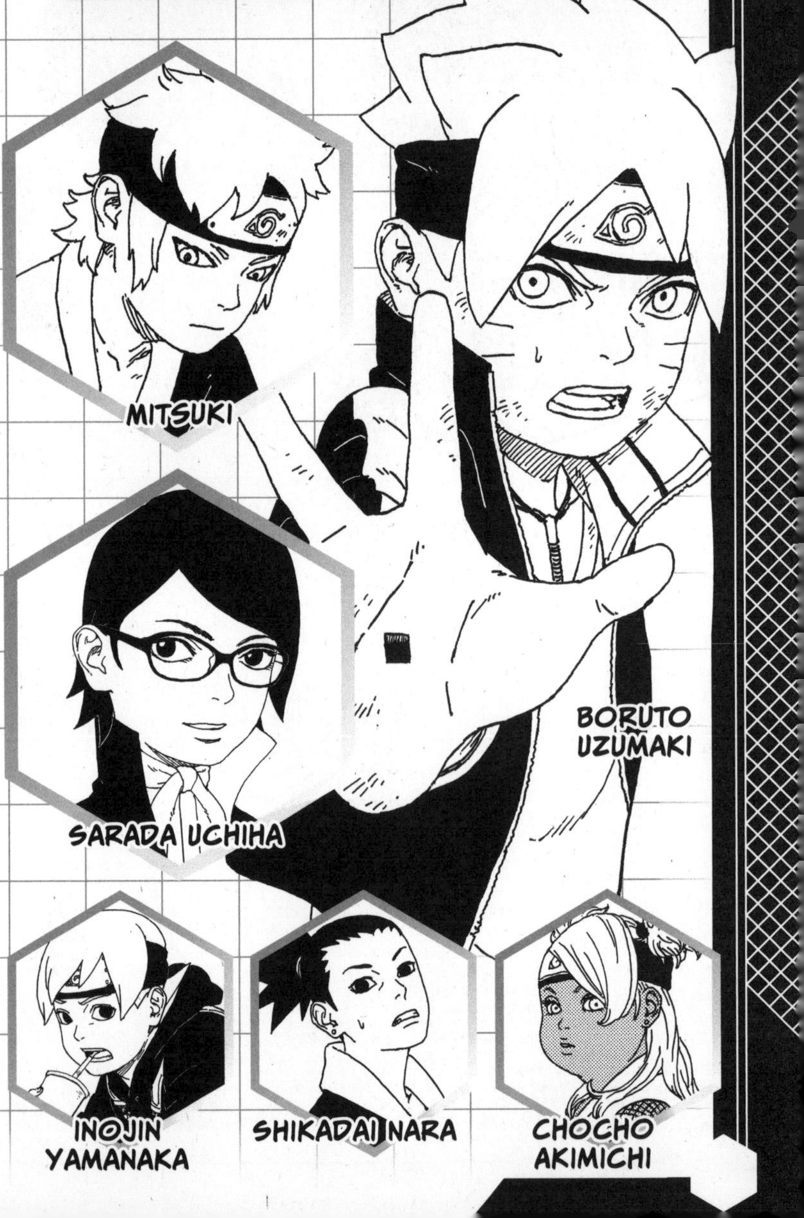

MITSUKI

BORUTO UZUMAKI

SARADA UCHIHA

INOJIN YAMANAKA

SHIKADAI NARA

CHOCHO AKIMICHI

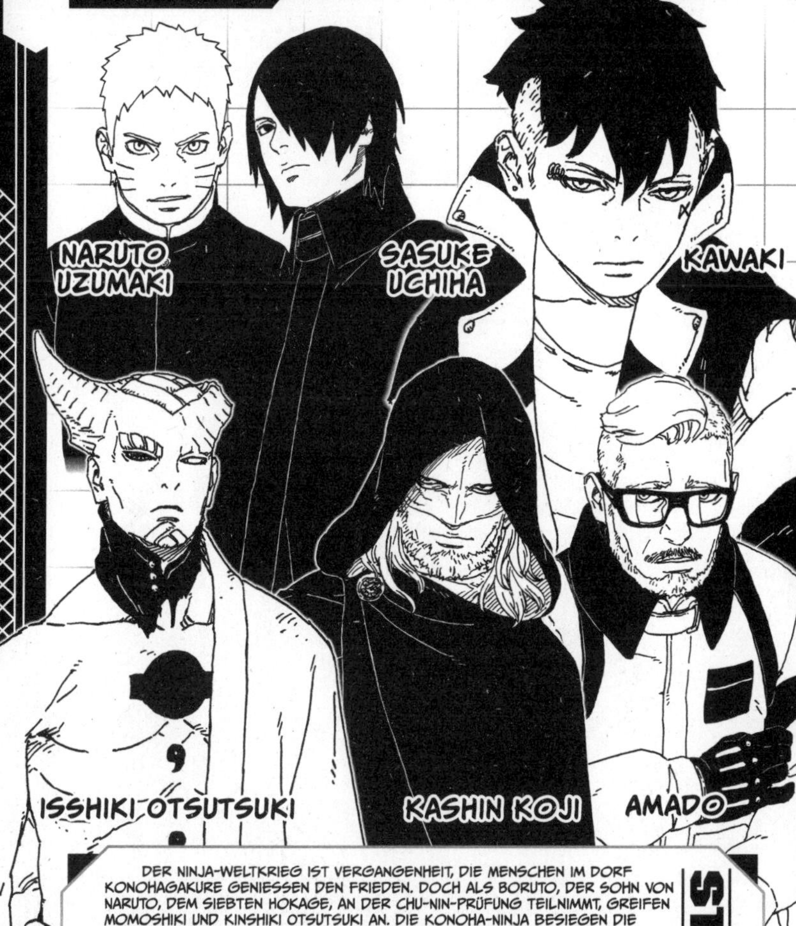


## STORY

DER NINJA-WELTKRIEG IST VERGANGENHEIT, DIE MENSCHEN IM DORF KONOHAGAKURE GENIESSEN DEN FRIEDEN. DOCH ALS BORUTO, DER SOHN VON NARUTO, DEM SIEBTEN HOKAGE, AN DER CHU-NIN-PRÜFUNG TEILNIMMT, GREIFEN MOMOSHIKI UND KINSHIKI OTSUTSUKI AN. DIE KONOHA-NINJA BESIEGEN DIE ANGREIFER, AUF BORUTOS RECHTER HAND BLEIBT ABER EIN SELTSAMES MAL, KAMA, ZURÜCK.

AUF EINER MISSION STÖSST BORUTO AUF EINEN JUNGEN NAMENS KAWAKI, DER EBENFALLS EIN SOLCHES MAL TRÄGT. ES STELLT SICH HERAUS, DASS DIESER JUNGE DAS »GEFÄSS« IST, NACH DEM DIE DUBIOSE ORGANISATION KARA SUCHT.

NARUTO NIMMT KAWAKI IN SEINE OBHUT UND LÄSST IHN BEI SICH UND SEINER FAMILIE WOHNEN, UM DEN JUNGEN ZU BESCHÜTZEN. BORUTO UND KAWAKI VERSTEHEN SICH ANFANGS NICHT, ABER ALLMÄHLICH GEWINNT KAWAKI VERTRAUEN IN DIE KONOHA-NINJA UND RESPEKTIERT NARUTO.

KURZ DARAUF VERLASSEN DIE KARA-MITGLIEDER AMADO UND KASHIN KOJI IHRE ORGANISATION. KASHIN KOJI KÄMPFT GEGEN DEREN ANFÜHRER, JIGEN. MITTEN IM KAMPF ZEIGT SICH JIGENS WAHRE IDENTITÄT: ISSHIKI OTSUTSUKI. OBWOHL ER NUR NOCH KURZE ZEIT ZU LEBEN HAT, IST SEIN KÖNNEN ÜBERWÄLTIGEND, NARUTO UND SASUKE KOMMEN NICHT GEGEN IHN AN. KURAMA SCHLÄGT NARUTO EINEN ALLERLETZTEN TRUMPF VOR – UND UM SEINE MITMENSCHEN ZU BESCHÜTZEN, SETZT NARUTO SEIN LEBEN AUFS SPIEL: ER GREIFT AUF EINEN NEUEN MODUS ZU...

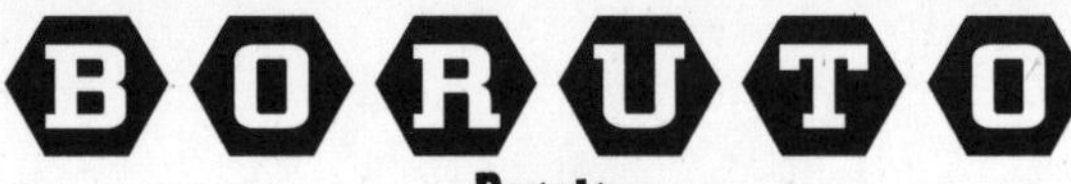

# Boruto

## -Naruto Next Generation-

## 14. Schriftrolle

### Der Nachfolger

## INHALT


52: Der Baryon-Modus 5

53: Das ist die Realität 47

54: Bruder 89

55: Der Nachfolger 131

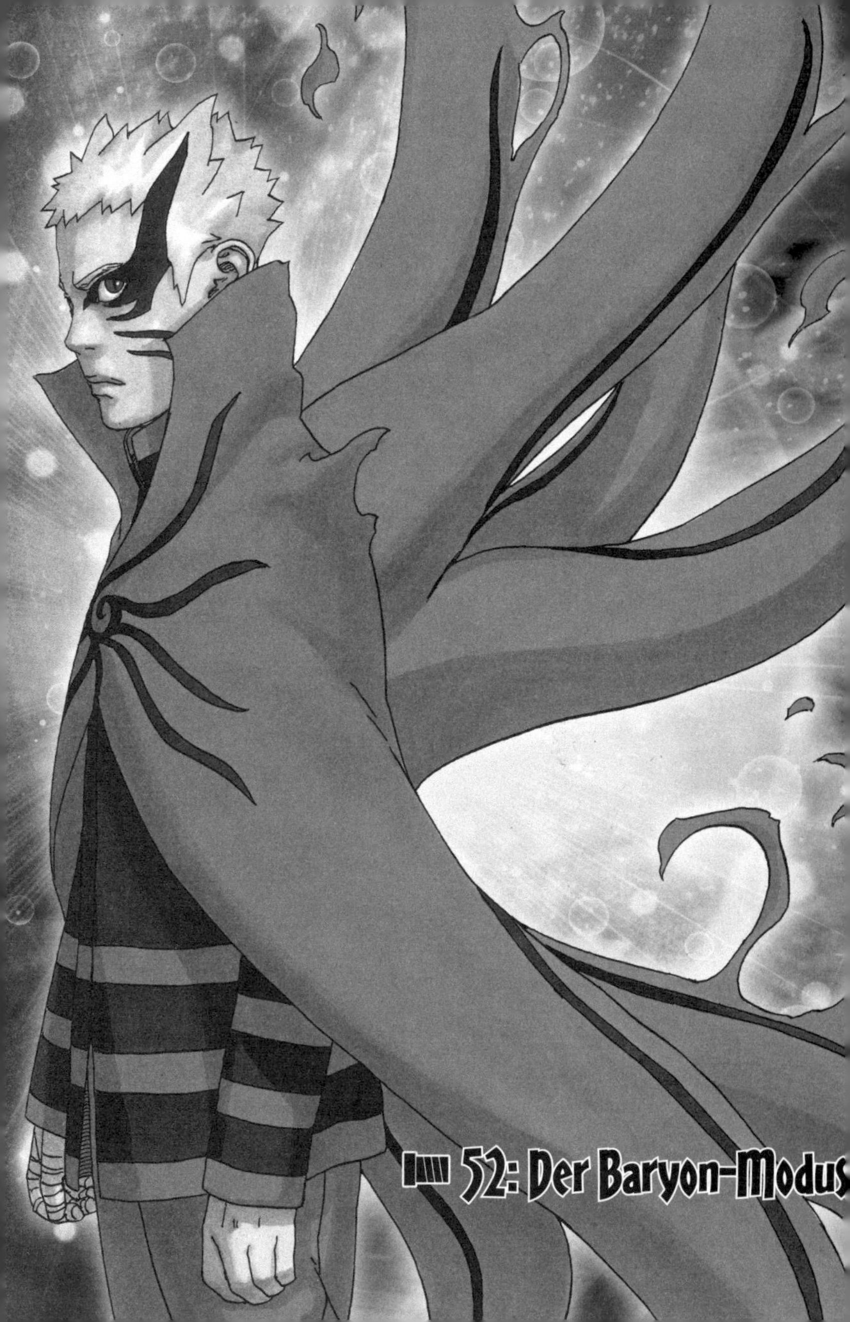
52: Der Baryon-Modus

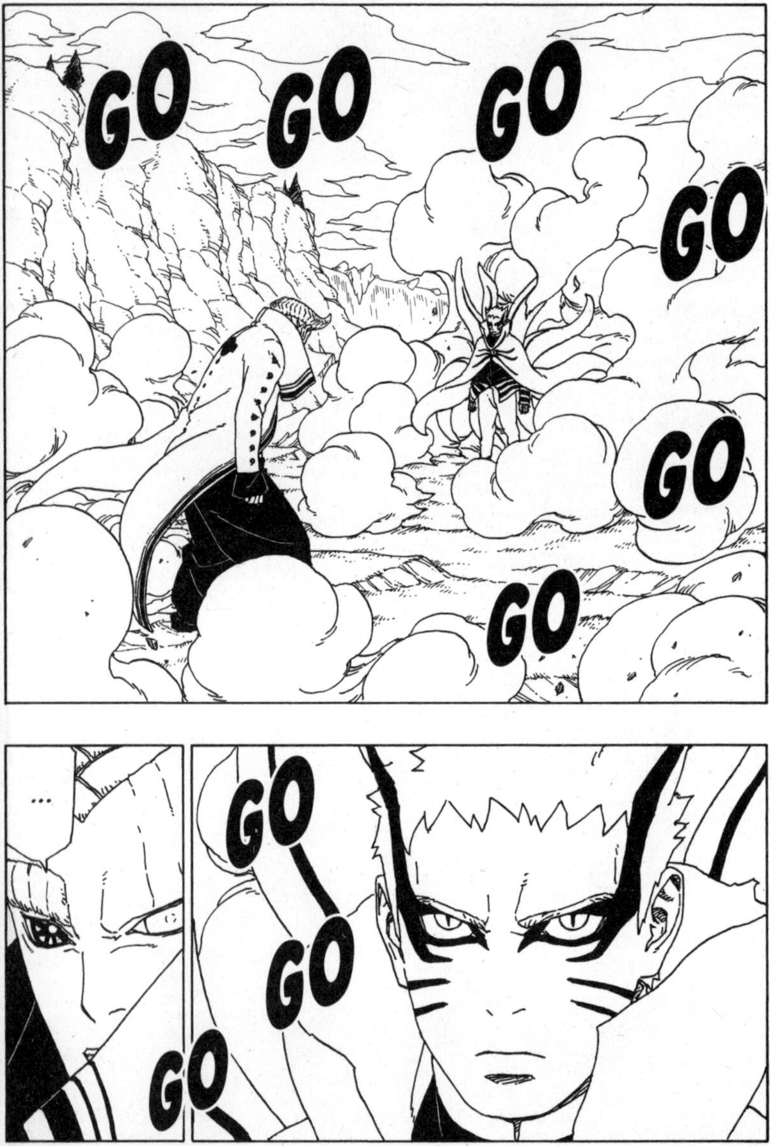

GO GO GO GO GO GO

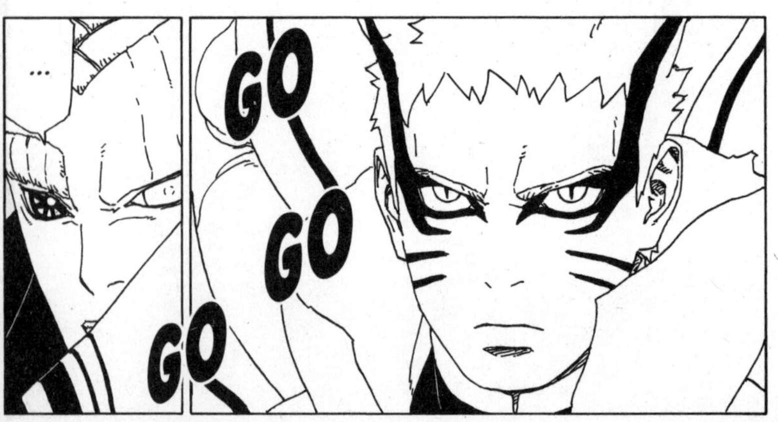

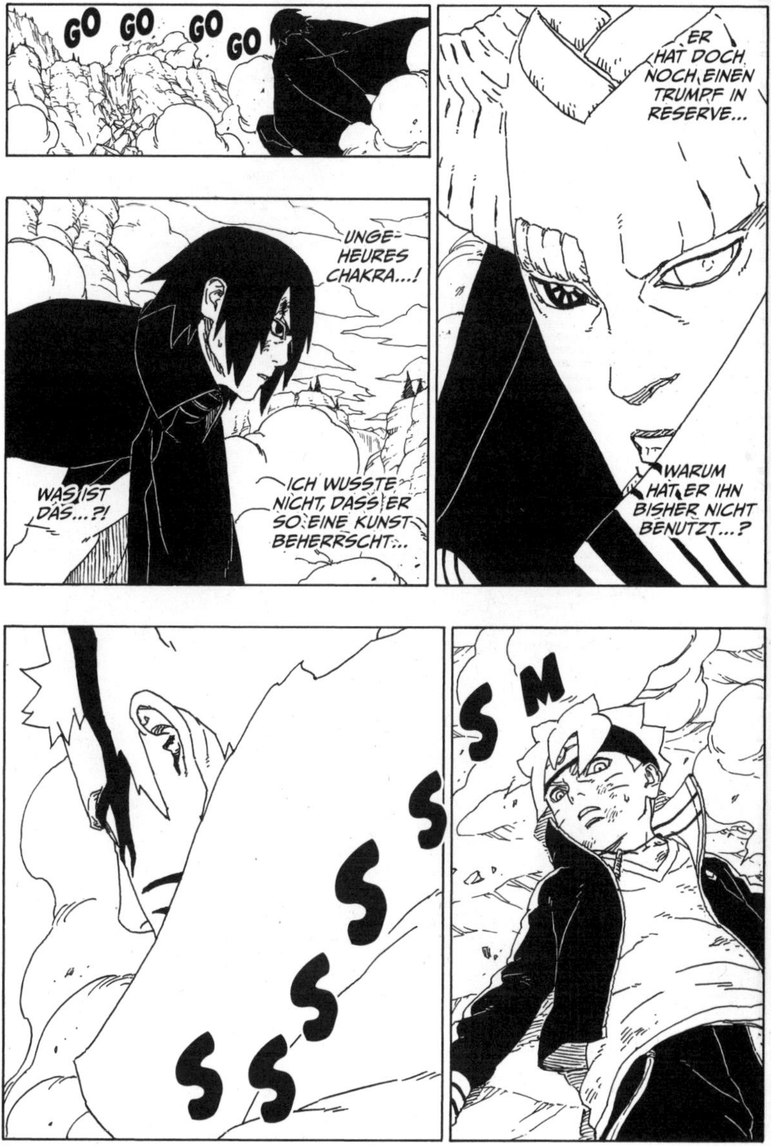

ER HAT DOCH NOCH EINEN TRUMPF IN RESERVE...

WARUM HAT ER IHN BISHER NICHT BENUTZT...?

GO GO GO GO

UNGEHEURES CHAKRA...!

ICH WUSSTE NICHT, DASS ER SO EINE KUNST BEHERRSCHT...

WAS IST DAS...?!

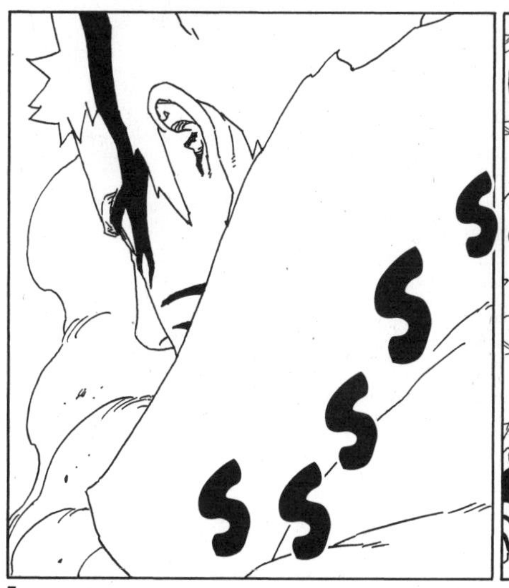


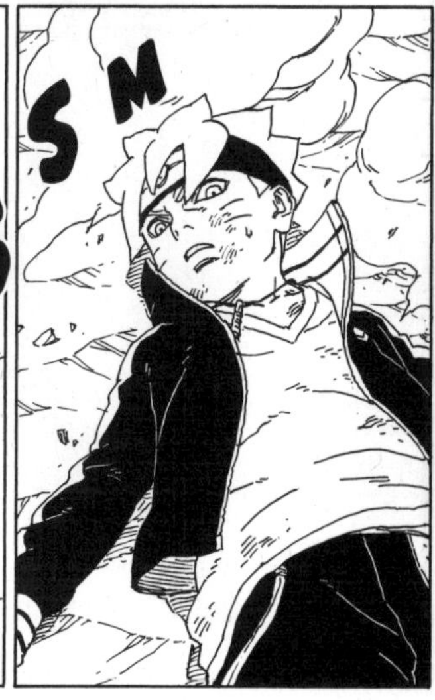

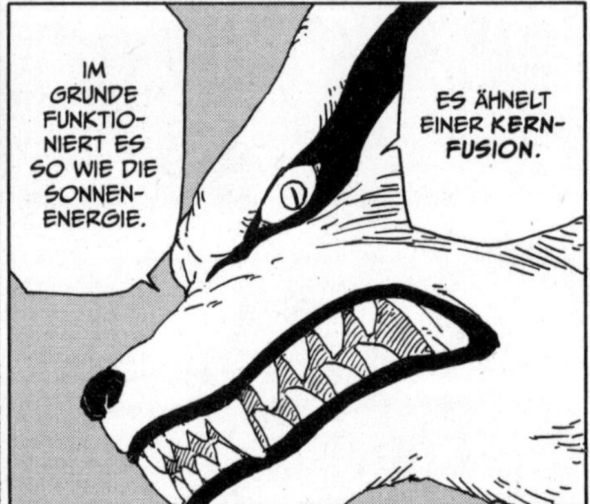
ES ÄHNELT EINER KERN-FUSION.
IM GRUNDE FUNKTIO-NIERT ES SO WIE DIE SONNEN-ENERGIE.

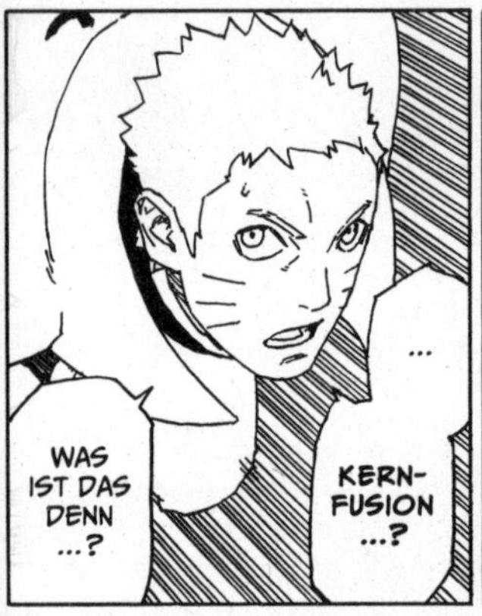
...
KERN-FUSION ...?
WAS IST DAS DENN ...?

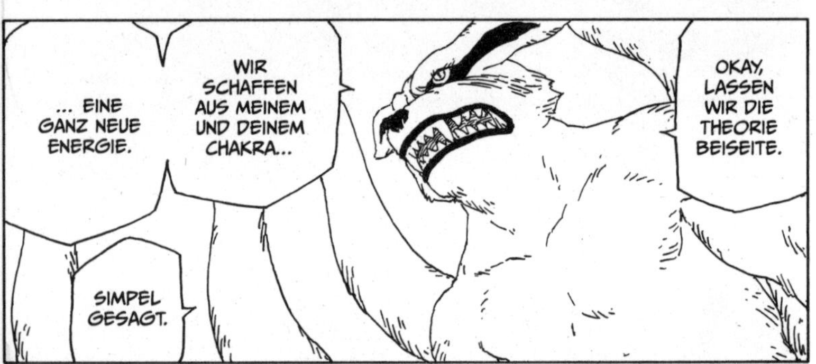
OKAY, LASSEN WIR DIE THEORIE BEISEITE.
WIR SCHAFFEN AUS MEINEM UND DEINEM CHAKRA...
... EINE GANZ NEUE ENERGIE.
SIMPEL GESAGT.

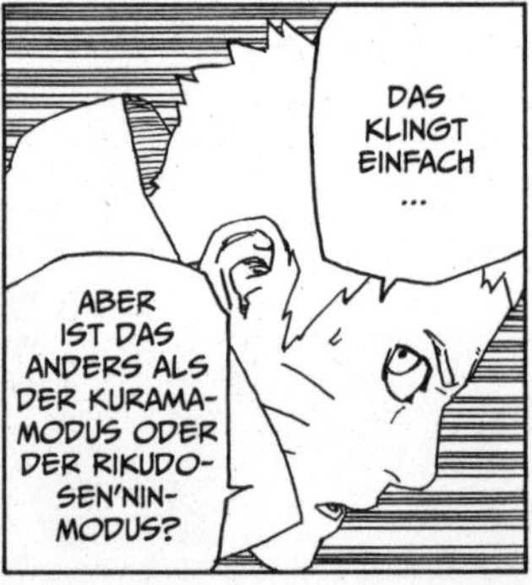
DAS KLINGT EINFACH ...
ABER IST DAS ANDERS ALS DER KURAMA-MODUS ODER DER RIKUDO-SEN'NIN-MODUS?

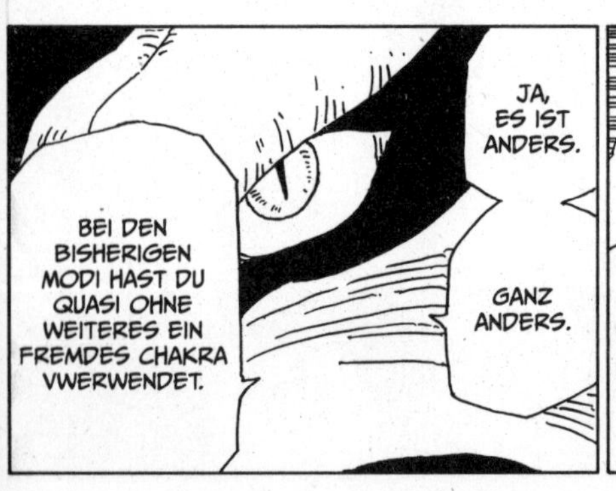
JA, ES IST ANDERS.
GANZ ANDERS.
BEI DEN BISHERIGEN MODI HAST DU QUASI OHNE WEITERES EIN FREMDES CHAKRA VWERWENDET.

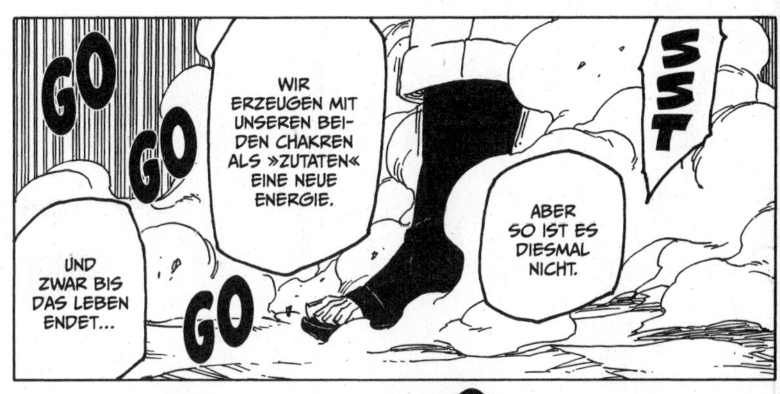

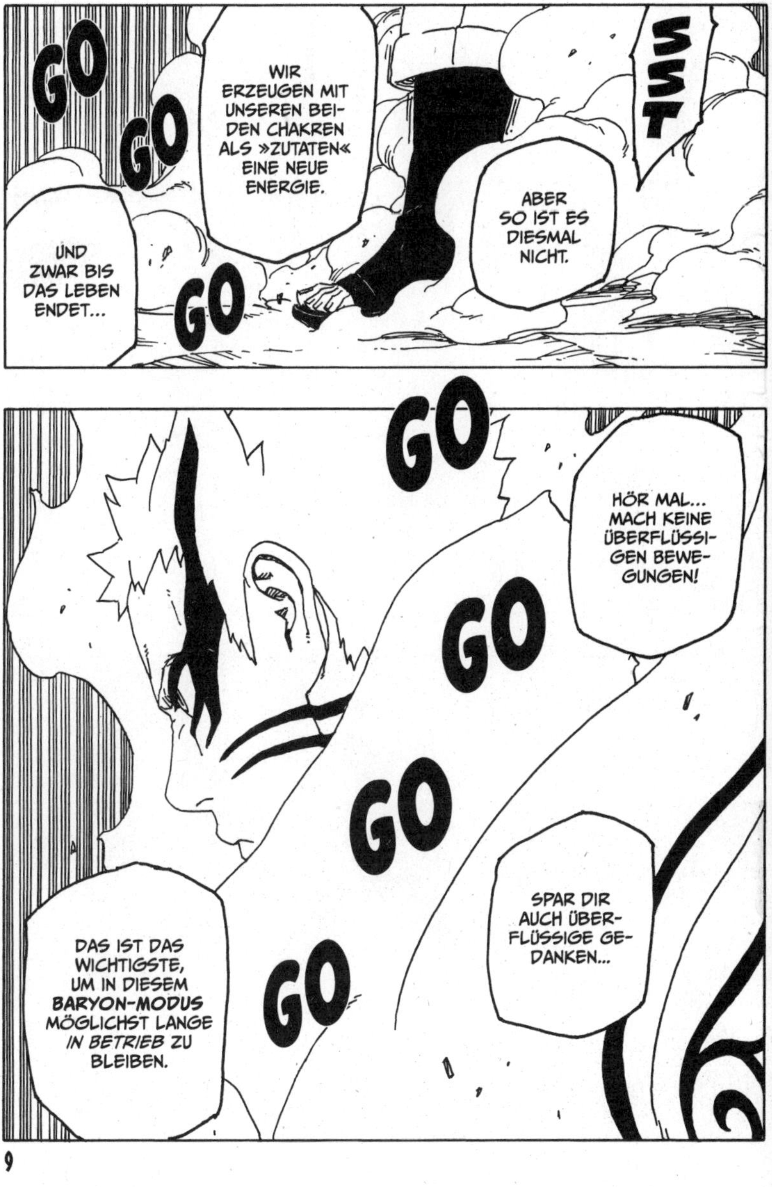

GO

HÖR MAL... MACH KEINE ÜBERFLÜSSI-GEN BEWE-GUNGEN!

GO

GO

SPAR DIR AUCH ÜBER-FLÜSSIGE GE-DANKEN...

GO

DAS IST DAS WICHTIGSTE, UM IN DIESEM **BARYON-MODUS** MÖGLICHST LANGE *IN BETRIEB* ZU BLEIBEN.

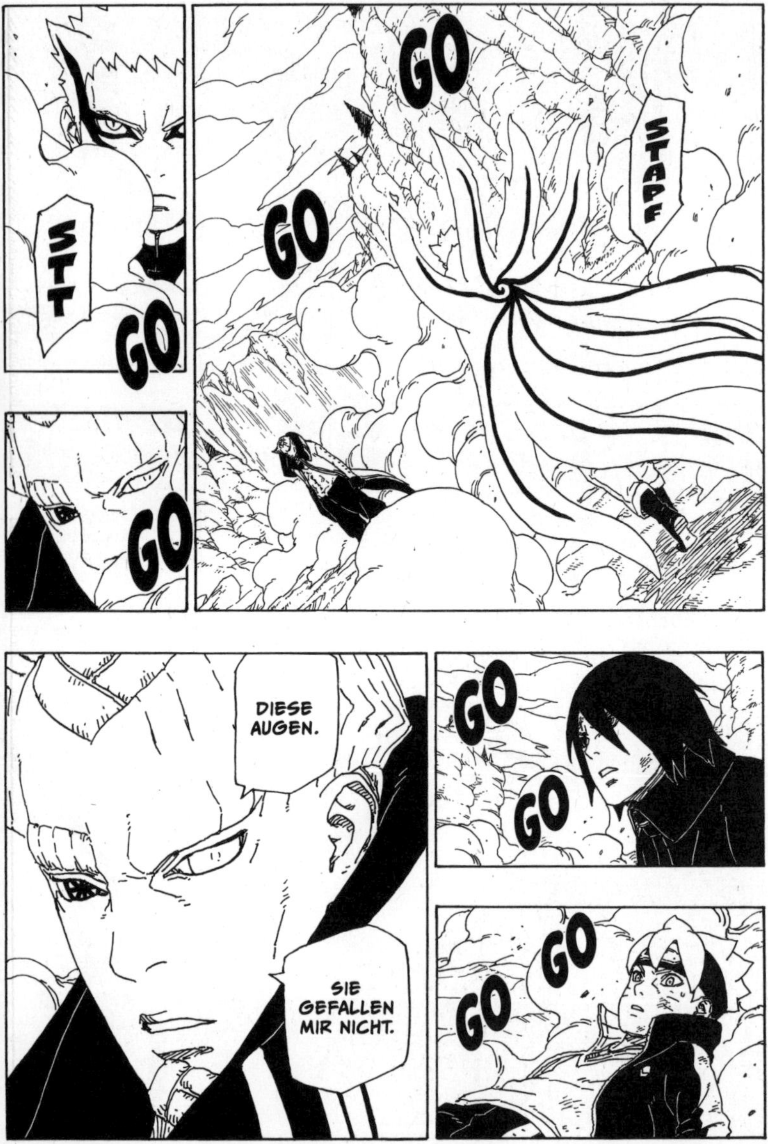

STAPF
GO
GO
STT
GO
GO

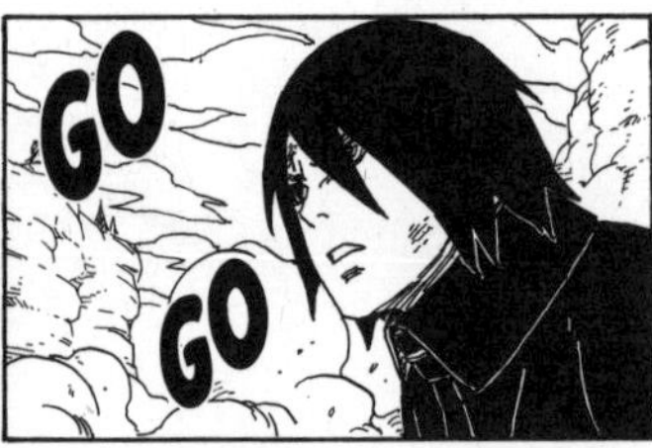


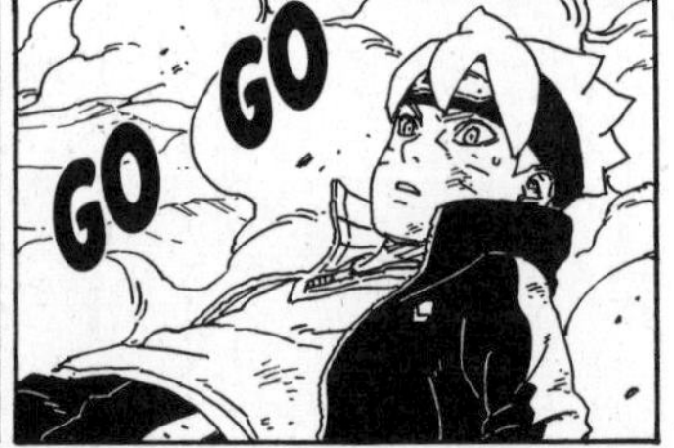


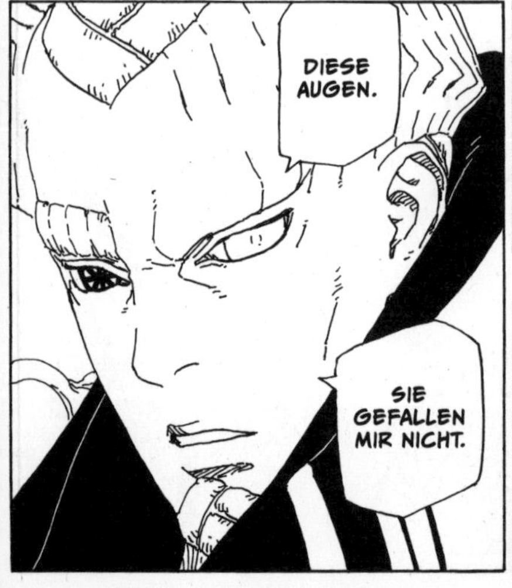

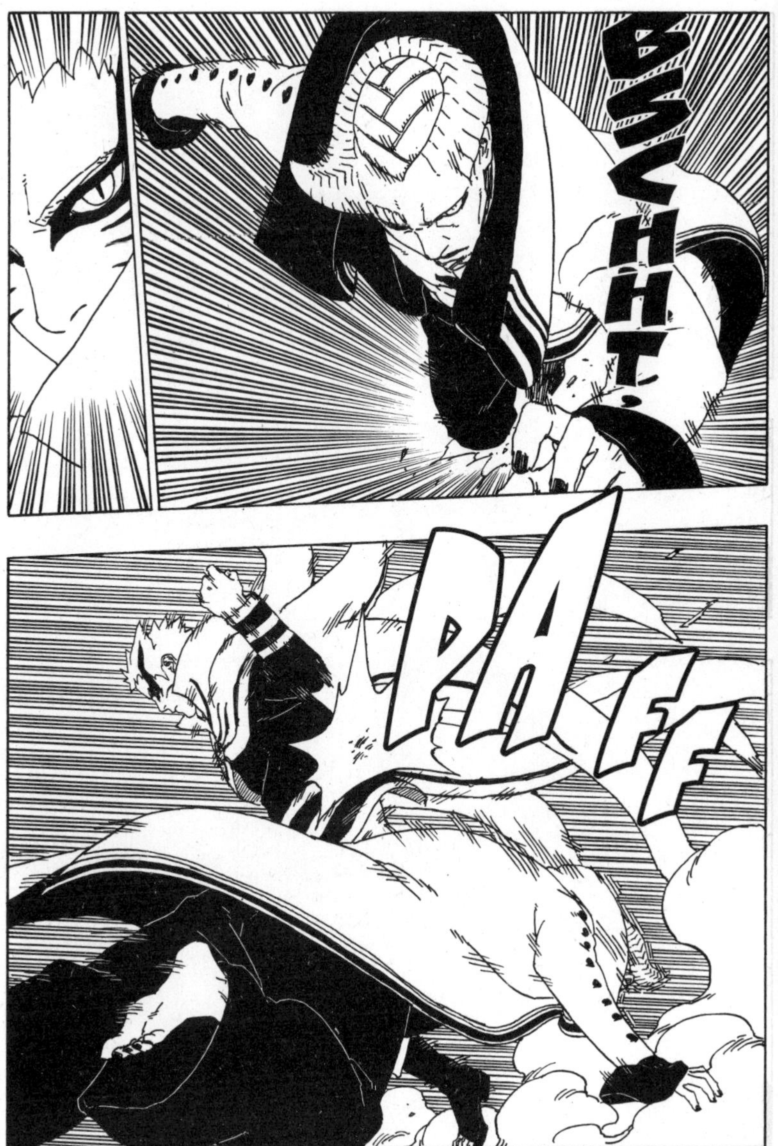
BSCHHT!
PAFF

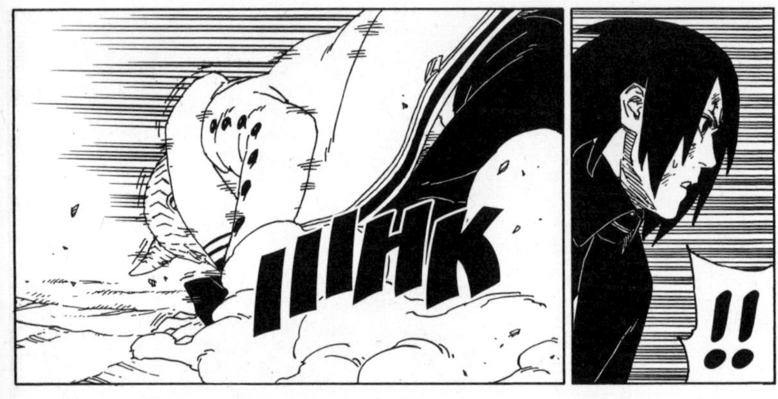

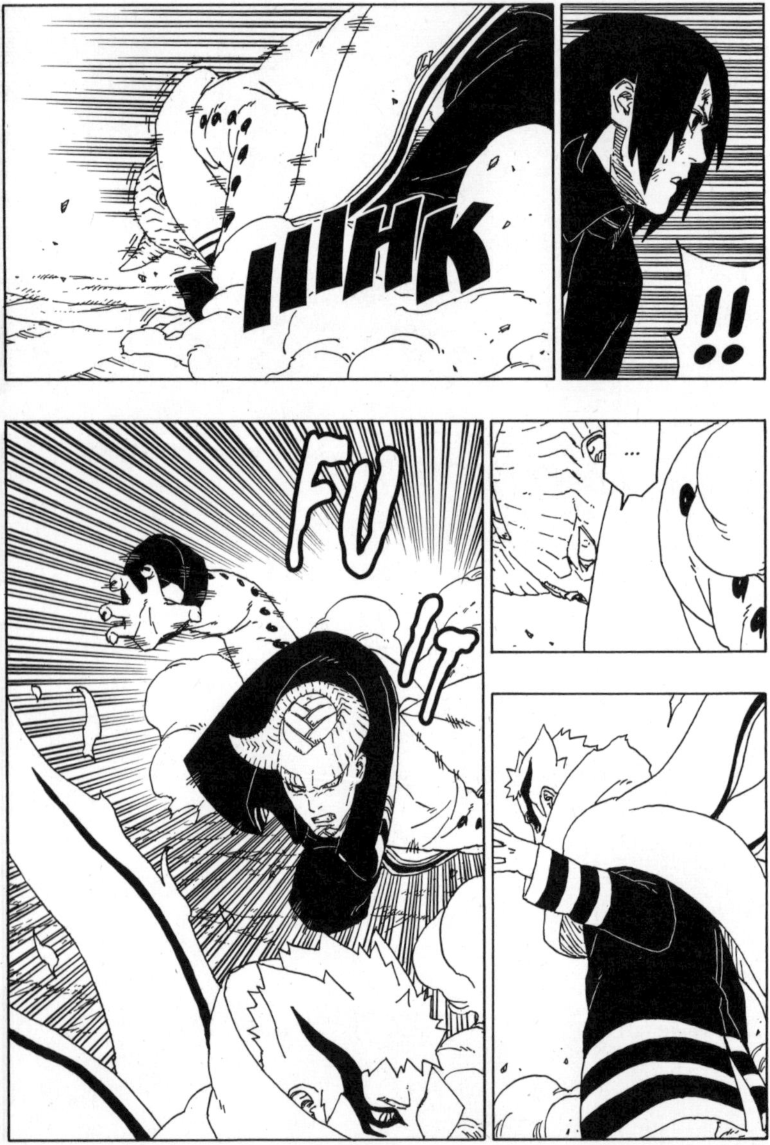

...

FU
IT

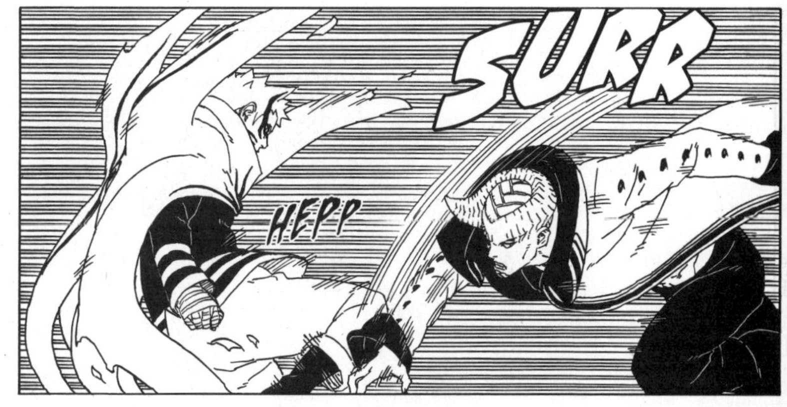

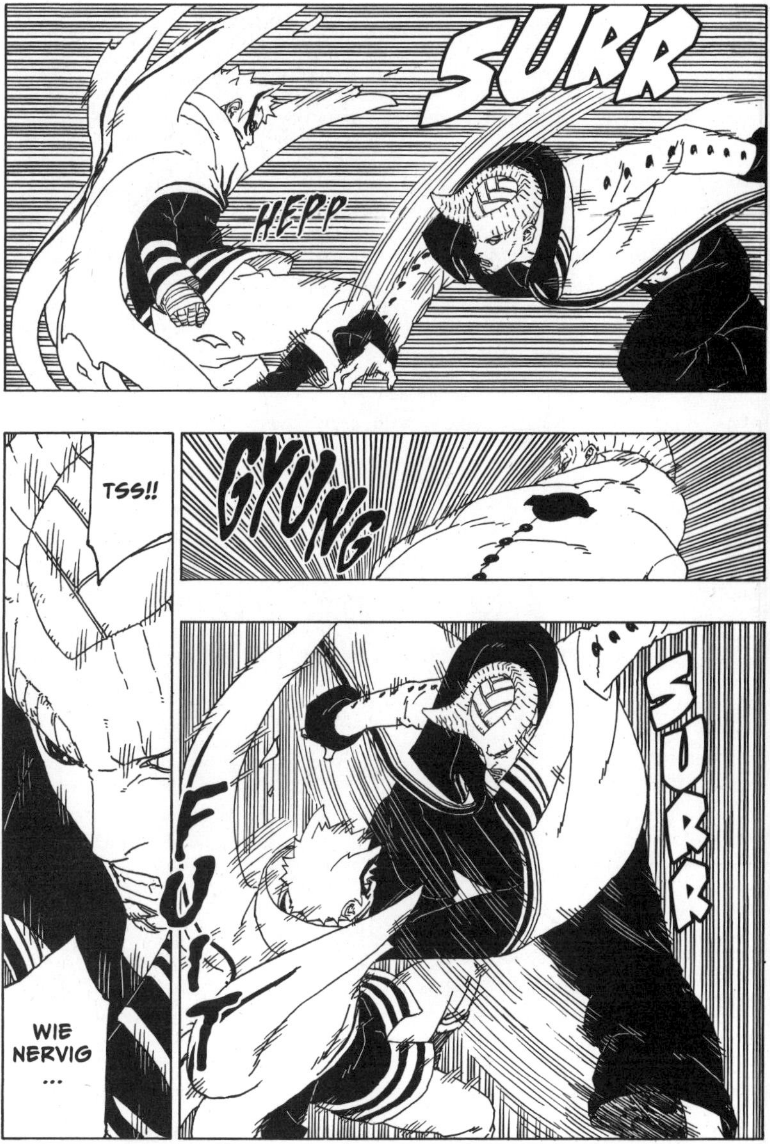

GYUNG

SURR

FUIT

TSS!!

WIE NERVIG ...

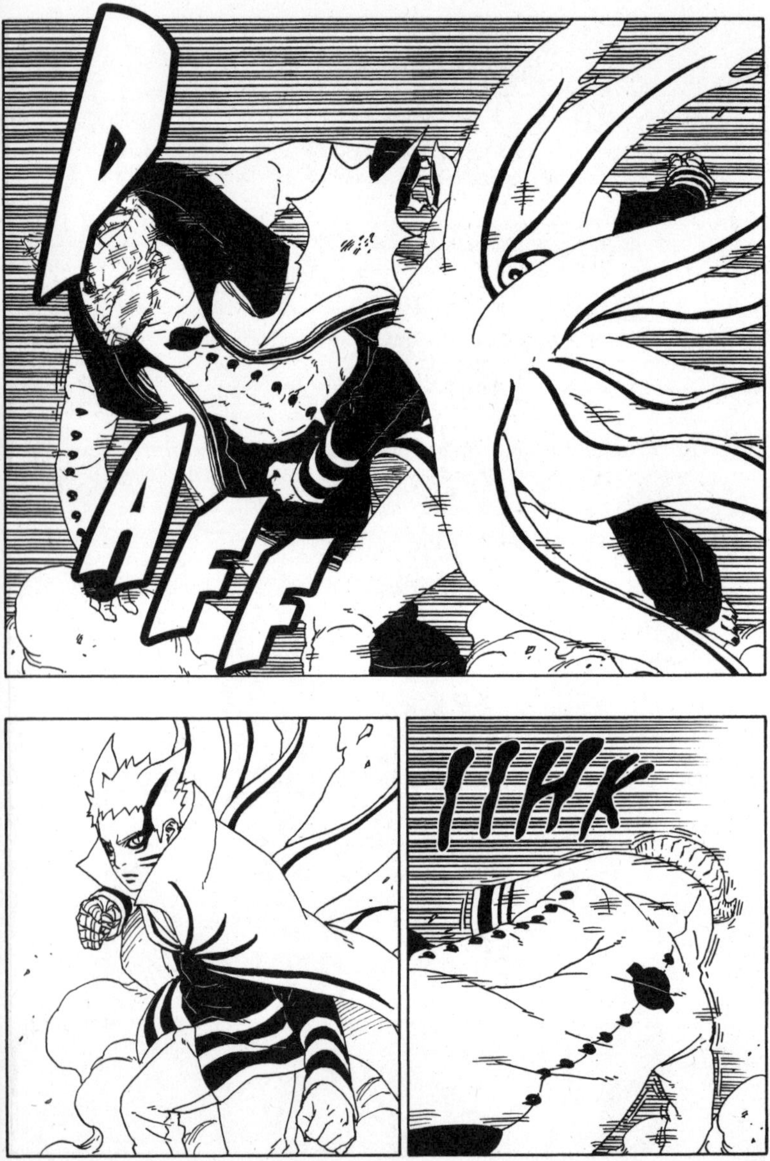

DAFF

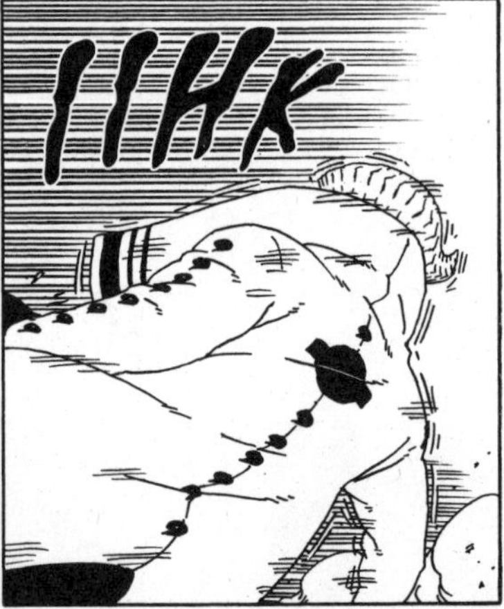


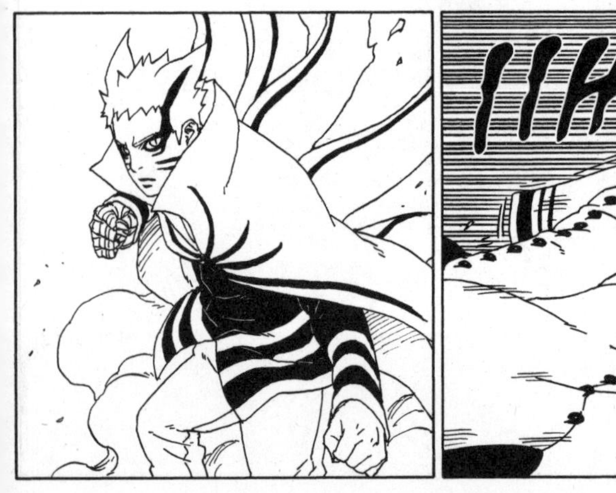

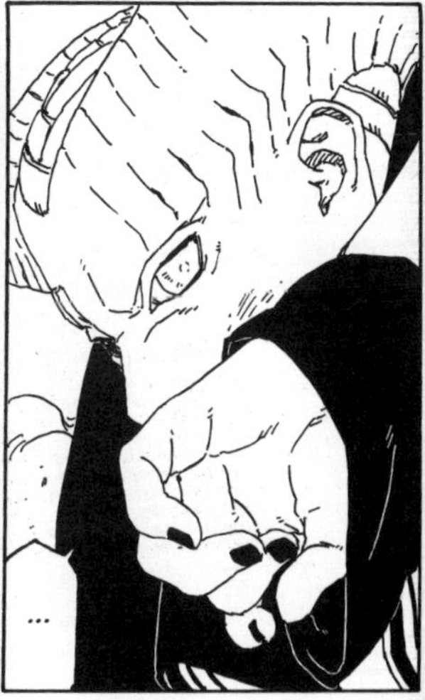
...

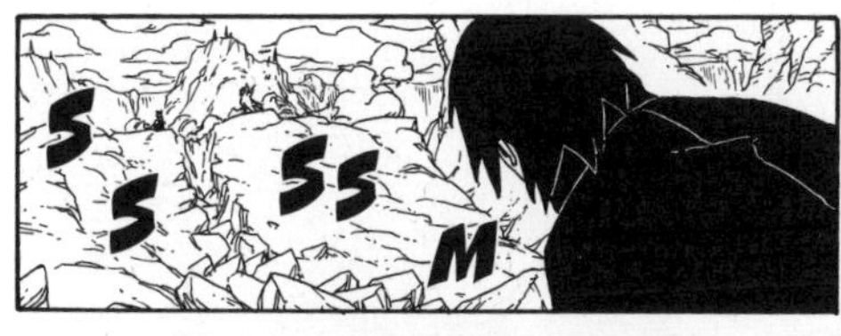
SSSSM

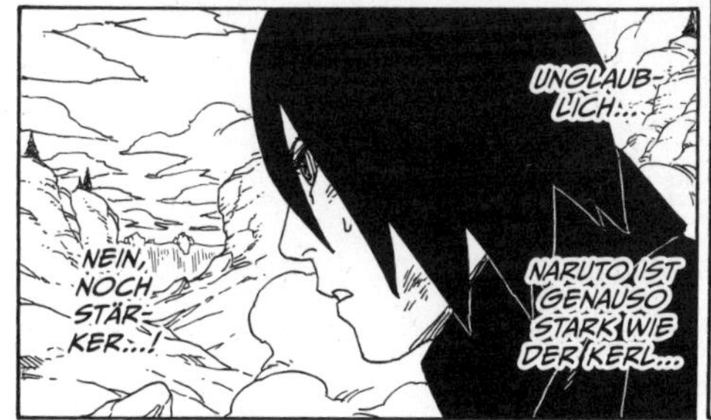
UNGLAUB-
LICH...
NARUTO IST GENAUSO STARK WIE DER KERL...
NEIN, NOCH STÄR-
KER...!

...

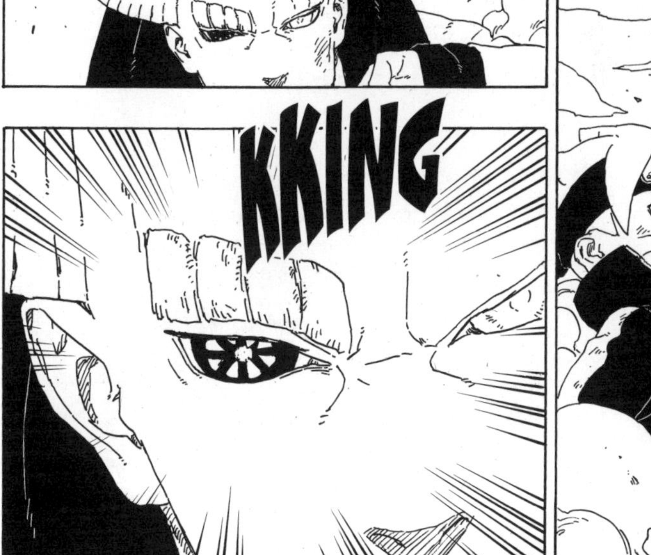
KKING

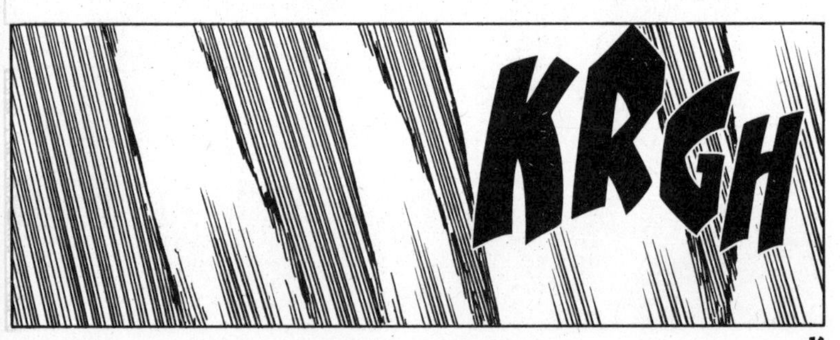
KRGH

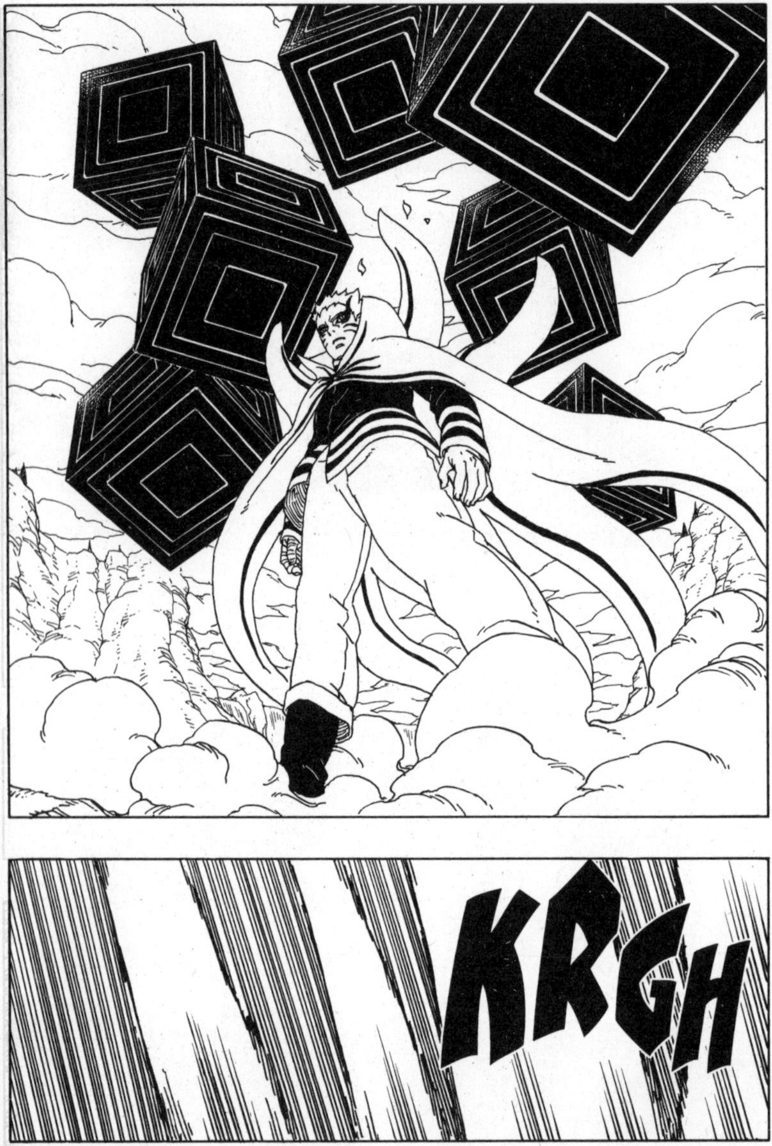

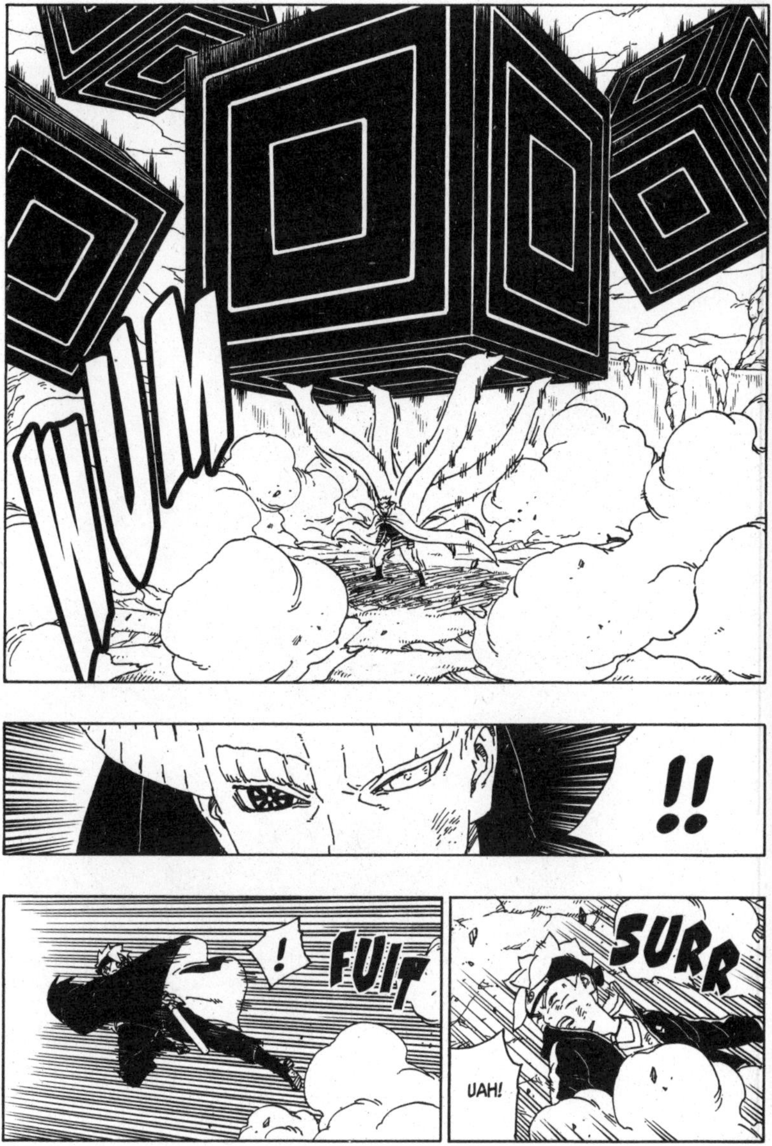

WUM

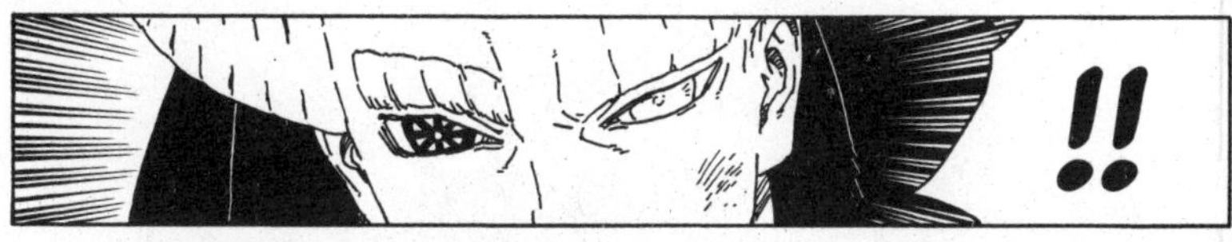


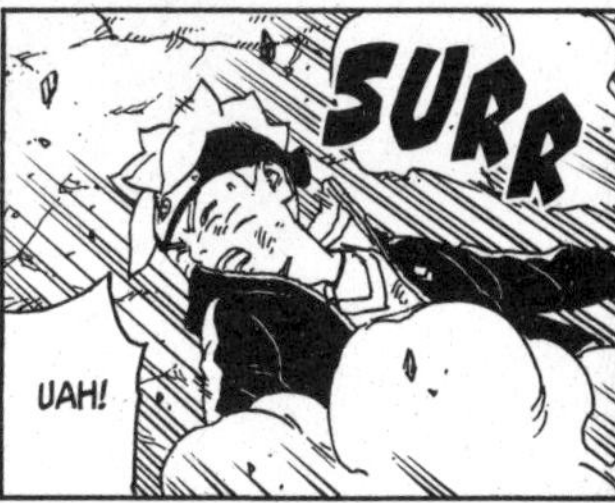


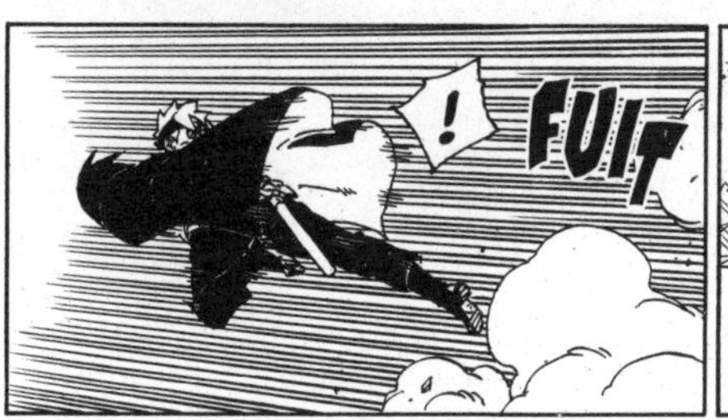

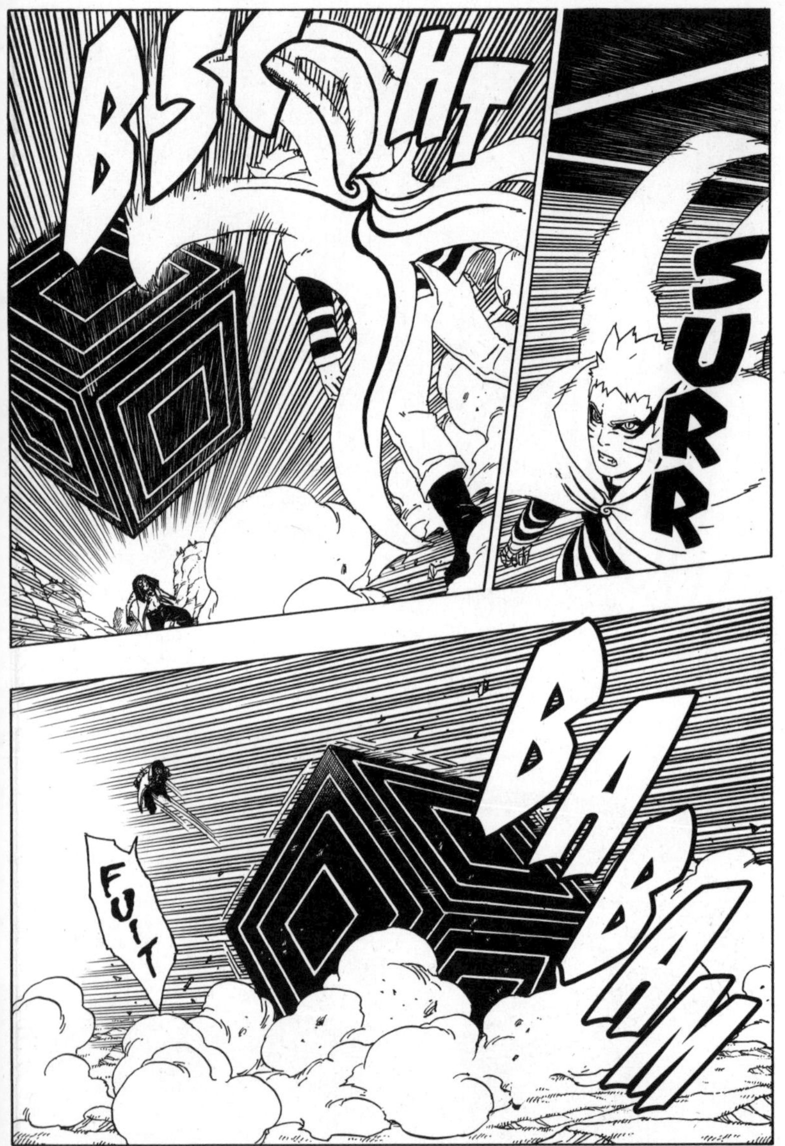
BSCHT
SURR
BABAM
FUIT

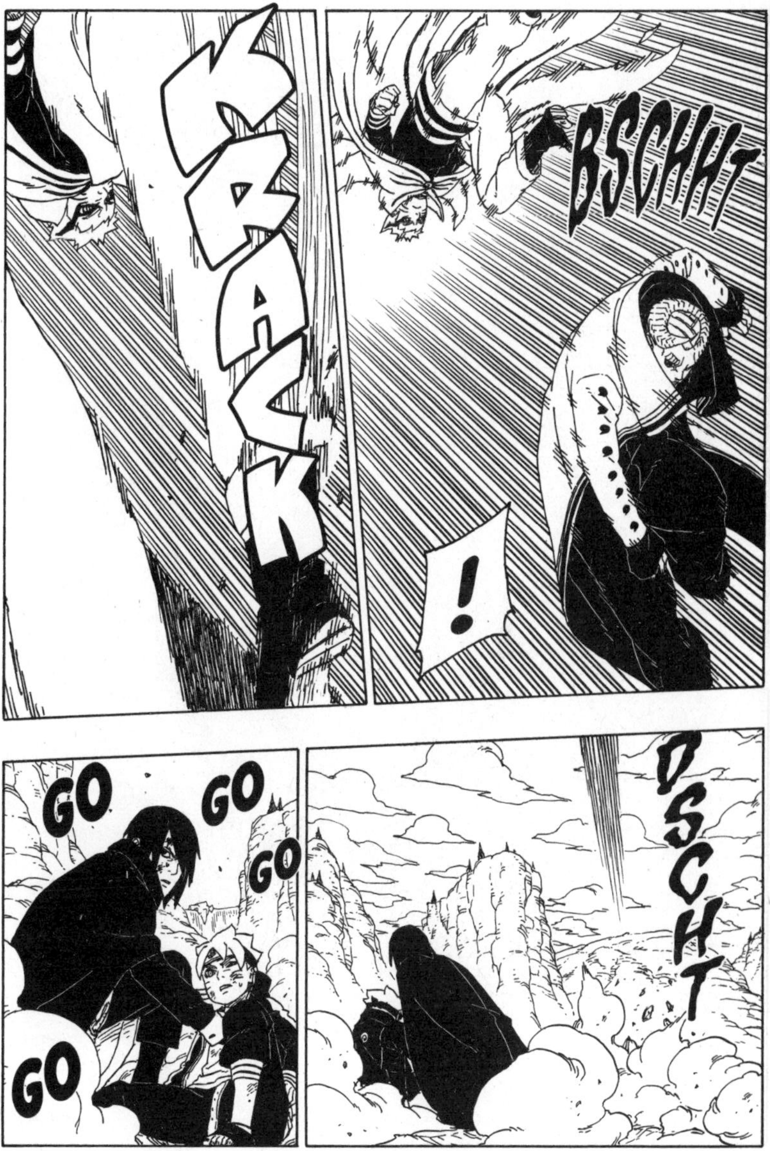

BSCHHT
!
KRACK

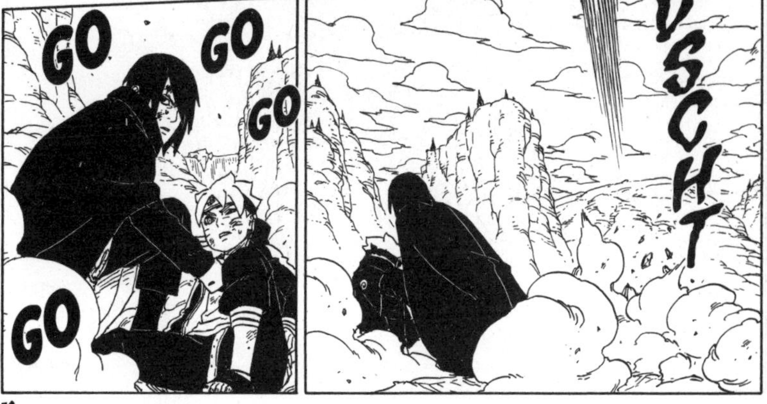

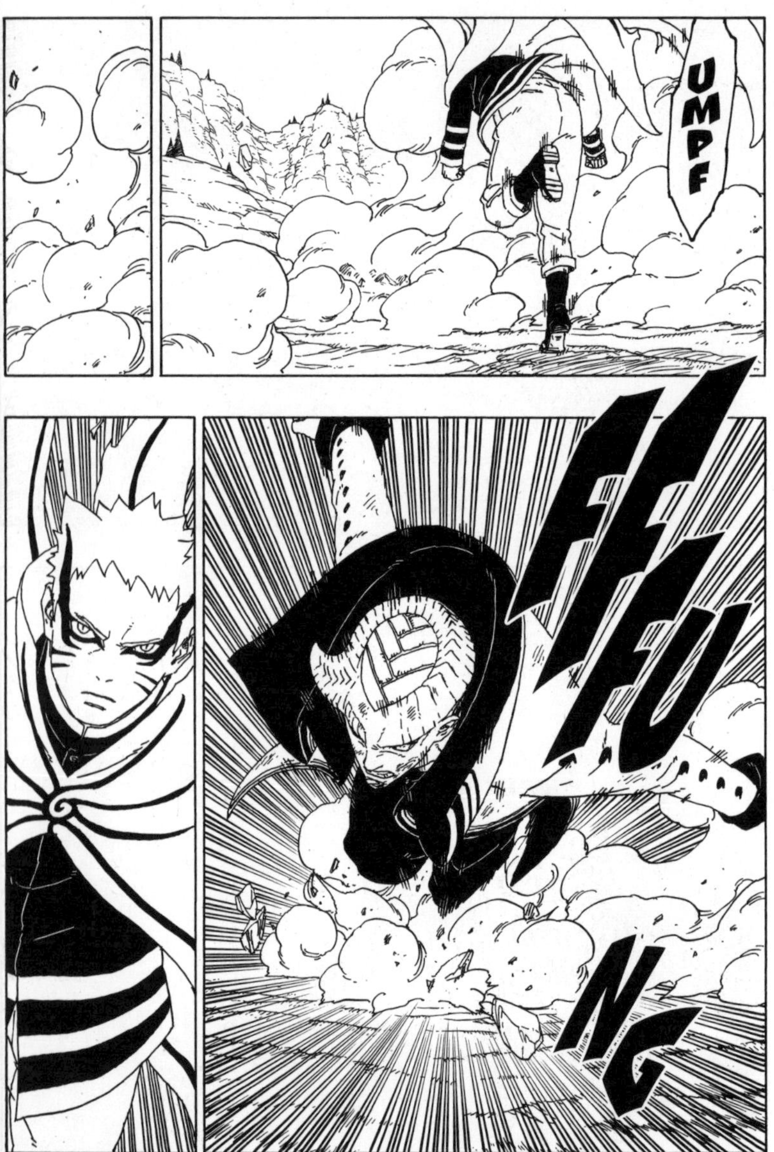
UMPF
FLEUNG

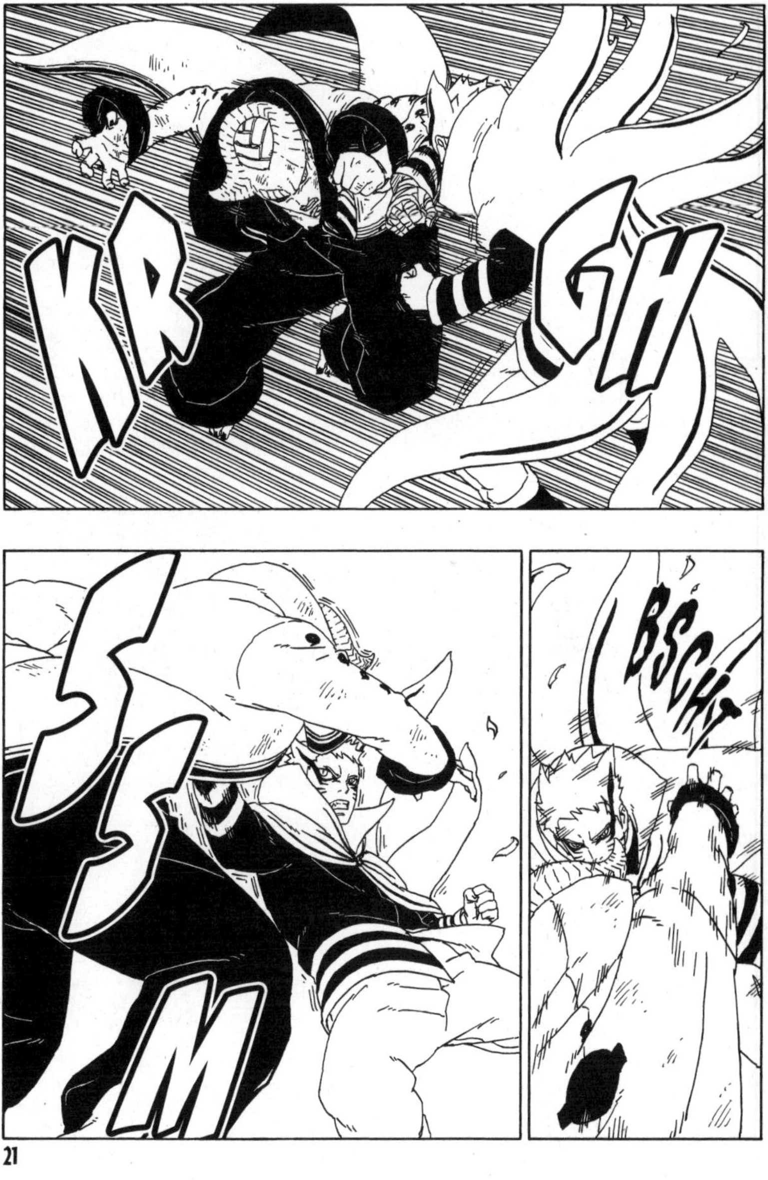

KRGH

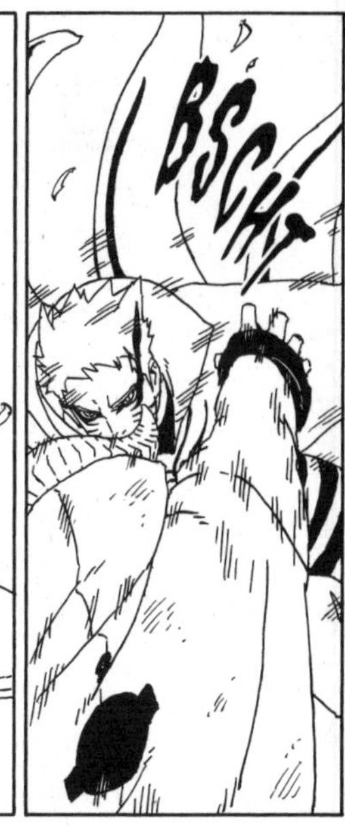


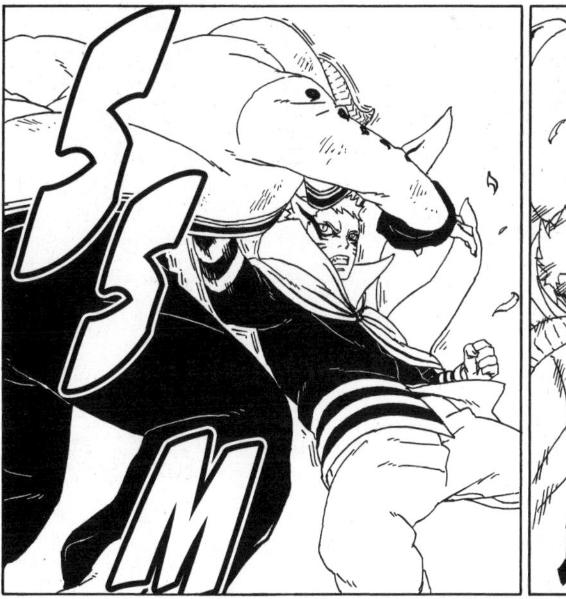

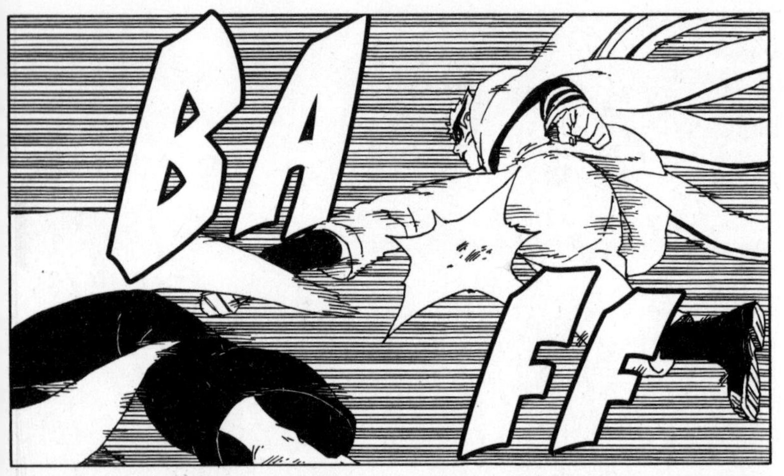
BA
FF

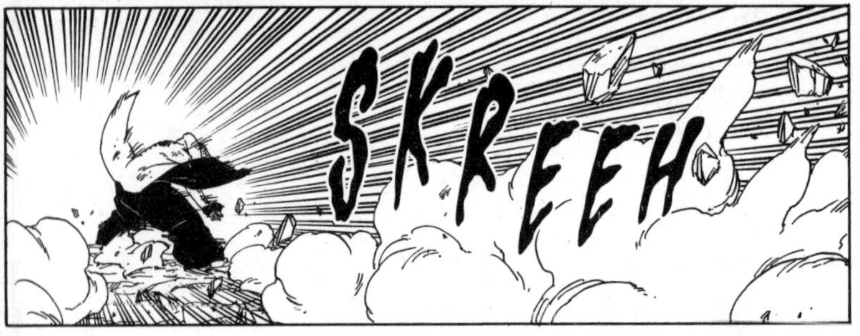
SKREEEH

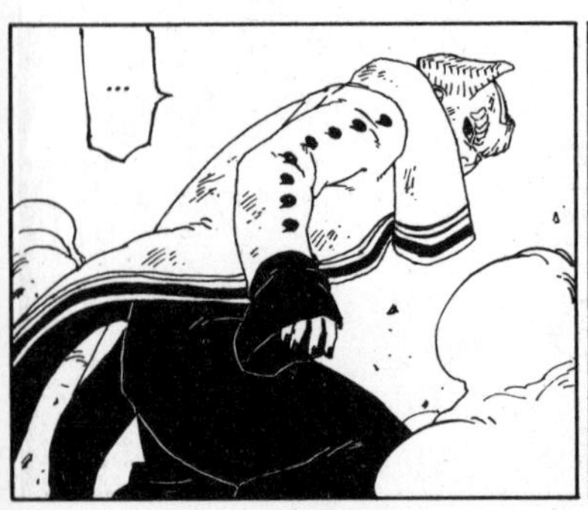
...

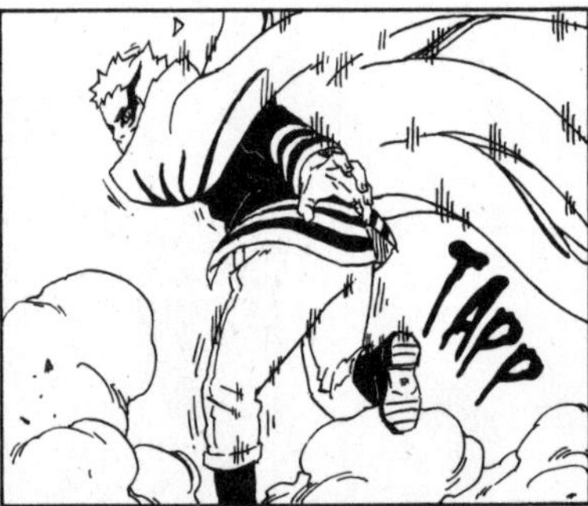
TAPP

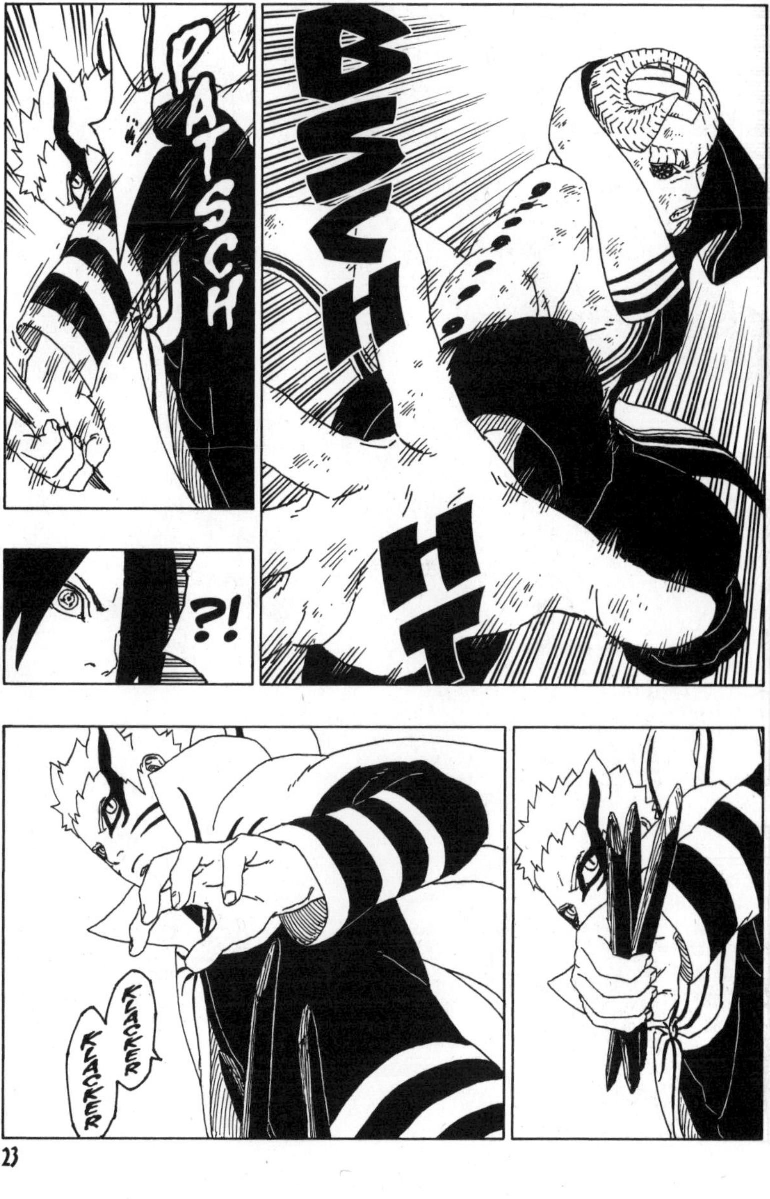

BSCHHT

PATSCH

?!

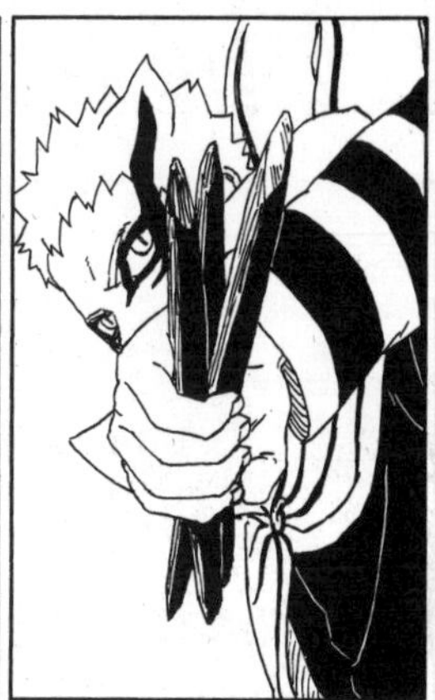

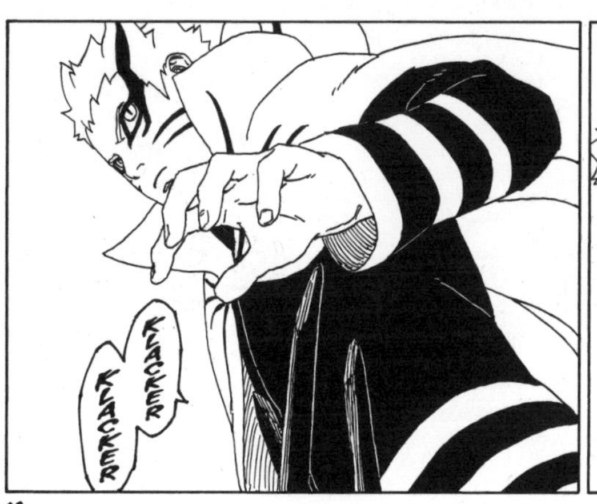

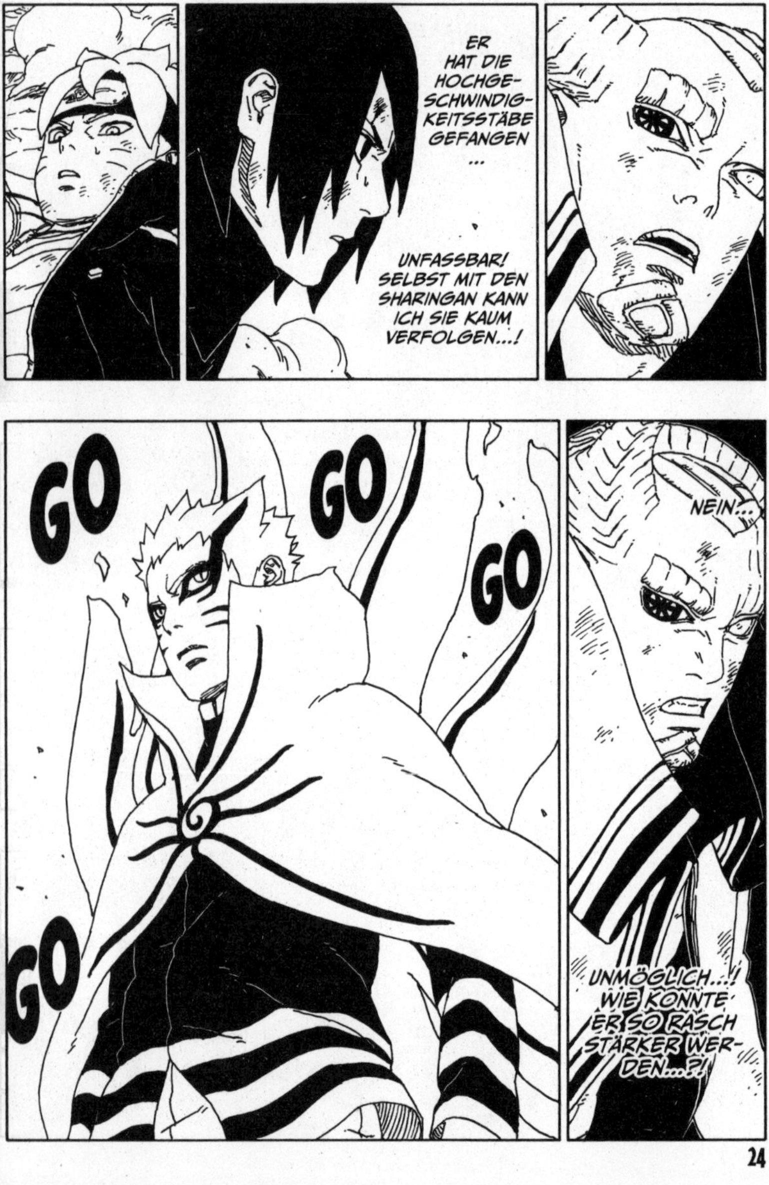

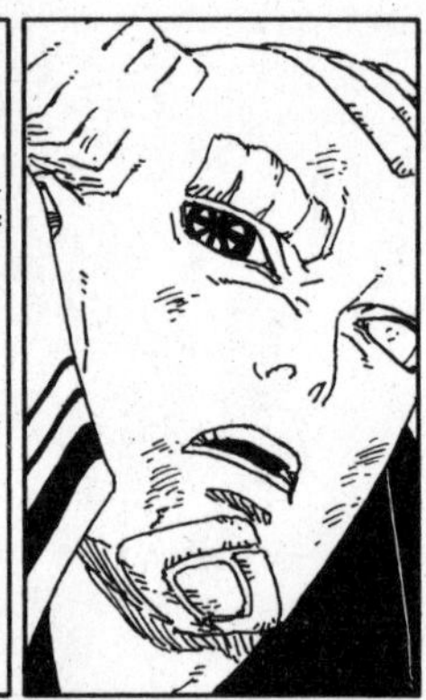

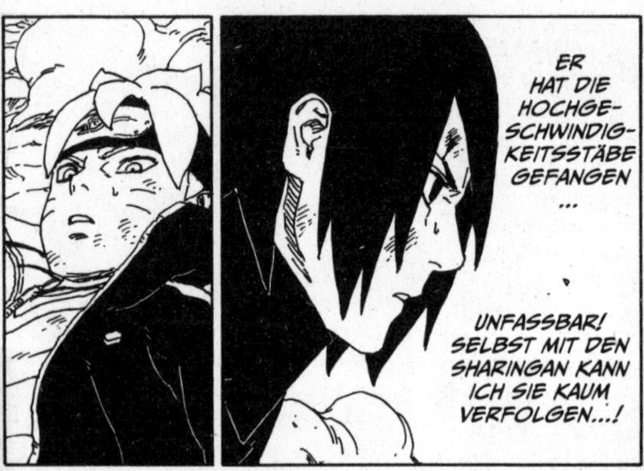


NEIN...

UNMÖGLICH...! WIE KONNTE ER SO RASCH STÄRKER WER-DEN...?!

GO

GO

GO

GO

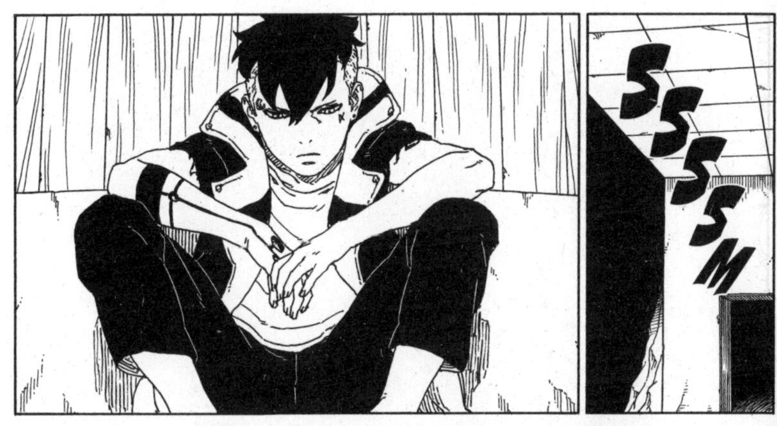
SSSSM

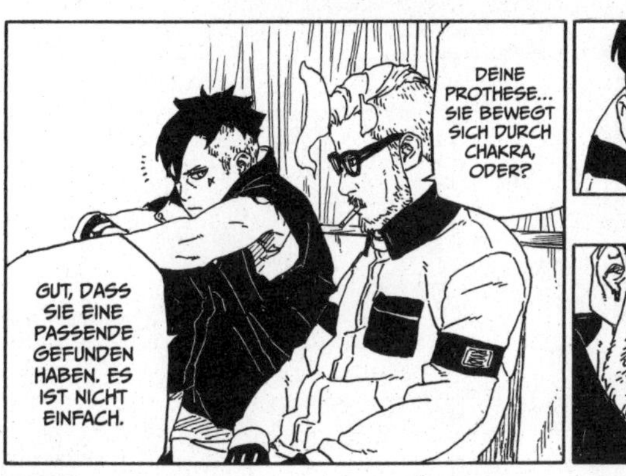
DEINE PROTHESE... SIE BEWEGT SICH DURCH CHAKRA, ODER?
GUT, DASS SIE EINE PASSENDE GEFUNDEN HABEN. ES IST NICHT EINFACH.

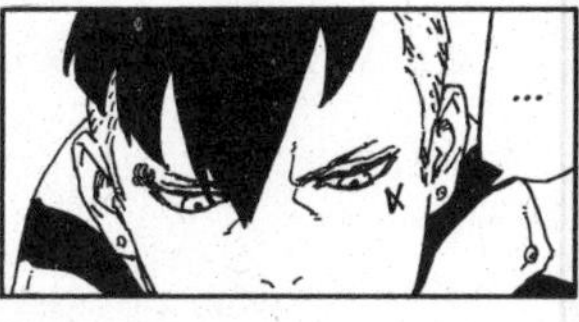
...

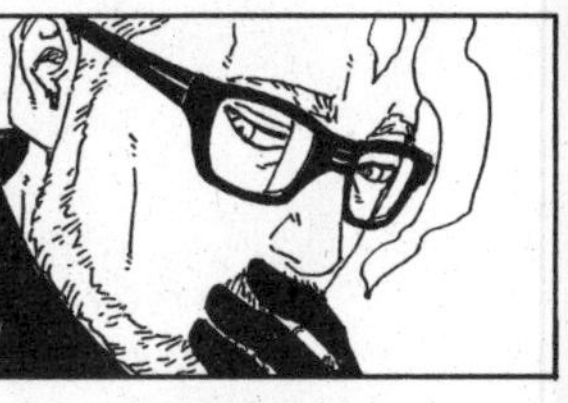

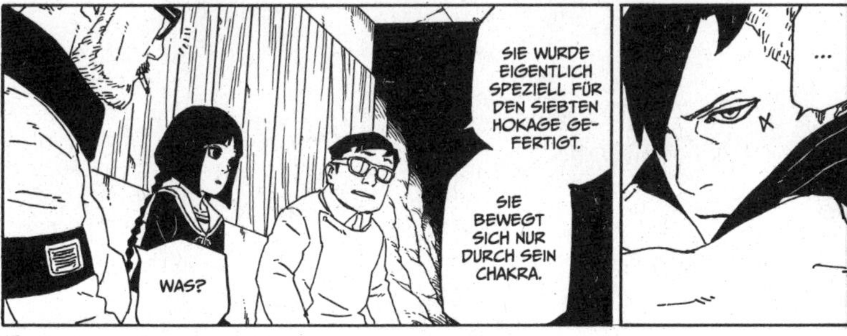
...
SIE WURDE EIGENTLICH SPEZIELL FÜR DEN SIEBTEN HOKAGE GE-FERTIGT.
SIE BEWEGT SICH NUR DURCH SEIN CHAKRA.
WAS?

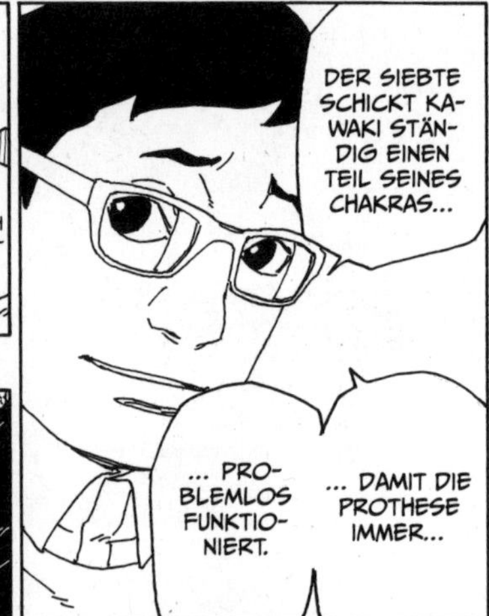


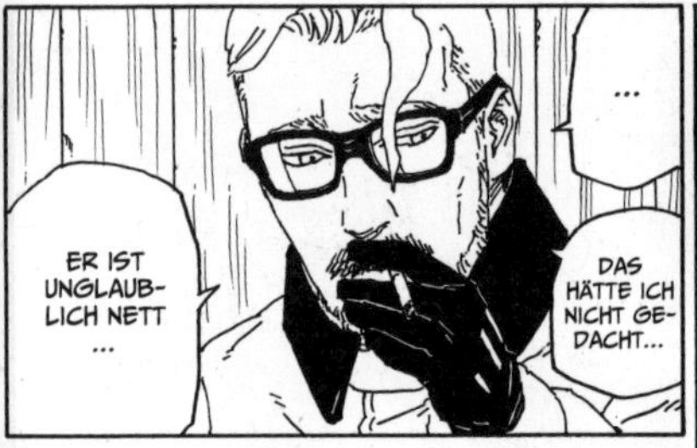


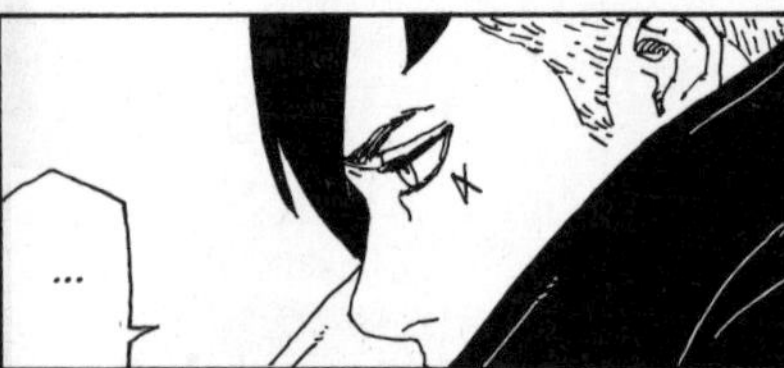


ÄHM ...
HERR AMADO ...
KÖNNEN SIE KAWAKIS RECHTEN ARM WIEDERHER-STELLEN?

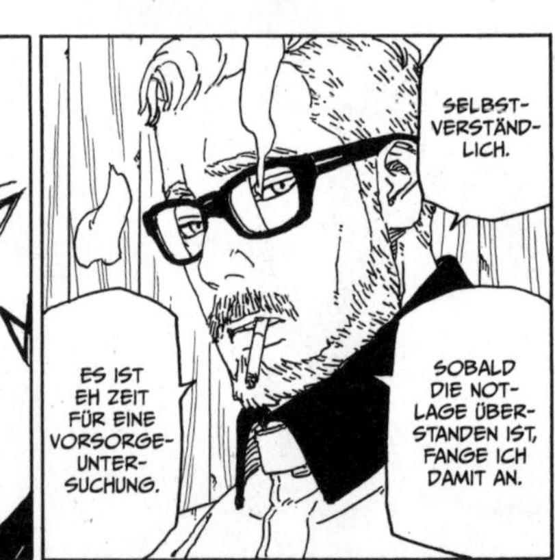


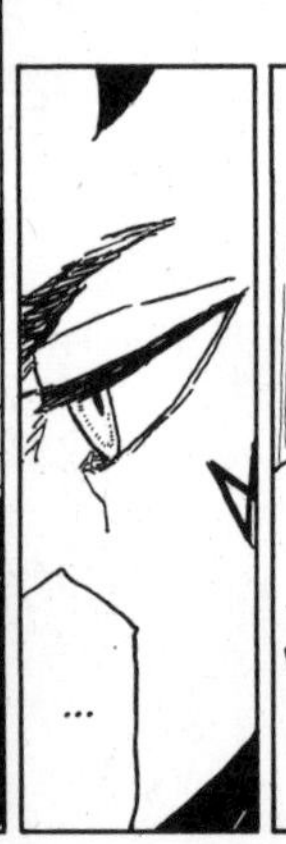


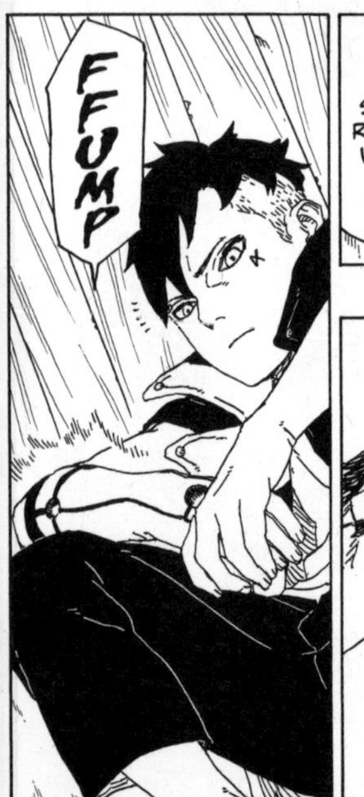

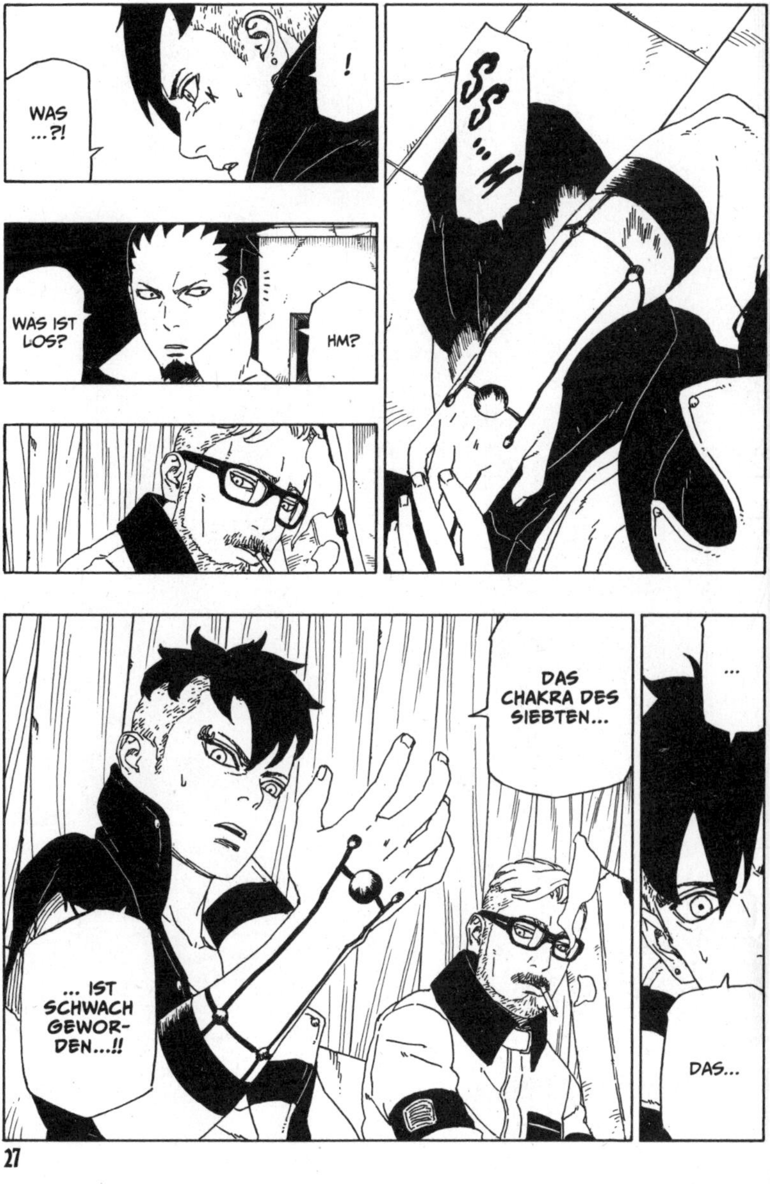

SS...H

!

WAS ...?!

HM?

WAS IST LOS?

...

DAS...

DAS CHAKRA DES SIEBTEN...

... IST SCHWACH GEWORDEN...!!

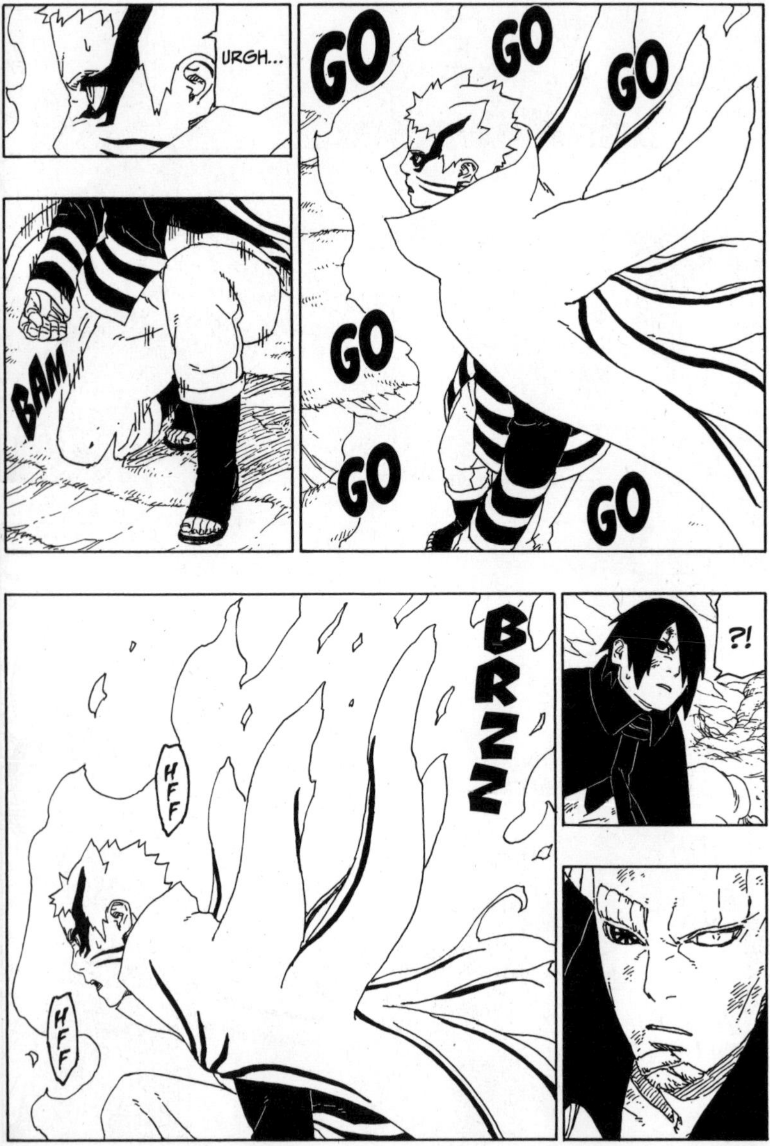

URGH...
BAM
GO
GO
GO
GO
GO
GO
BRZZ
HFF
HFF
?!

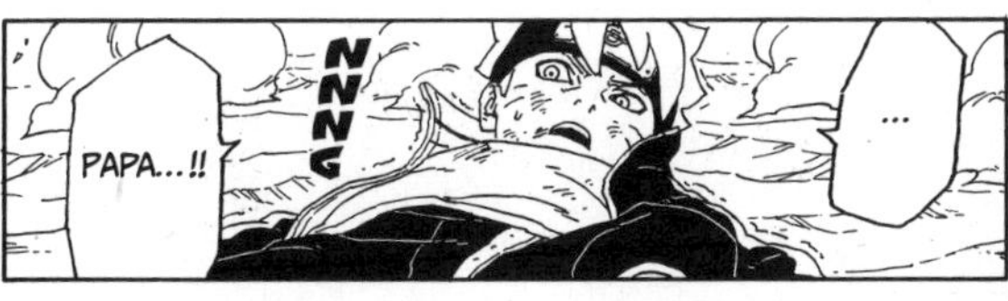
...
NNNG
PAPA...!!

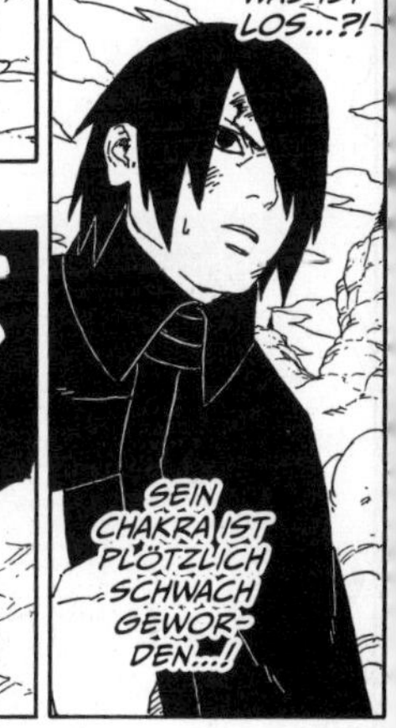
WAS IST LOS...?!
SEIN CHAKRA IST PLÖTZLICH SCHWACH GEWORDEN...!

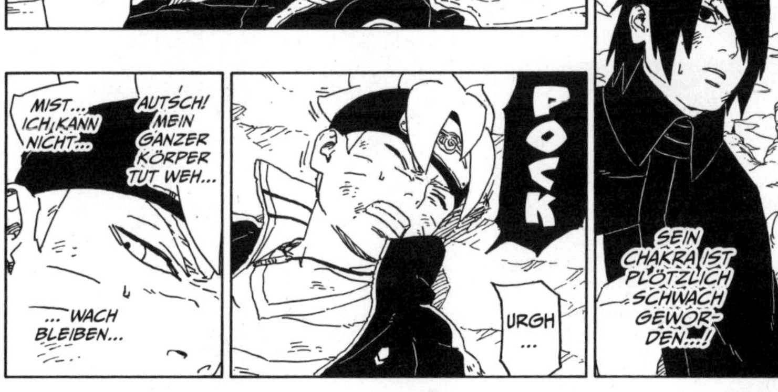
POCK
URGH ...
AUTSCH! MEIN GANZER KÖRPER TUT WEH...
MIST... ICH KANN NICHT...
... WACH BLEIBEN...

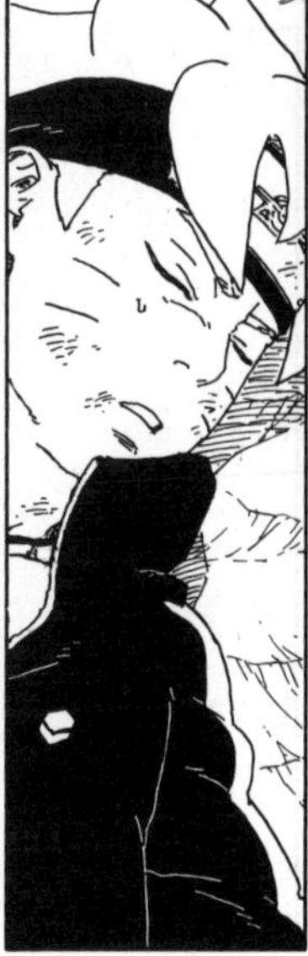

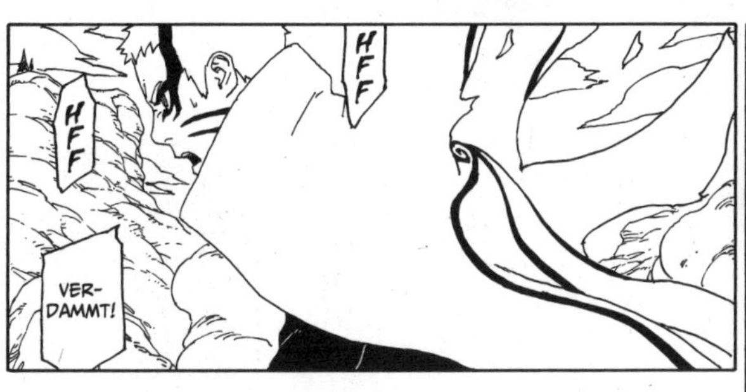
HFF
HFF
VERDAMMT!

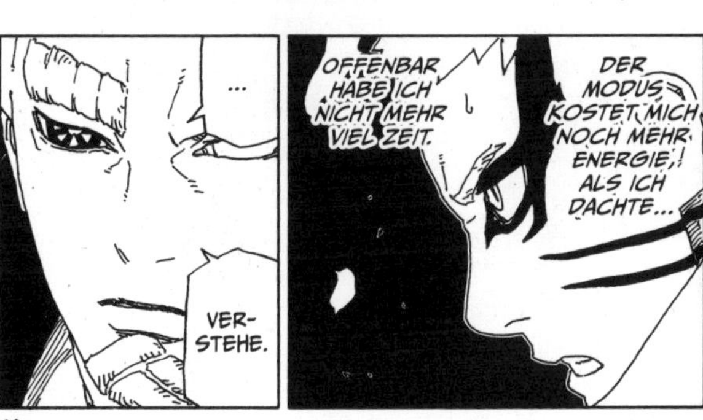
DER MODUS KOSTET MICH NOCH MEHR ENERGIE, ALS ICH DACHTE...
OFFENBAR HABE ICH NICHT MEHR VIEL ZEIT.
...
VERSTEHE.

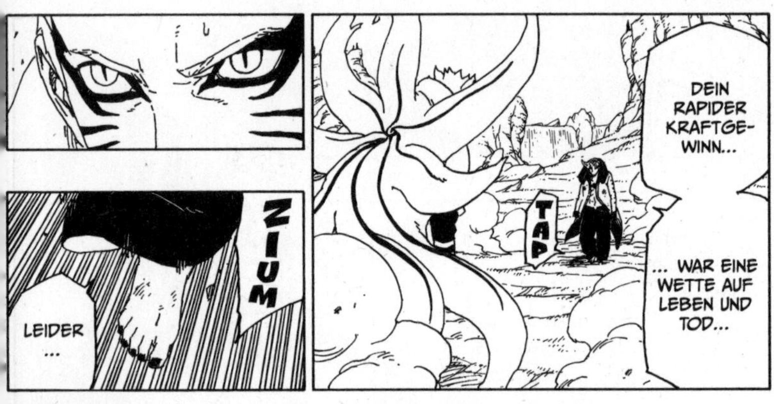

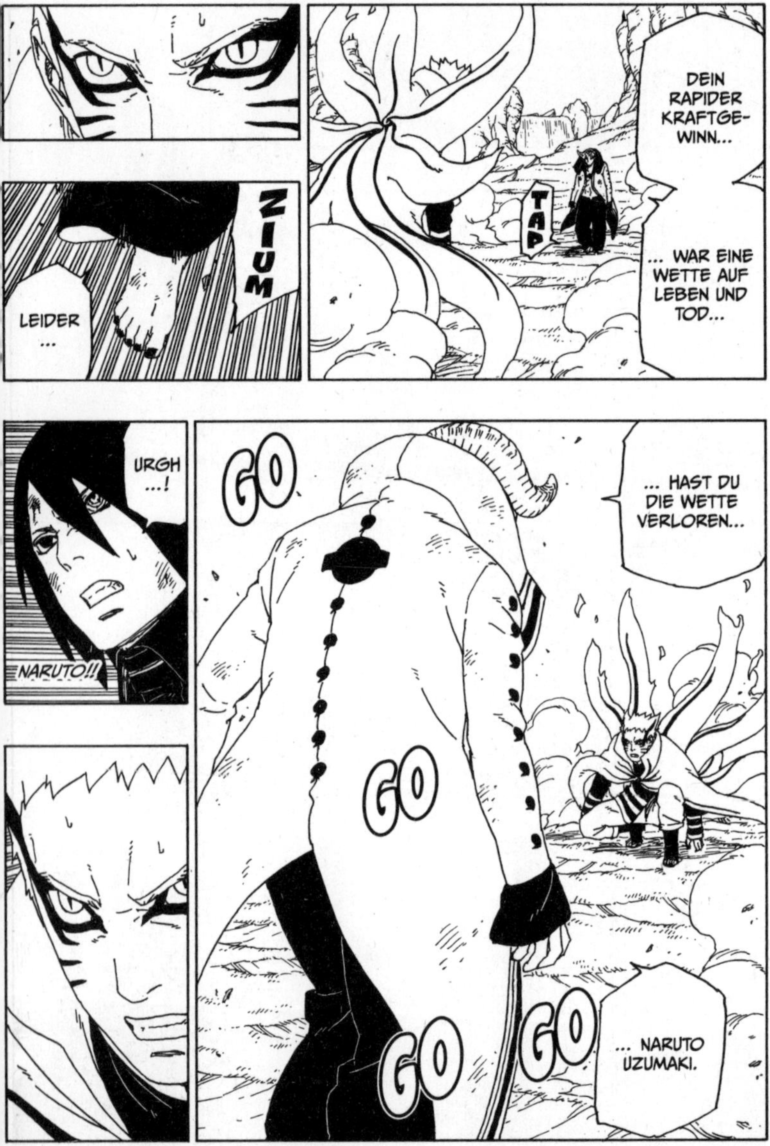

GO
... HAST DU DIE WETTE VERLOREN...
GO
GO GO
... NARUTO UZUMAKI.
URGH ...!
NARUTO!!

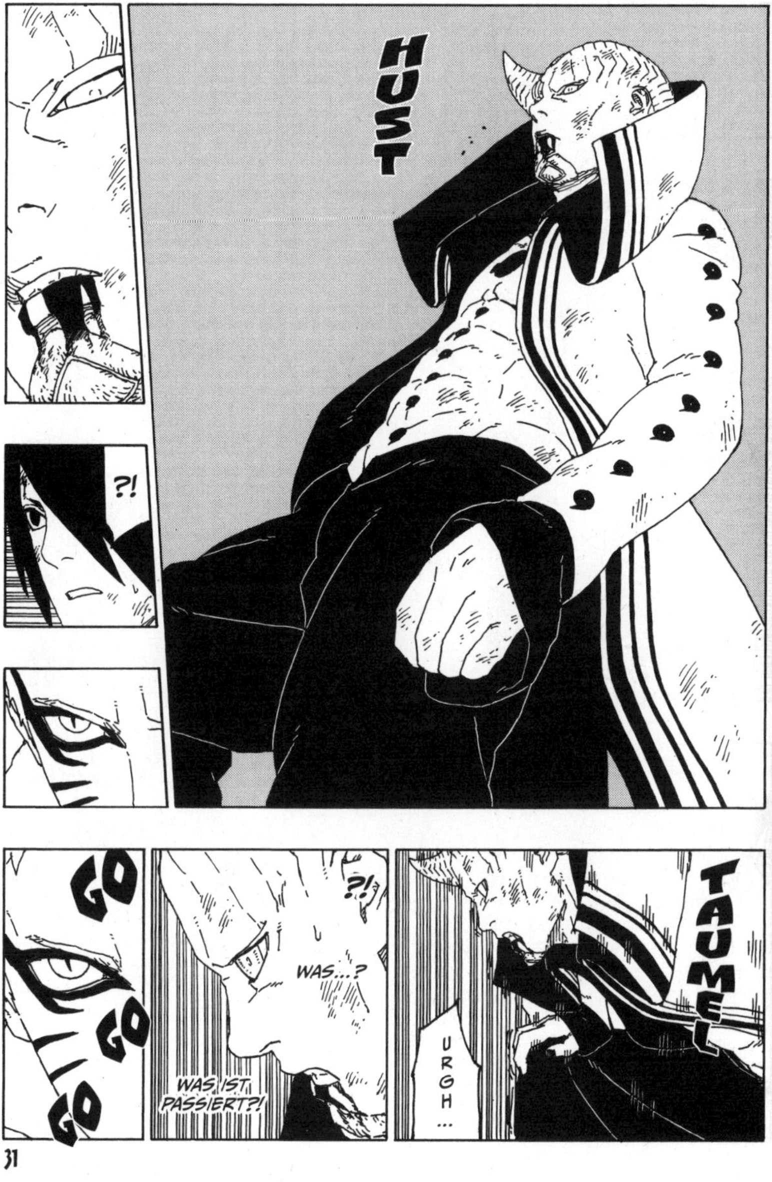

HUST

?!

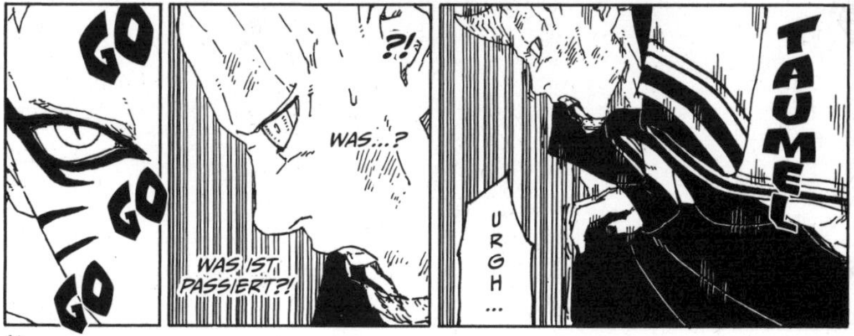

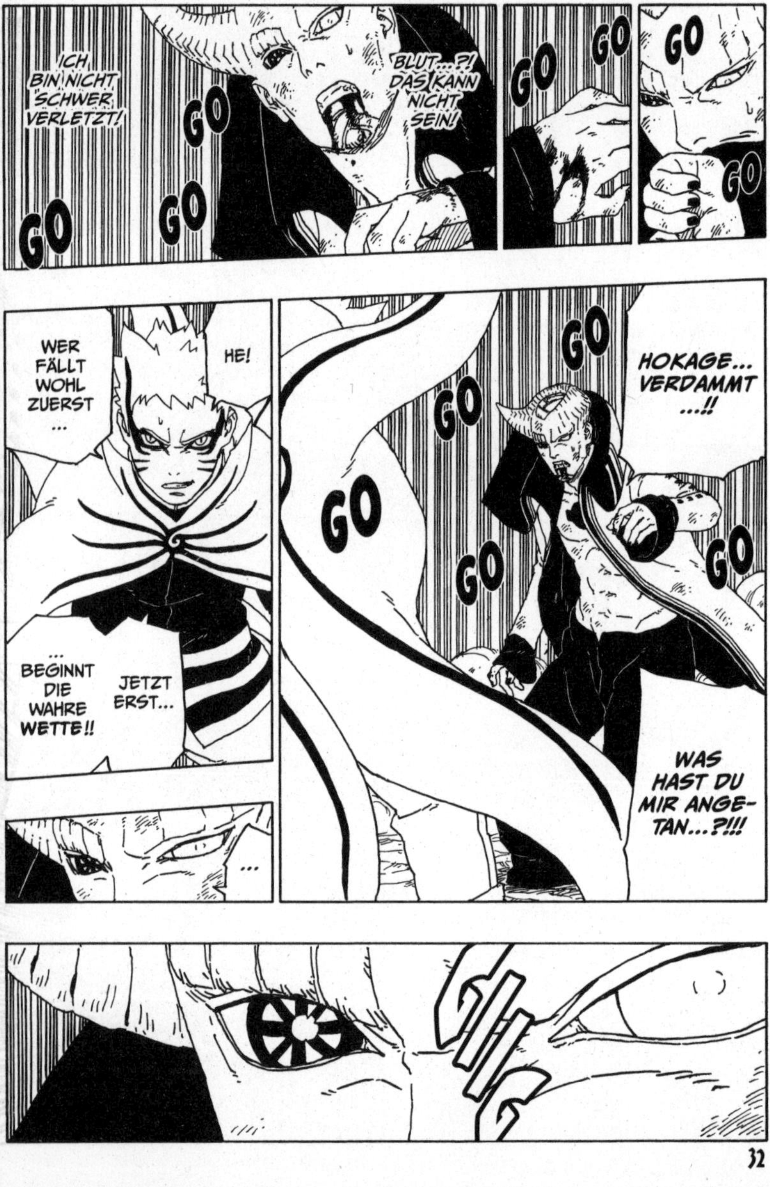

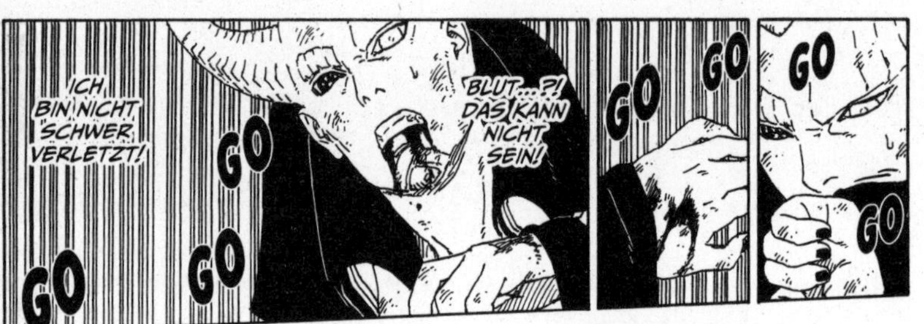
GO
GO
GO
GO
BLUT...?! DAS KANN NICHT SEIN!
ICH BIN NICHT SCHWER VERLETZT!
GO
GO
GO

GO
GO
GO
HOKAGE... VERDAMMT ...!!
GO
GO
WAS HAST DU MIR ANGE-TAN...?!!!
HE!
WER FÄLLT WOHL ZUERST ...
JETZT ERST...
... BEGINNT DIE WAHRE WETTE!!
...

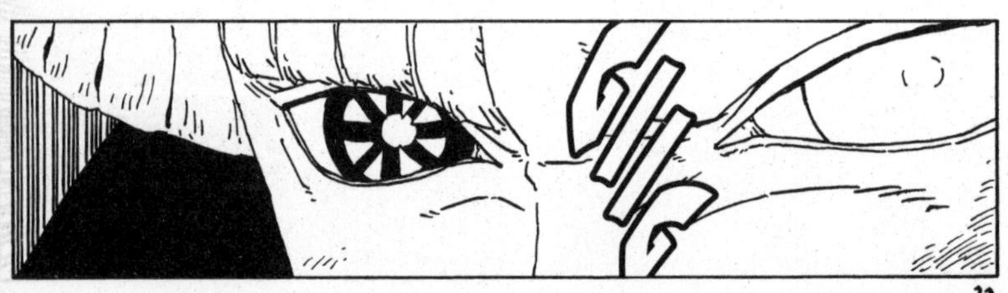

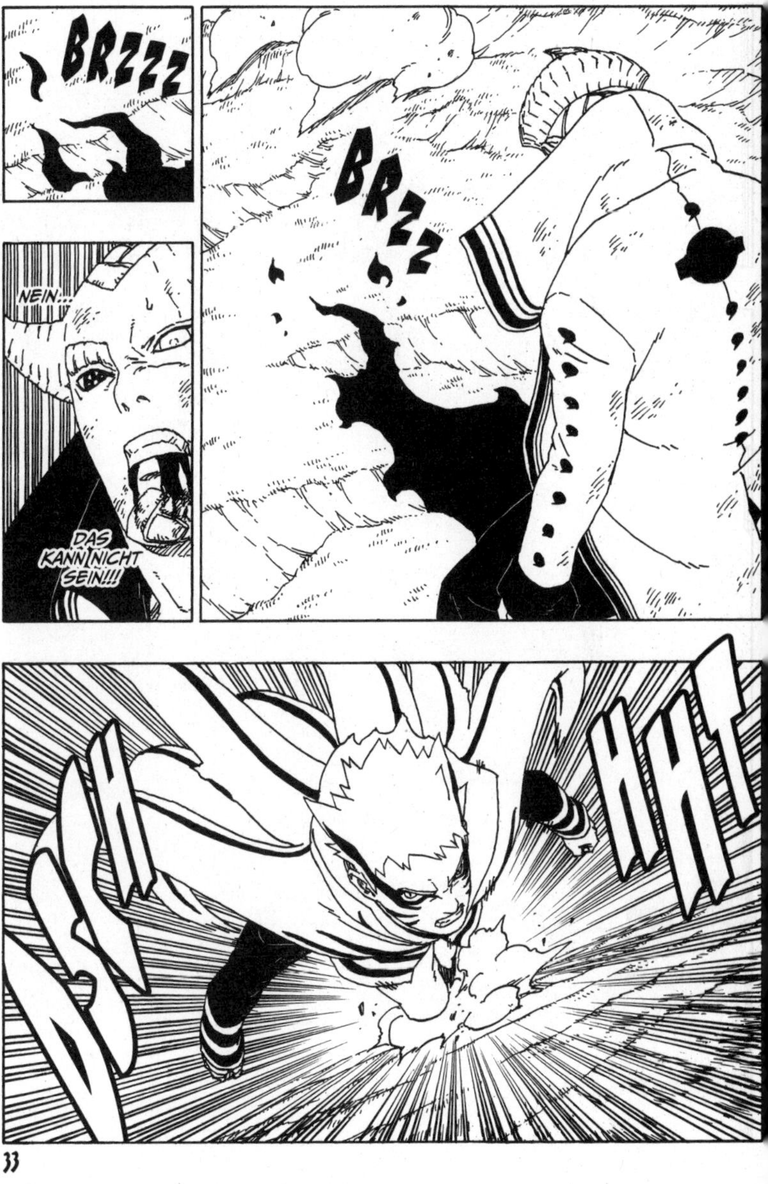

BRZZZ

BRZZZZ

NEIN...

DAS KANN NICHT SEIN!!!

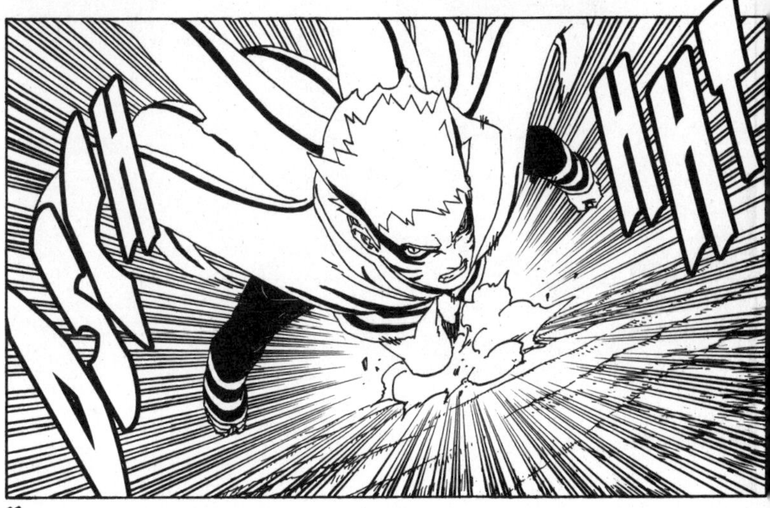

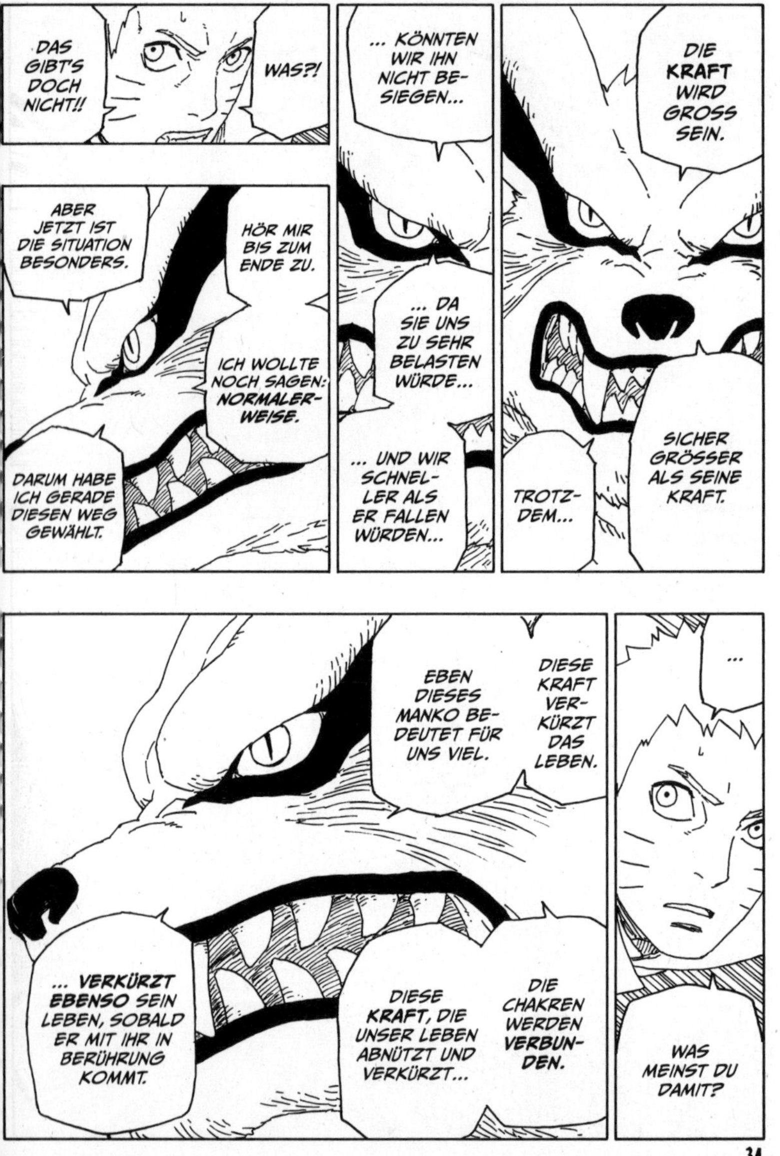

DIE KRAFT WIRD GROSS SEIN.
SICHER GRÖSSER ALS SEINE KRAFT.
TROTZDEM...
... KÖNNTEN WIR IHN NICHT BESIEGEN...
... DA SIE UNS ZU SEHR BELASTEN WÜRDE...
... UND WIR SCHNELLER ALS ER FALLEN WÜRDEN...
WAS?!
DAS GIBT'S DOCH NICHT!!
HÖR MIR BIS ZUM ENDE ZU.
ICH WOLLTE NOCH SAGEN: NORMALERWEISE.
ABER JETZT IST DIE SITUATION BESONDERS.
DARUM HABE ICH GERADE DIESEN WEG GEWÄHLT.
...
WAS MEINST DU DAMIT?
DIESE KRAFT VERKÜRZT DAS LEBEN.
EBEN DIESES MANKO BEDEUTET FÜR UNS VIEL.
DIE CHAKREN WERDEN VERBUNDEN.
DIESE KRAFT, DIE UNSER LEBEN ABNÜTZT UND VERKÜRZT...
... VERKÜRZT EBENSO SEIN LEBEN, SOBALD ER MIT IHR IN BERÜHRUNG KOMMT.

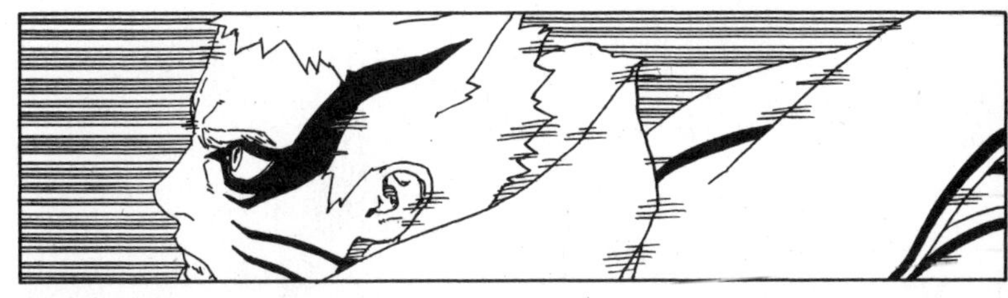

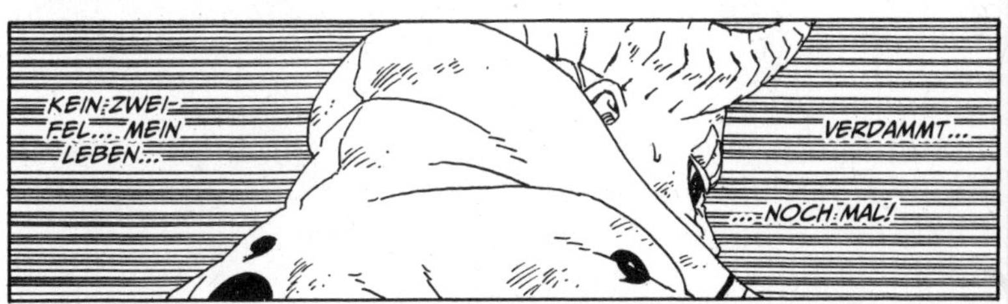

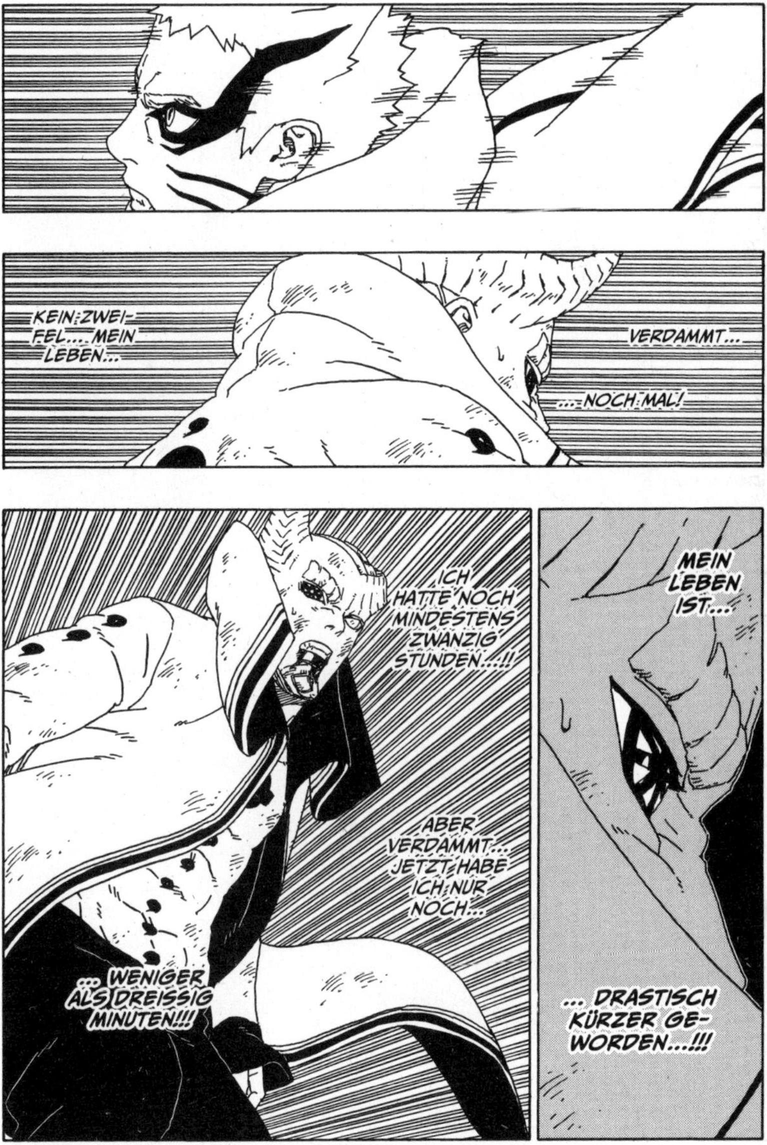

MEIN LEBEN IST...

... DRASTISCH KÜRZER GE-WORDEN...!!!

ICH HATTE NOCH MINDESTENS ZWANZIG STUNDEN...!!

ABER VERDAMMT... JETZT HABE ICH NUR NOCH...

... WENIGER ALS DREISSIG MINUTEN!!!

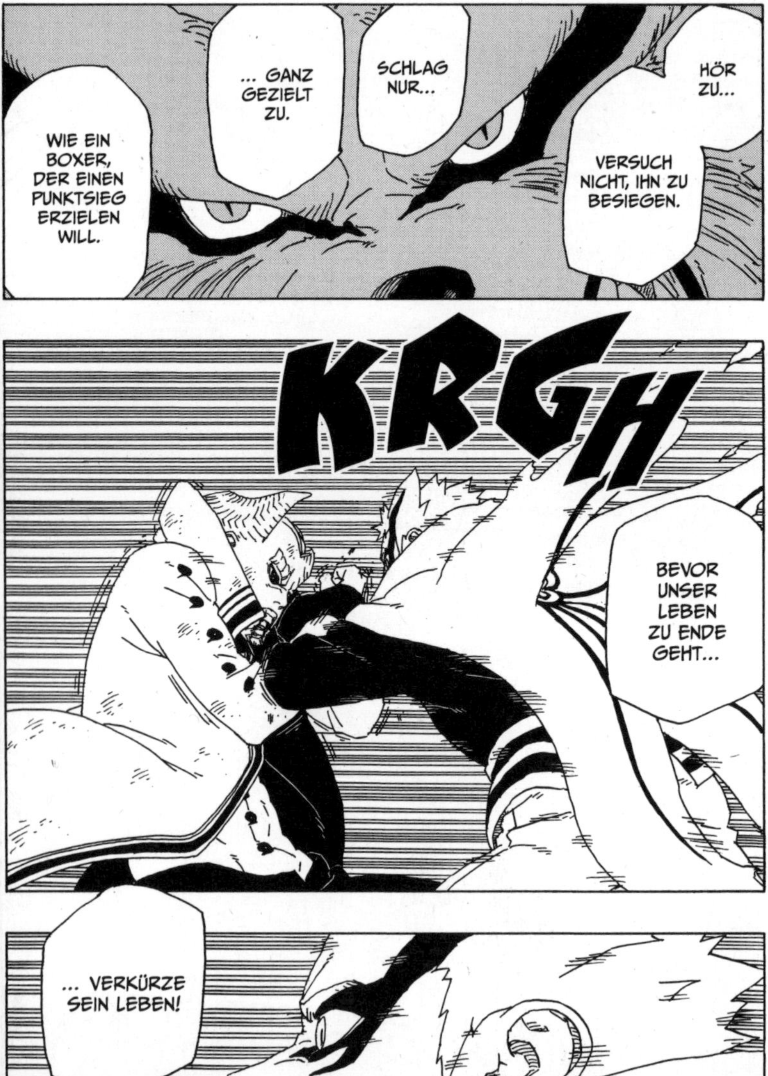

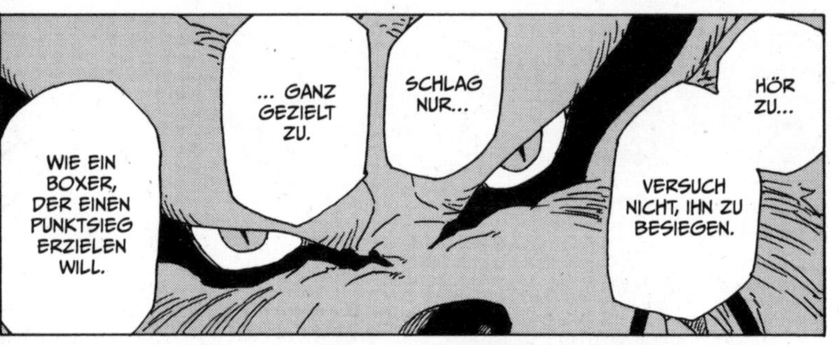


KRGH

BEVOR UNSER LEBEN ZU ENDE GEHT...

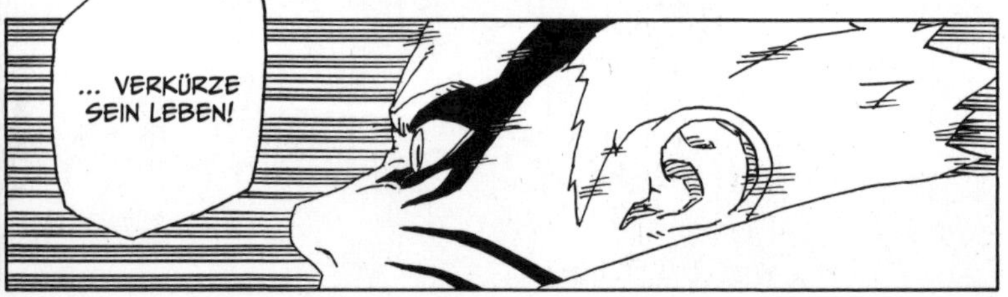

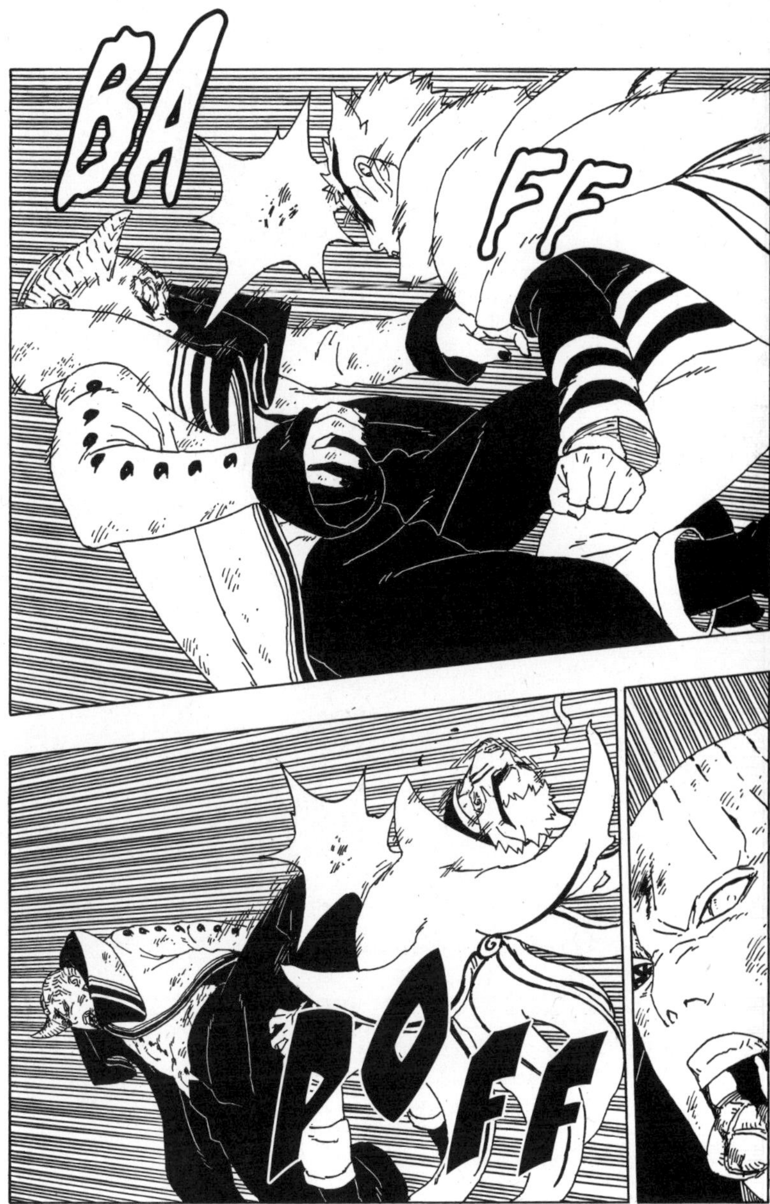
BA
FF
DOFF

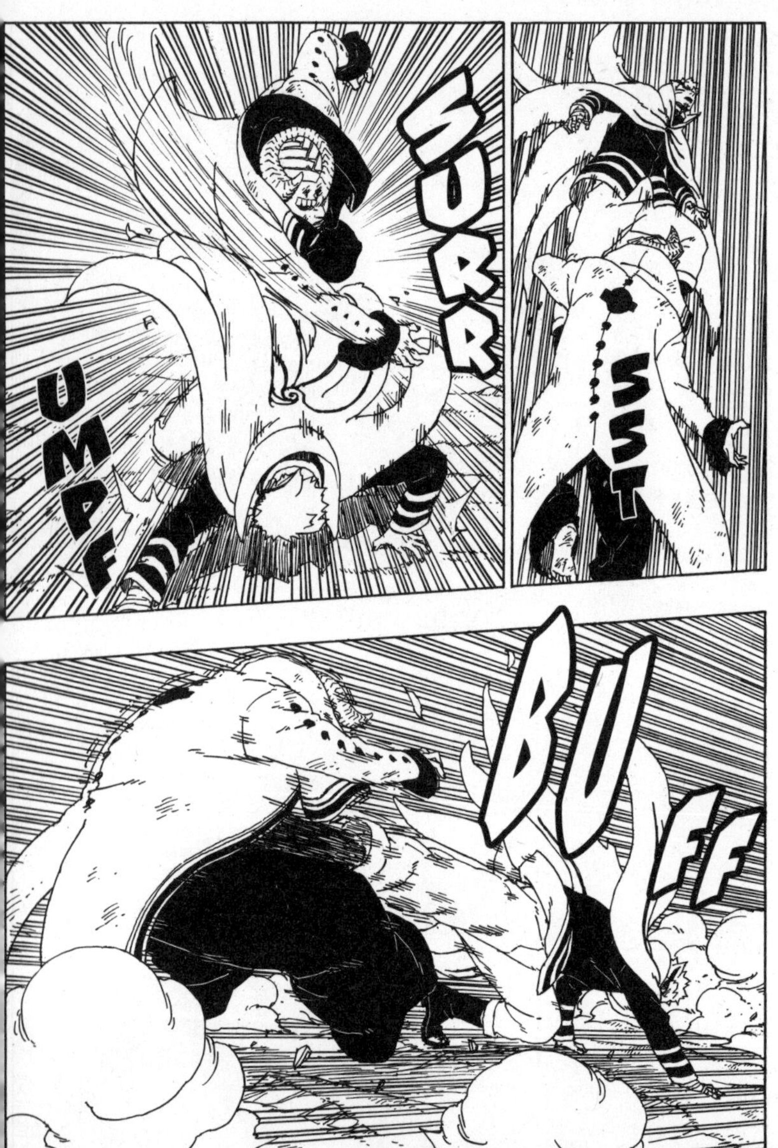
SSST
SURR
UMPF
BUFF

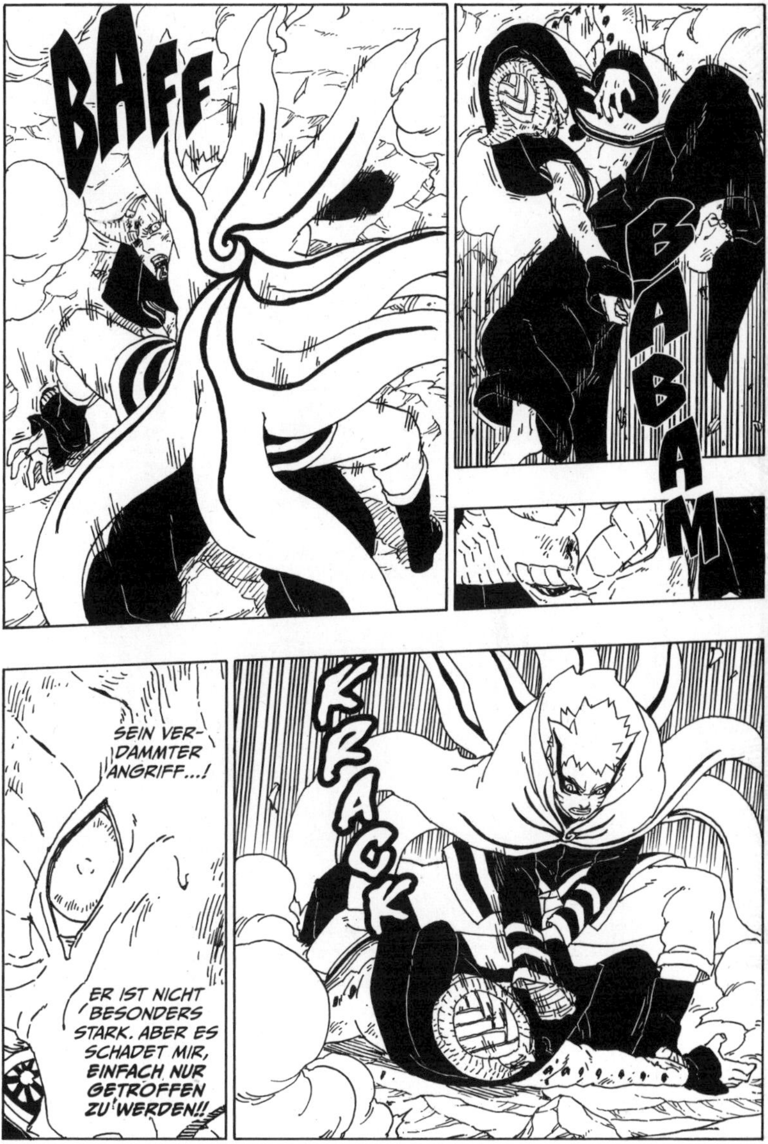

BABAM
BAFF
KRACK
SEIN VERDAMMTER ANGRIFF...!
ER IST NICHT BESONDERS STARK. ABER ES SCHADET MIR, EINFACH NUR GETROFFEN ZU WERDEN!!

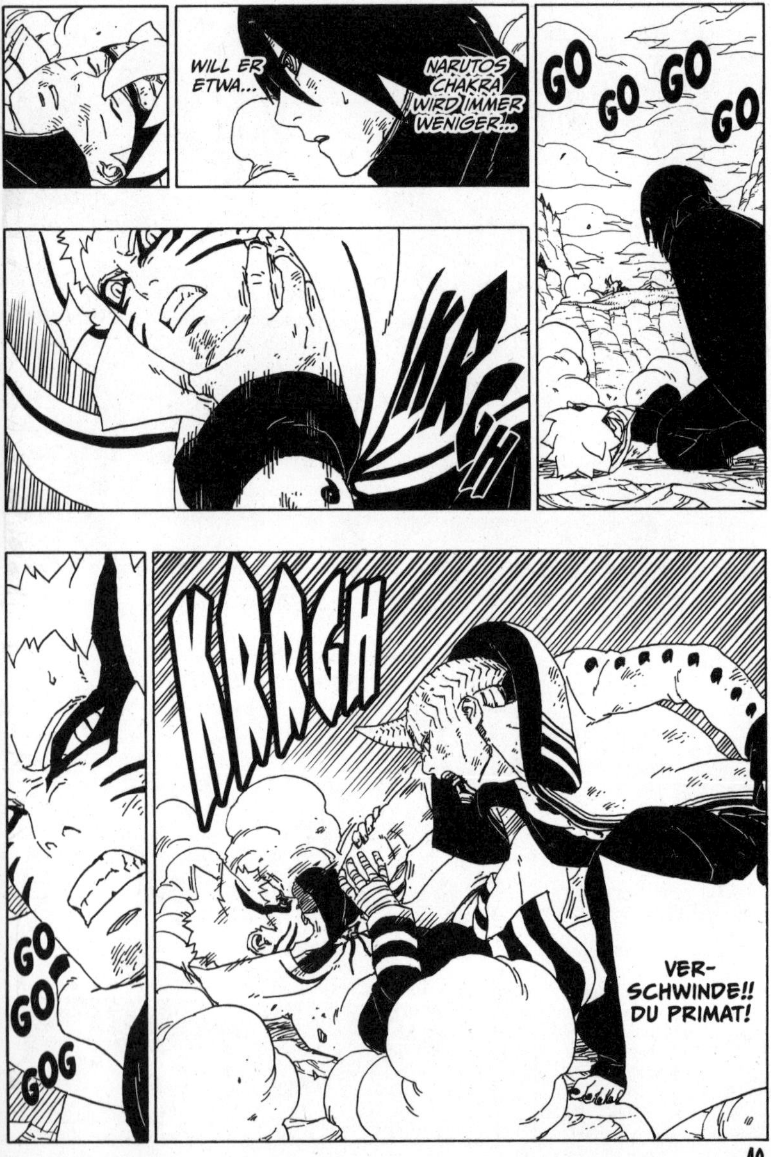

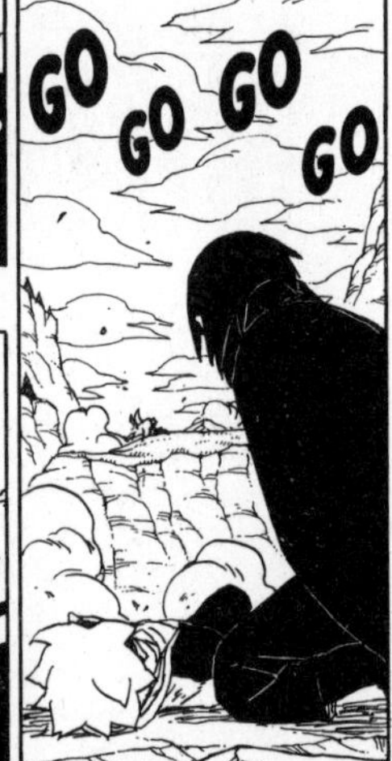
GO GO GO GO

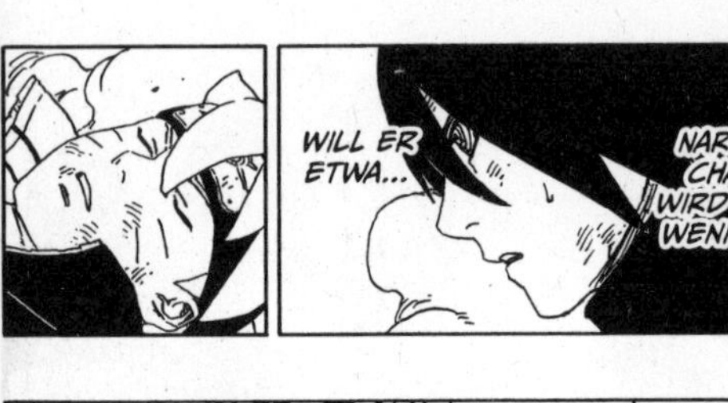
NARUTOS CHAKRA WIRD IMMER WENIGER...
WILL ER ETWA...

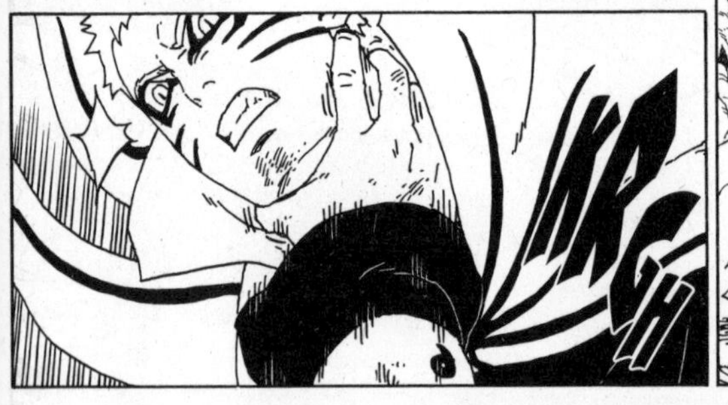
NNRGH

NNRGH
VER-
SCHWINDE!!
DU PRIMAT!
GO GO GOG

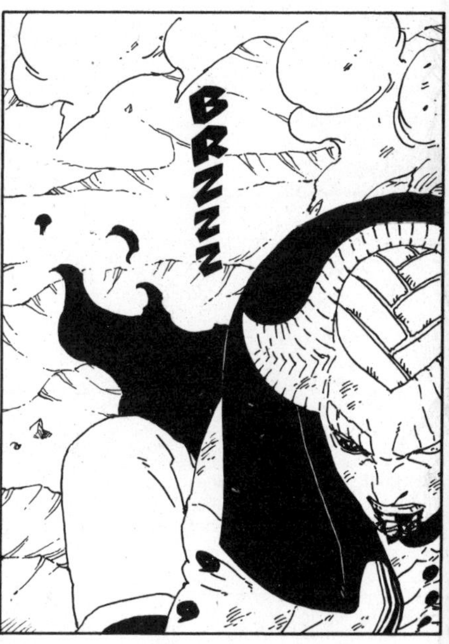
BRZZZ

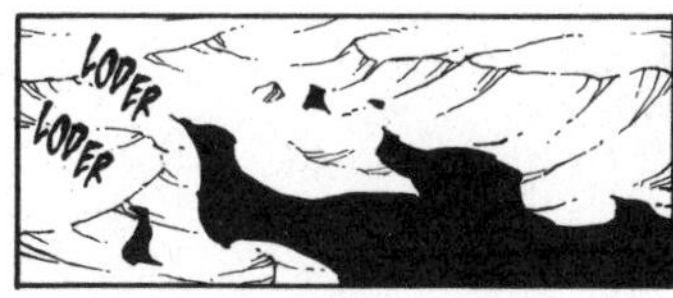
LODER
LODER

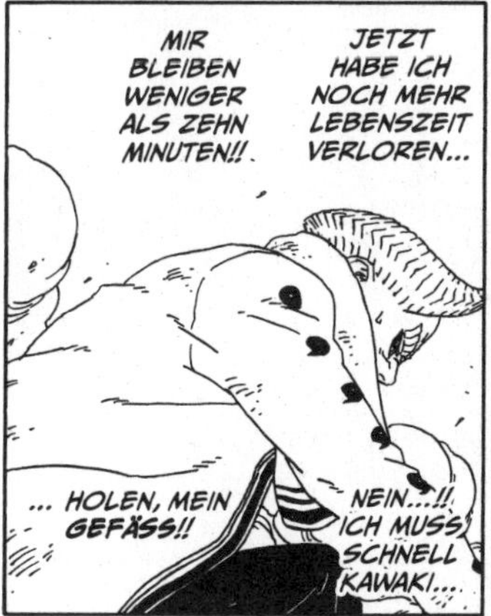
JETZT HABE ICH NOCH MEHR LEBENSZEIT VERLOREN...
MIR BLEIBEN WENIGER ALS ZEHN MINUTEN!!
NEIN...!! ICH MUSS SCHNELL KAWAKI...
... HOLEN, MEIN GEFÄSS!!

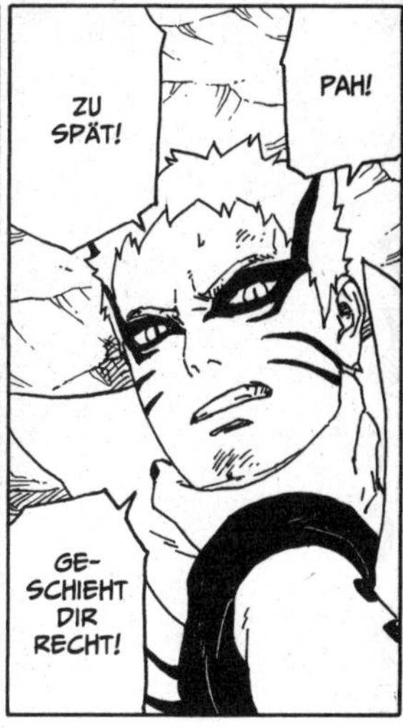
PAH!
ZU SPÄT!
GE-SCHIEHT DIR RECHT!

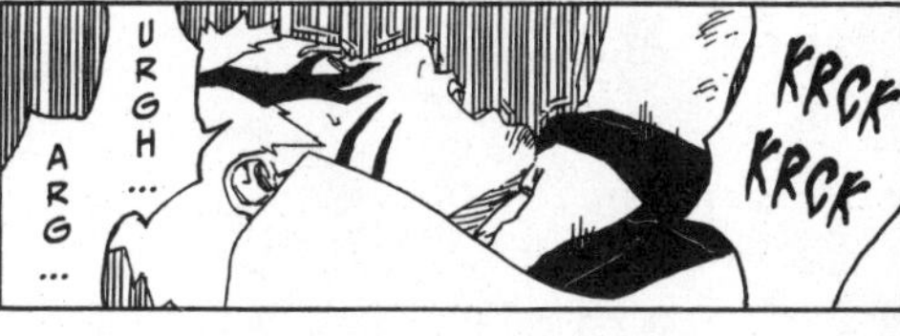
KRCK
KRCK
URGH...
ARG...

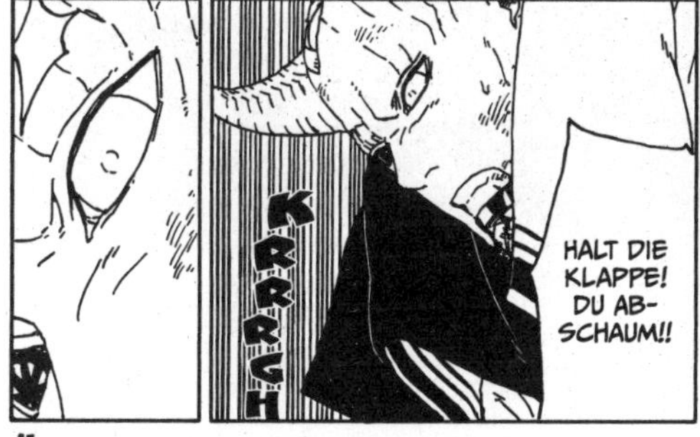
KRRRGH
HALT DIE KLAPPE! DU AB-SCHAUM!!

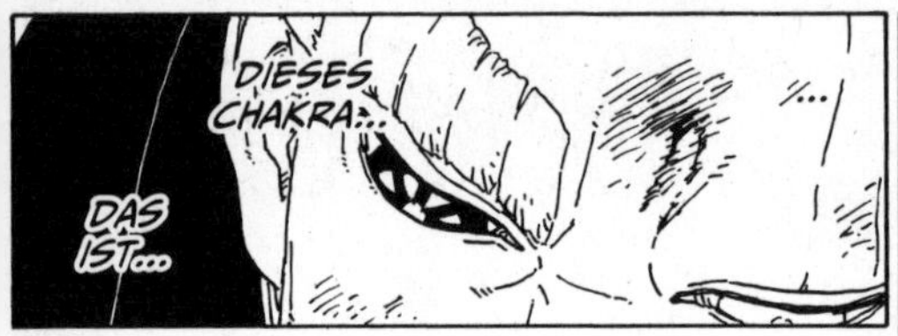
...
DIESES CHAKRA ...
DAS IST ...

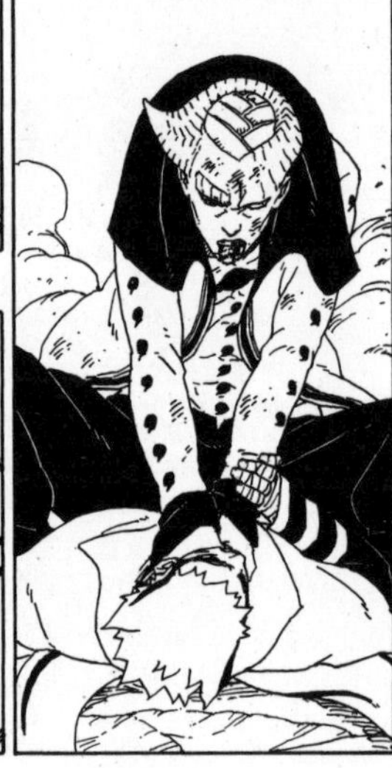

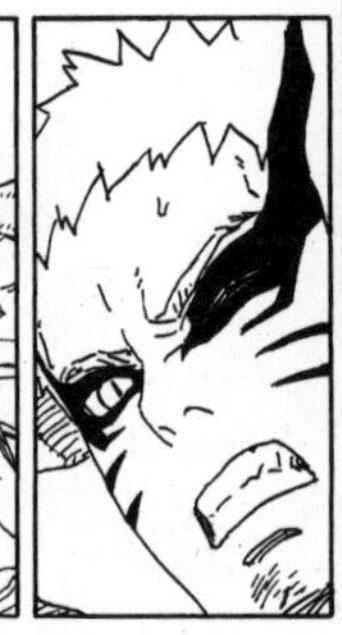
...

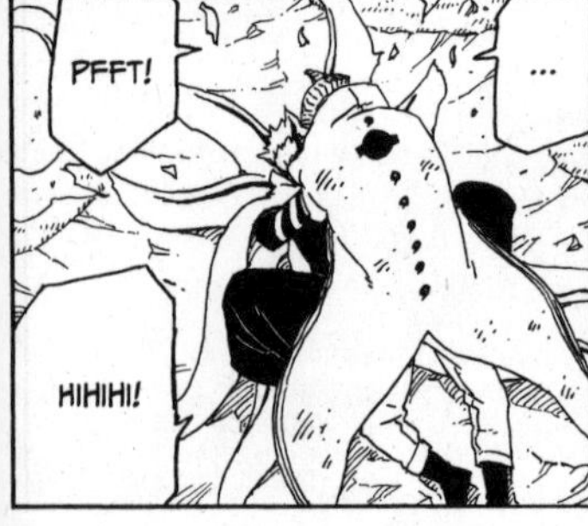
PFFT!
HIHIHI!

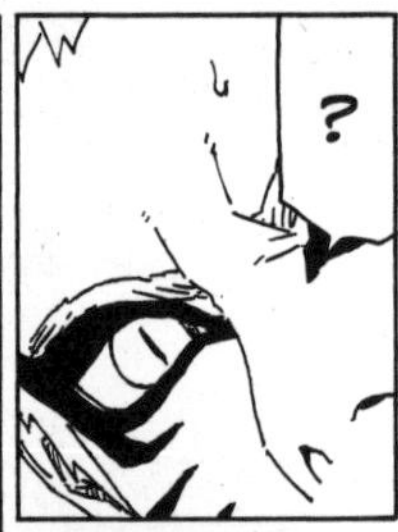
?

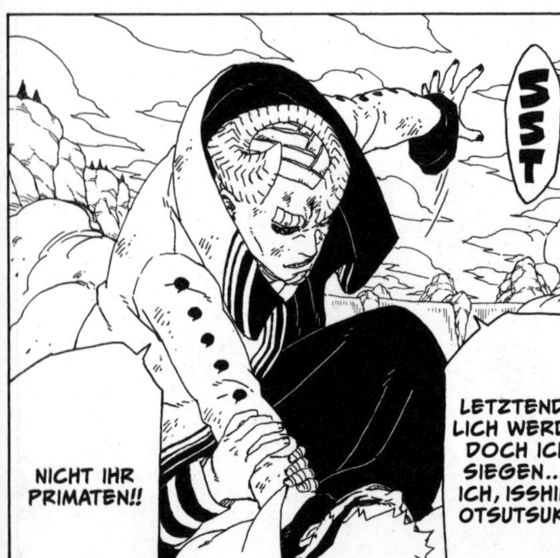
SST
LETZTEND-LICH WERDE DOCH ICH SIEGEN ...! ICH, ISSHIKI OTSUTSUKI!
NICHT IHR PRIMATEN!!

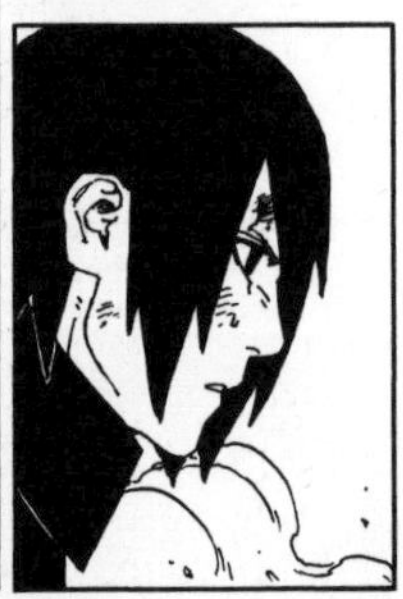

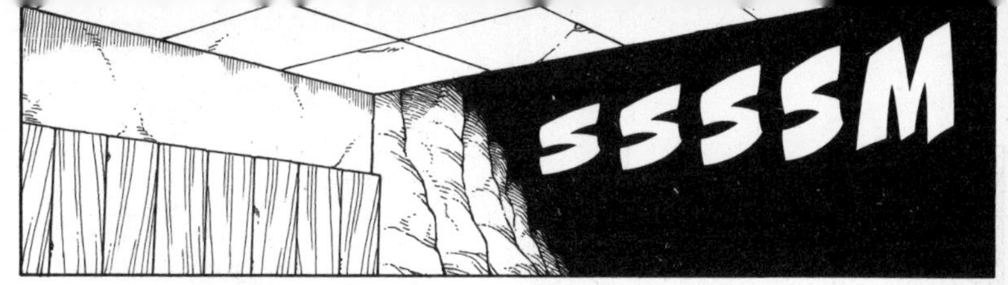
SSSSM

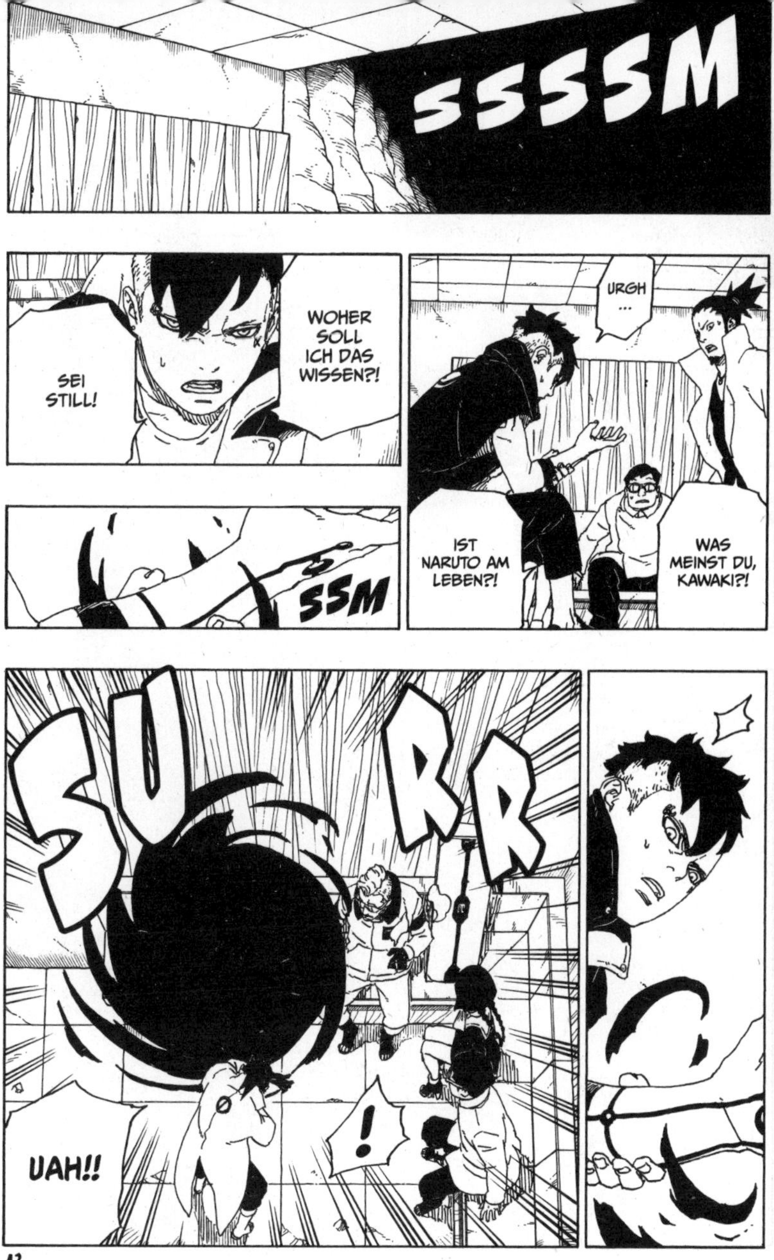

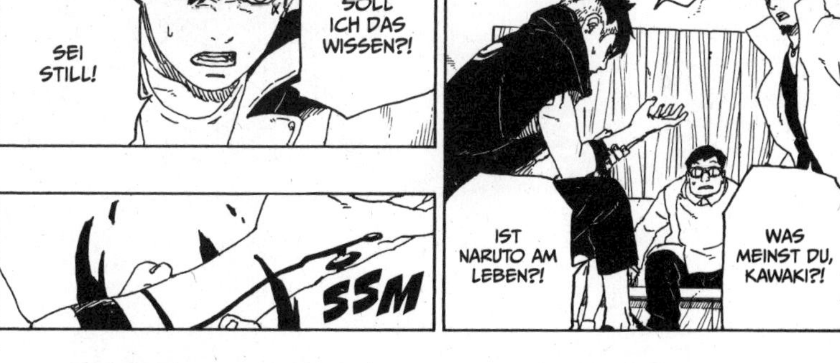
URGH ...
WAS MEINST DU, KAWAKI?!
IST NARUTO AM LEBEN?!

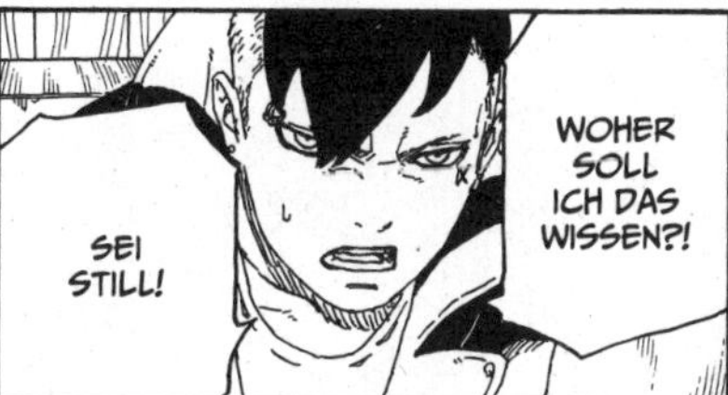
WOHER SOLL ICH DAS WISSEN?!
SEI STILL!
SSM
SURR
!
UAH!!

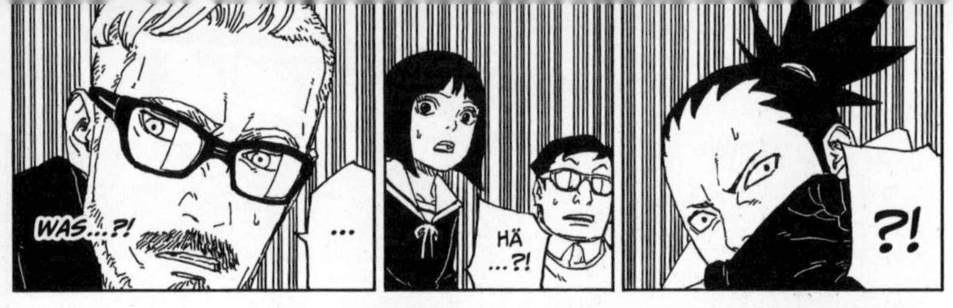

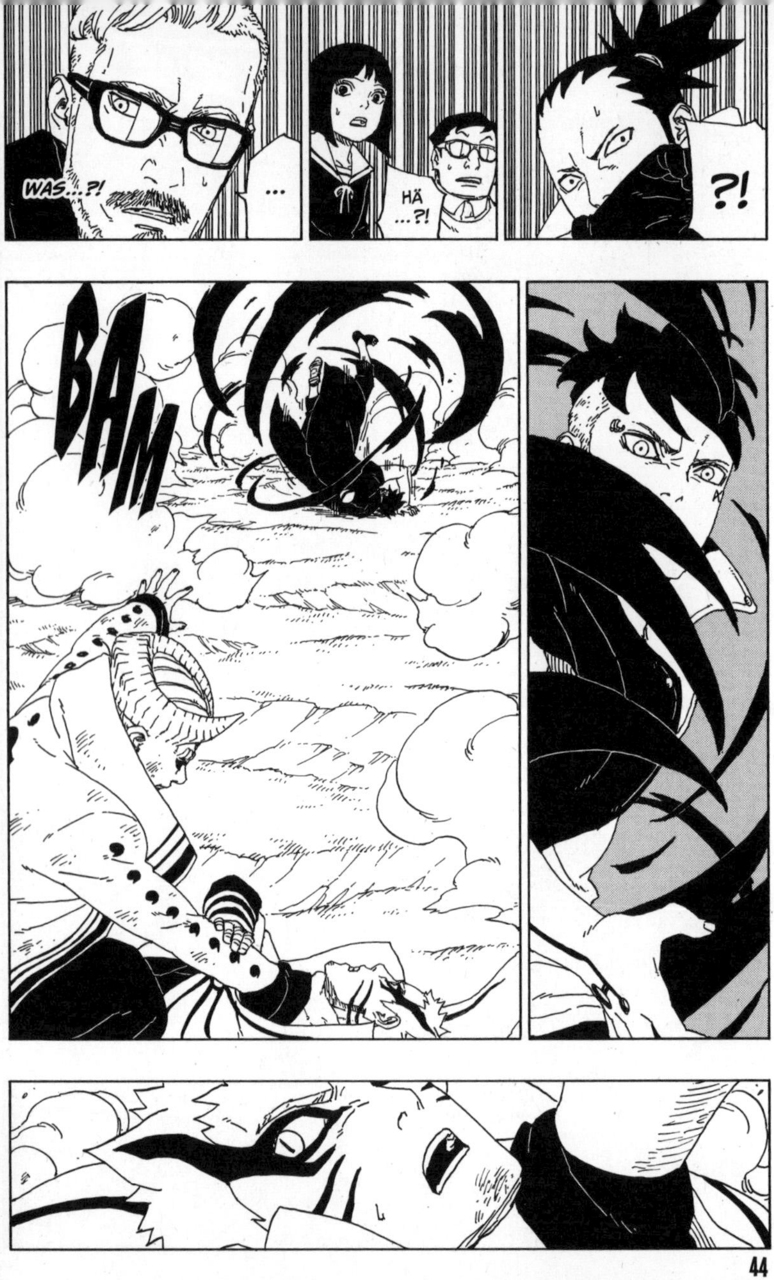

BAM

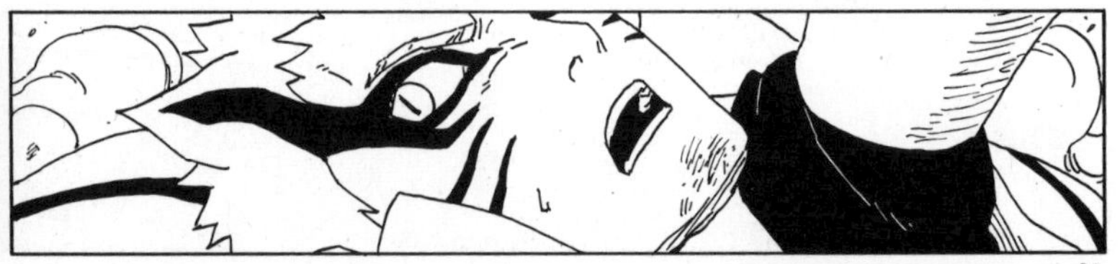

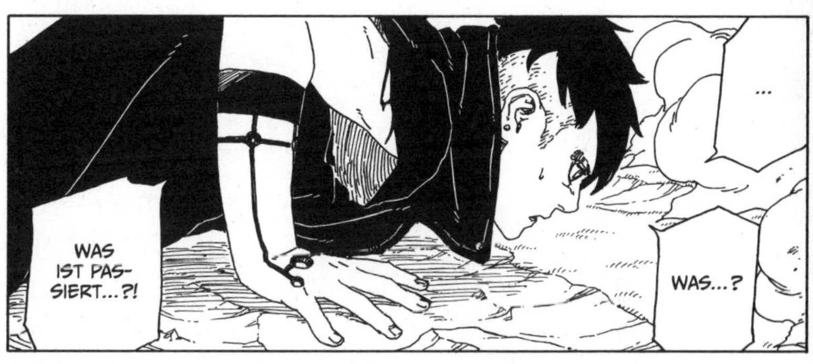
...
WAS...?
WAS IST PAS-SIERT...?!

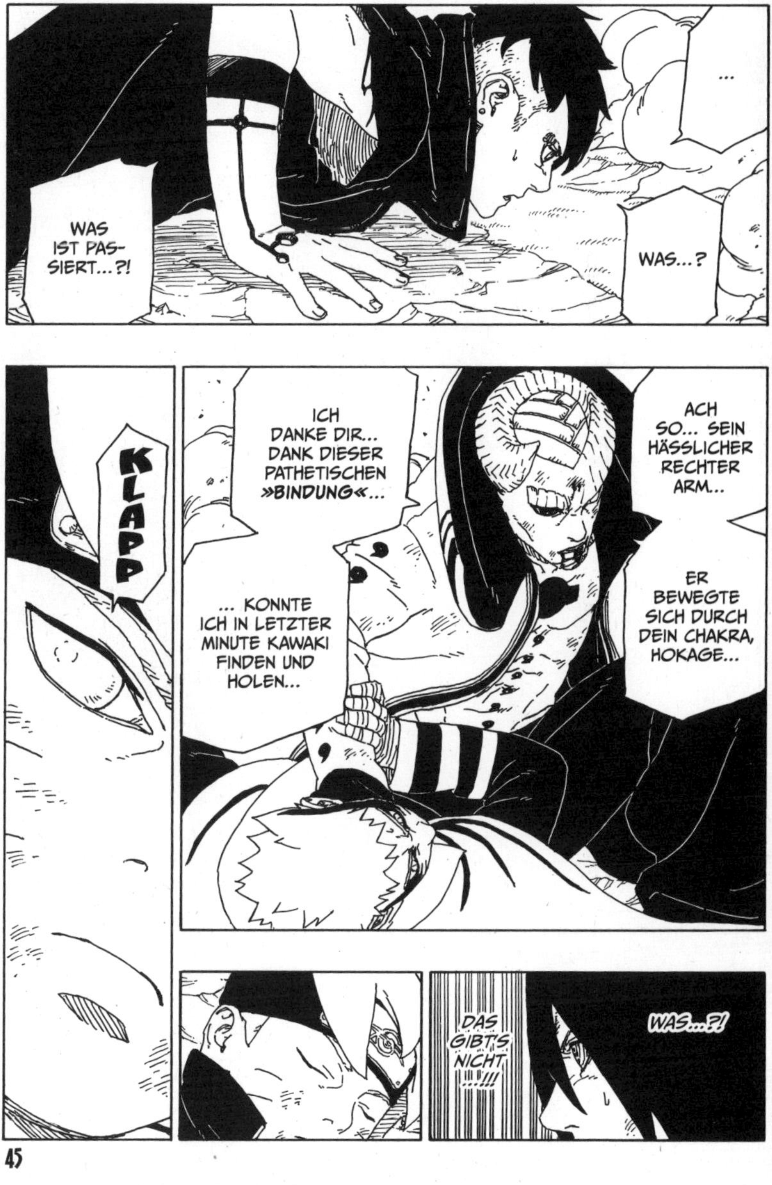

ACH SO... SEIN HÄSSLICHER RECHTER ARM...
ER BEWEGTE SICH DURCH DEIN CHAKRA, HOKAGE...
ICH DANKE DIR... DANK DIESER PATHETISCHEN »BINDUNG«...
... KONNTE ICH IN LETZTER MINUTE KAWAKI FINDEN UND HOLEN...
KLAPP
WAS...?!
DAS GIBT'S NICHT!!!!!!

# BORU GANG

## CHARAKTERDESIGN BY BORU-FANS – NACHGEZEICHNET VON MEISTER IKEMOTO!!

FÜR DIE »WEEKLY SHONEN JUMP«-KOLUMNE »BORU-GANG« ZEICHNET MEISTER IKEMOTO DIE ORIGINELLSTEN BORUTO-CHARAKTERE NACH, DIE VON FANS ENTWORFEN WURDEN!!

DER NAME DES CHARAKTERS:

**SUSHI KUINE**

ENTWORFEN VON:

**NANASE AUS FUKUOKA**

BEWERTUNG DER JURY:

ER SIEHT COOL AUS UND SEIN ANGRIFF IST DER BURNER – ER STOPFT DEM GEGNER WASABI IN DEN MUND! SEHR SÜSS: IHM SELBST IST WASABI ZU SCHARF, ER KANN (NOCH?) NICHTS DAVON ESSEN!

NAME: SUSHI KUINE

SUSHI-NINJA!

SEINE ELTERN ARBEITEN IN EINEM SUSHI-RESTAURANT UND ER MACHT EINE AUSBILDUNG SOWOHL ZUM NINJA ALS AUCH ZUM SUSHI-MEISTER. SEIN HOBBY IST ANGELN. ER MAG THUNFISCH UND LACHS. ER MÖCHTE IRGENDWANN EIN RICHTIGER ERWACHSENER WERDEN, DER SUSHI MIT WASABI ESSEN KANN. SEIN GEBURTSTAG IST DER 4. (SHI) MÄRZ (SAN-GATSU-SU). SEINE AUGEN SIND GRÜN WIE WASABI.

SEIN TRUMPF IN EINEM KAMPF IST ES, DEM GEGNER DEN MUND MIT WASABI ZU STOPFEN. VOR EINEM ANGRIFF SAGT ER IMMER: »BITTE SEHR!«

AM GÜRTEL TRÄGT ER EIN FLÄSCHCHEN SOJASOSSE.

ER SPIELT SEHR GERNE MIT SEINEN FREUNDEN UND MÖCHTE SIE IRGENDWANN ZUM SUSHI EINLADEN.

SEIN REISLÖFFEL IST MIT DEM KONOHA-ZEICHEN VERSEHEN!!

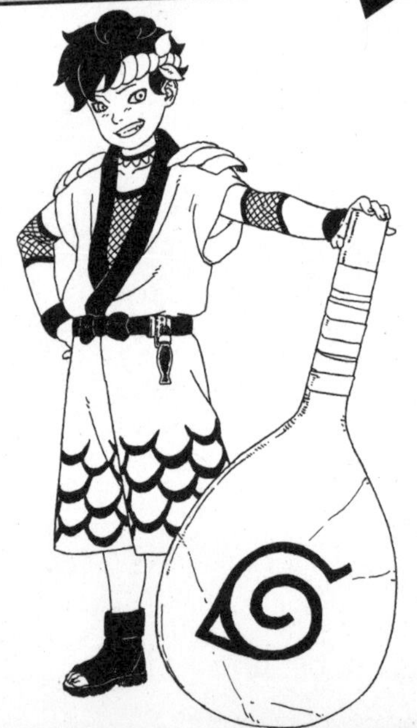

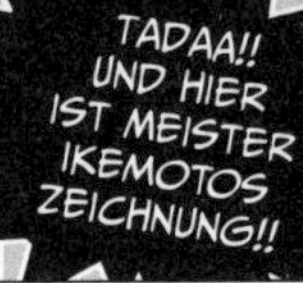


WOW, SEIN TRUMPF IST KRASS! SPRITZT ER AUS DEM FLÄSCHCHEN AM GÜRTEL AUCH NOCH SOJASOSSE IN DIE AUGEN ODER DIE NASE DES GEGNERS? AUF JEDEN FALL EIN RICHTIG GEFÄHRLICHER KERL. MAN SOLLTE IHN BESSER NICHT ÄRGERN.

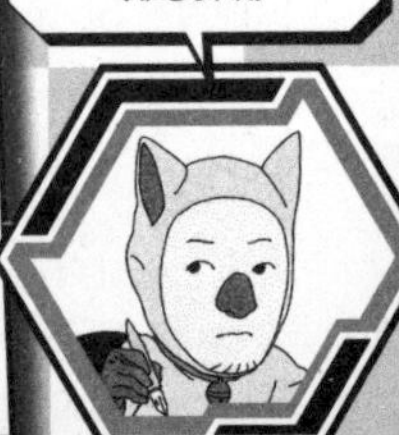

## 53: Das ist die Realität

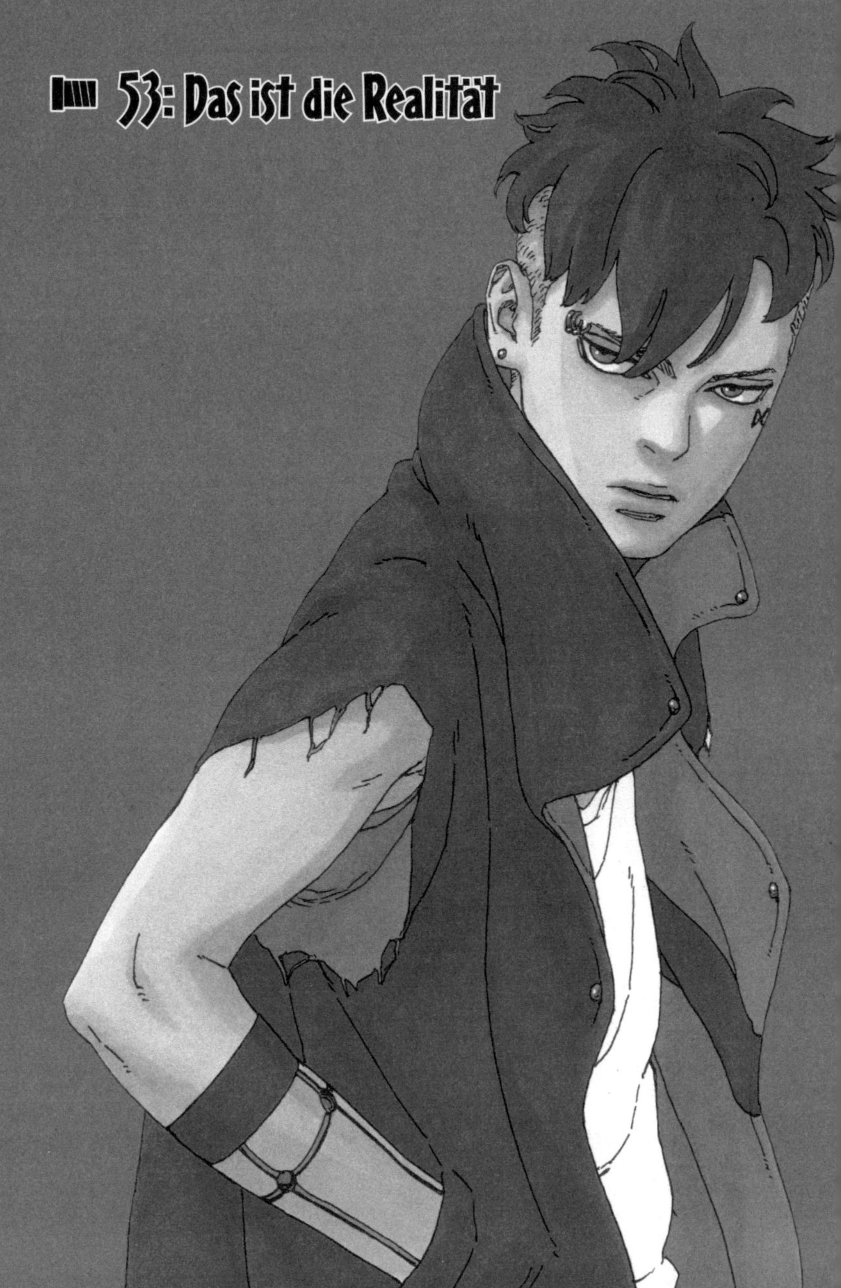

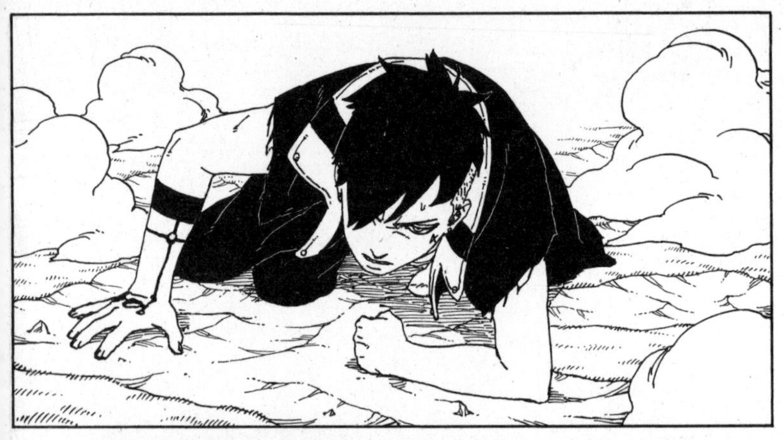

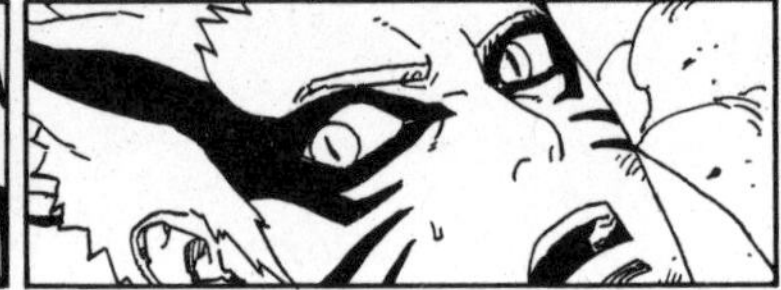

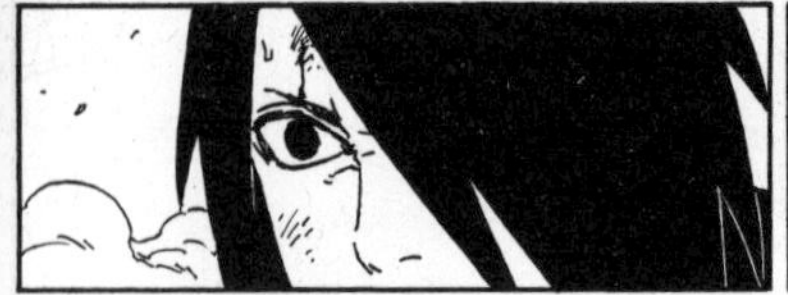

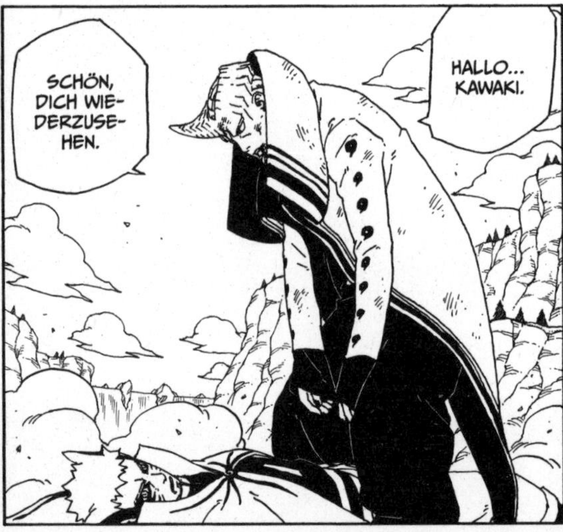
HALLO... KAWAKI.
SCHÖN, DICH WIEDERZUSEHEN.

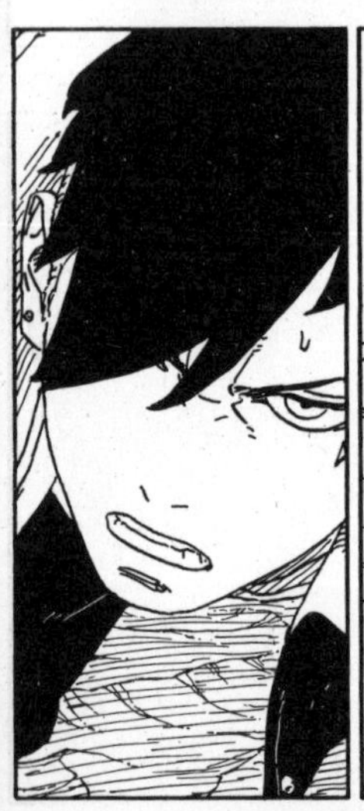

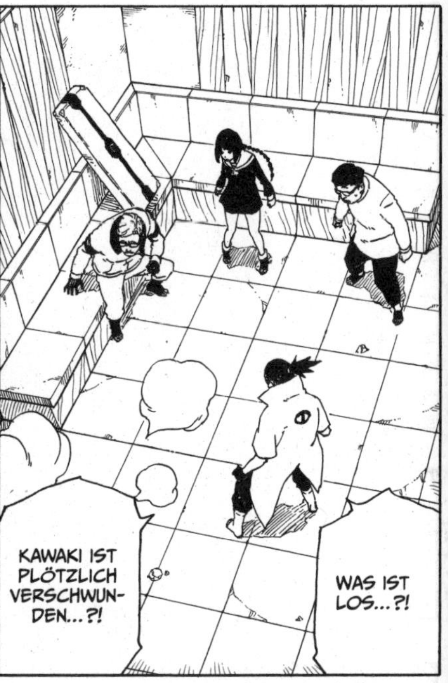
WAS IST LOS...?!
KAWAKI IST PLÖTZLICH VERSCHWUNDEN...?!

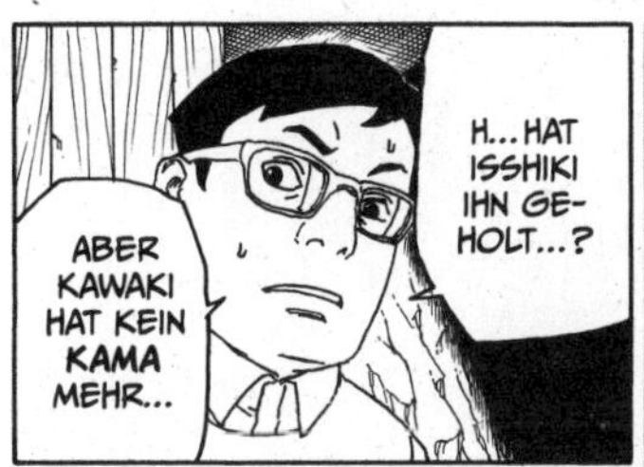
H...HAT ISSHIKI IHN GEHOLT...?
ABER KAWAKI HAT KEIN KAMA MEHR...

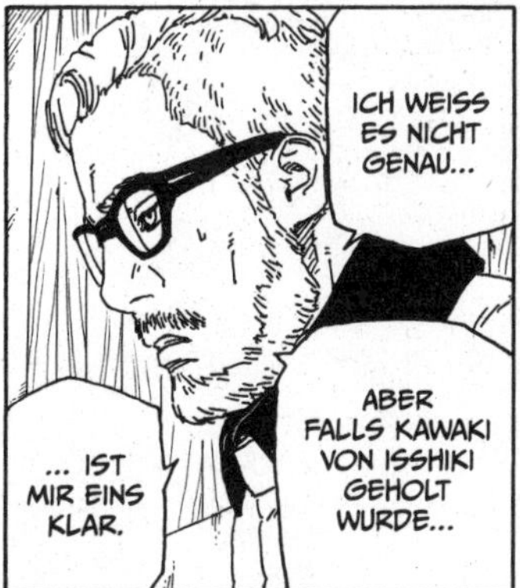
ICH WEISS ES NICHT GENAU...
ABER FALLS KAWAKI VON ISSHIKI GEHOLT WURDE...
... IST MIR EINS KLAR.

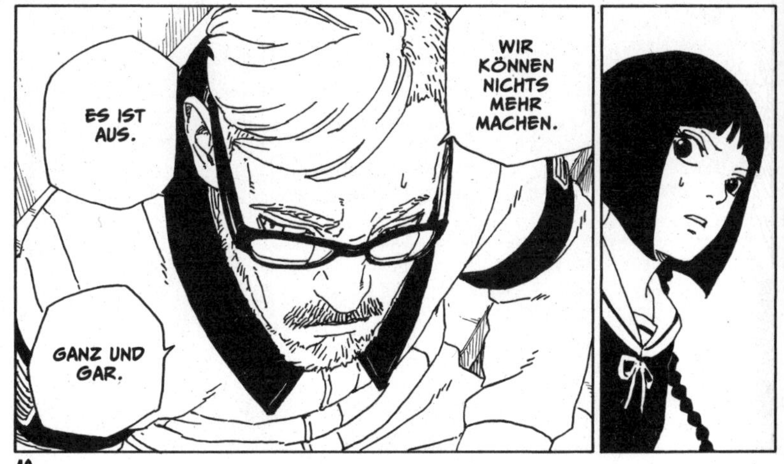
WIR KÖNNEN NICHTS MEHR MACHEN.
ES IST AUS.
GANZ UND GAR.

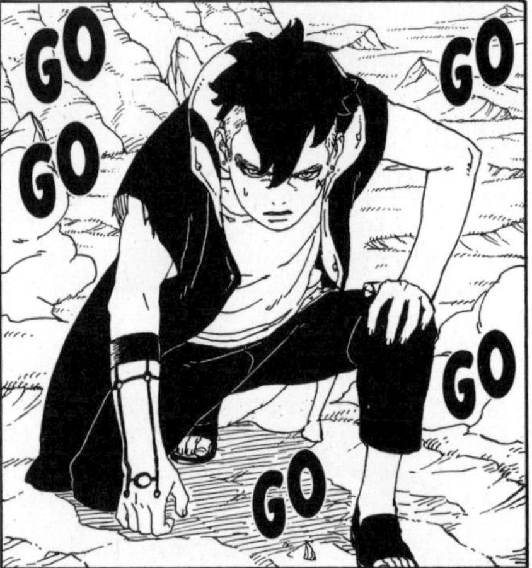
GO
GO
GO
GO
GO

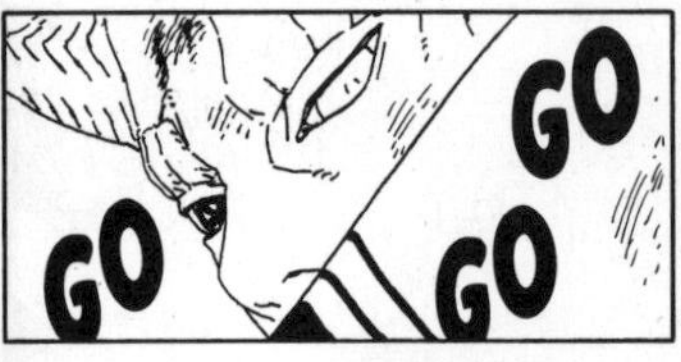
GO
GO
GO

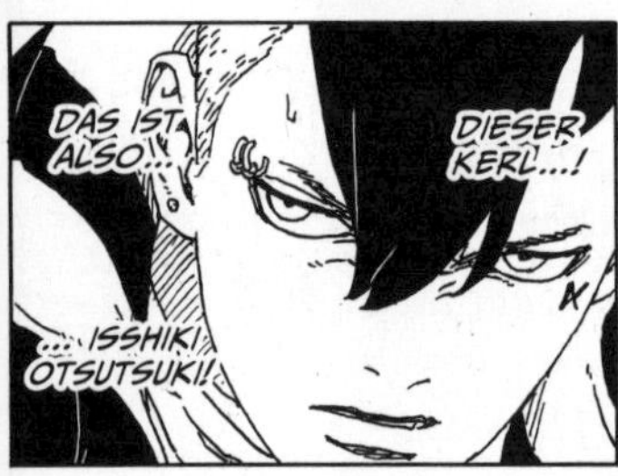
DIESER KERL...!
DAS IST ALSO...
... ISSHIKI OTSUTSUKI!

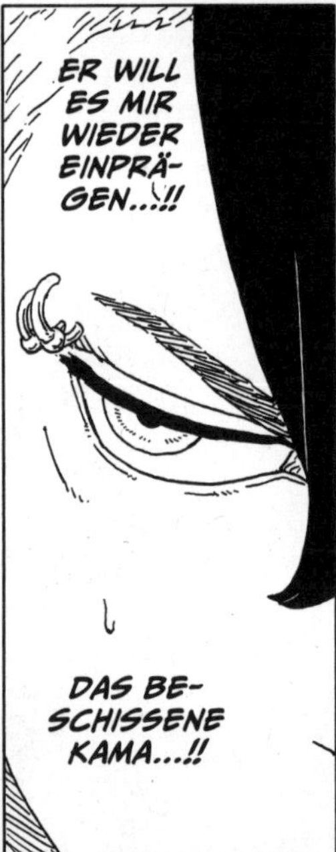
ER WILL ES MIR WIEDER EINPRÄGEN...!!
DAS BESCHISSENE KAMA...!!

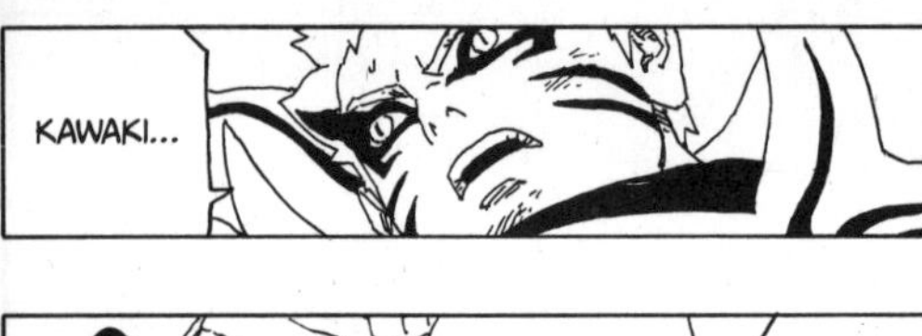
KAWAKI...

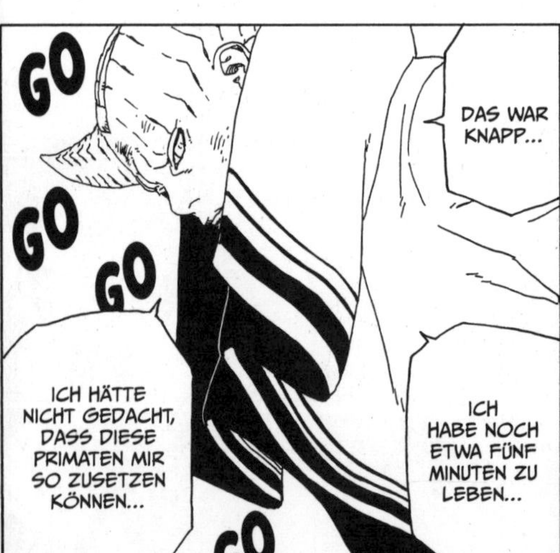
DAS WAR KNAPP...
ICH HABE NOCH ETWA FÜNF MINUTEN ZU LEBEN...
ICH HÄTTE NICHT GEDACHT, DASS DIESE PRIMATEN MIR SO ZUSETZEN KÖNNEN...
GO
GO
GO
GO

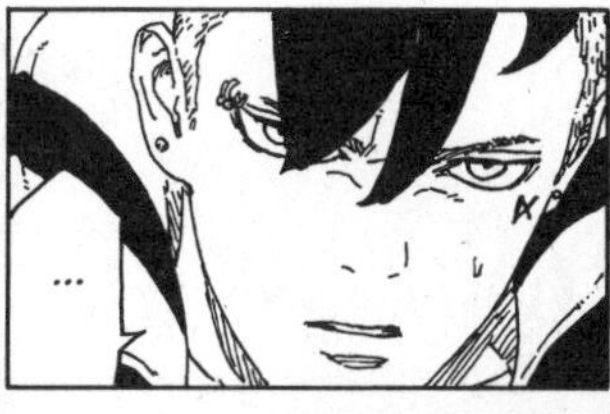
...

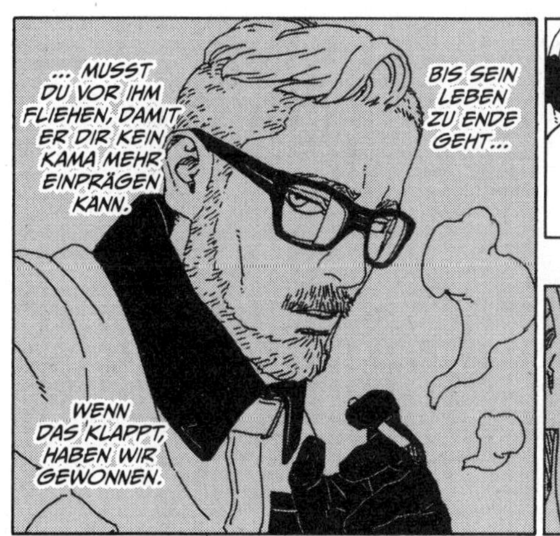
BIS SEIN LEBEN ZU ENDE GEHT...
... MUSST DU VOR IHM FLIEHEN, DAMIT ER DIR KEIN KAMA MEHR EINPRÄGEN KANN.
WENN DAS KLAPPT, HABEN WIR GEWONNEN.

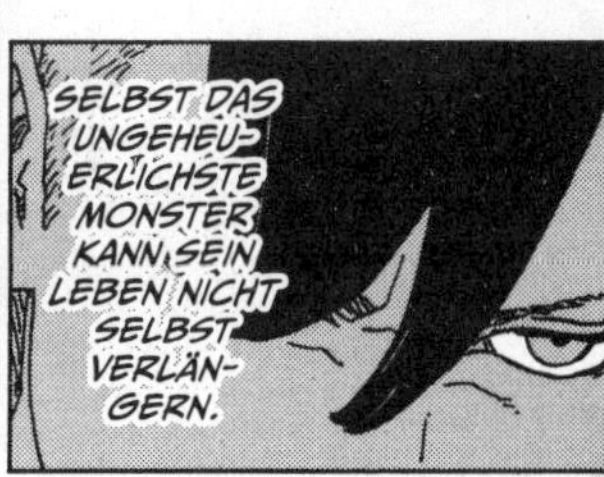
SELBST DAS UNGEHEU-ERLICHSTE MONSTER KANN SEIN LEBEN NICHT SELBST VERLÄN-GERN.

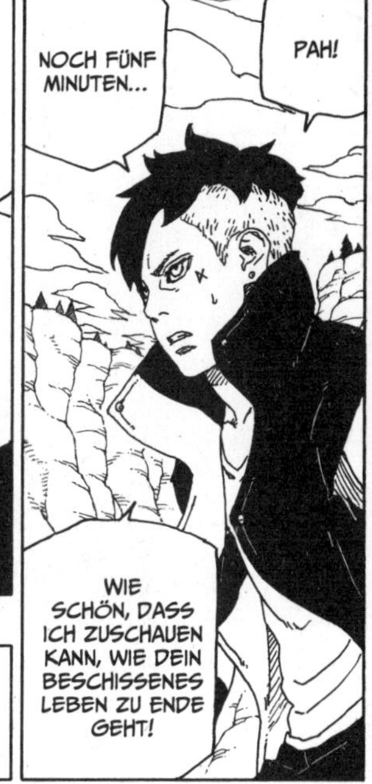
PAH!
NOCH FÜNF MINUTEN...
WIE SCHÖN, DASS ICH ZUSCHAUEN KANN, WIE DEIN BESCHISSENES LEBEN ZU ENDE GEHT!

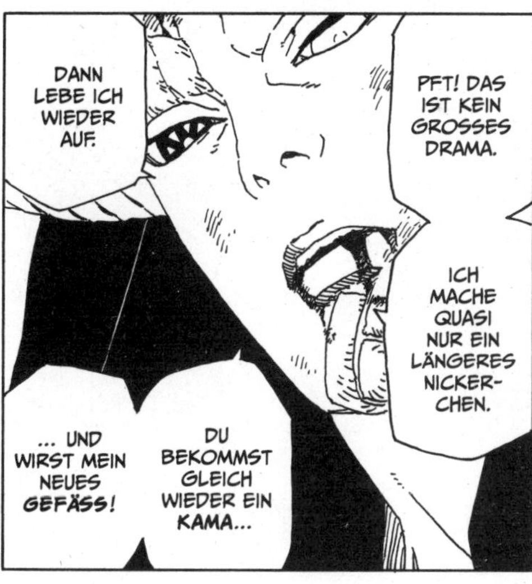
PFT! DAS IST KEIN GROSSES DRAMA.
ICH MACHE QUASI NUR EIN LÄNGERES NICKER-CHEN.
DANN LEBE ICH WIEDER AUF.
DU BEKOMMST GLEICH WIEDER EIN KAMA...
... UND WIRST MEIN NEUES GEFÄSS!

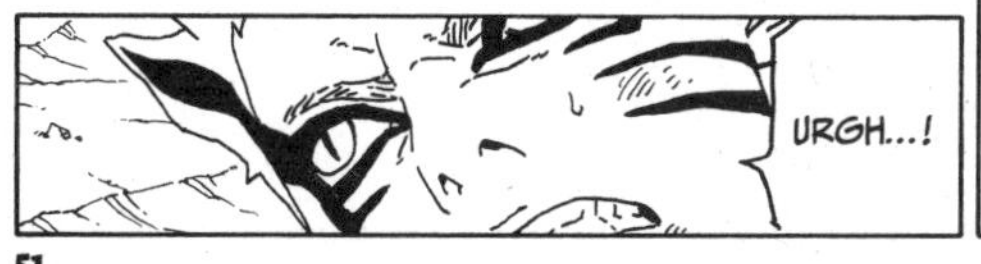
URGH...!

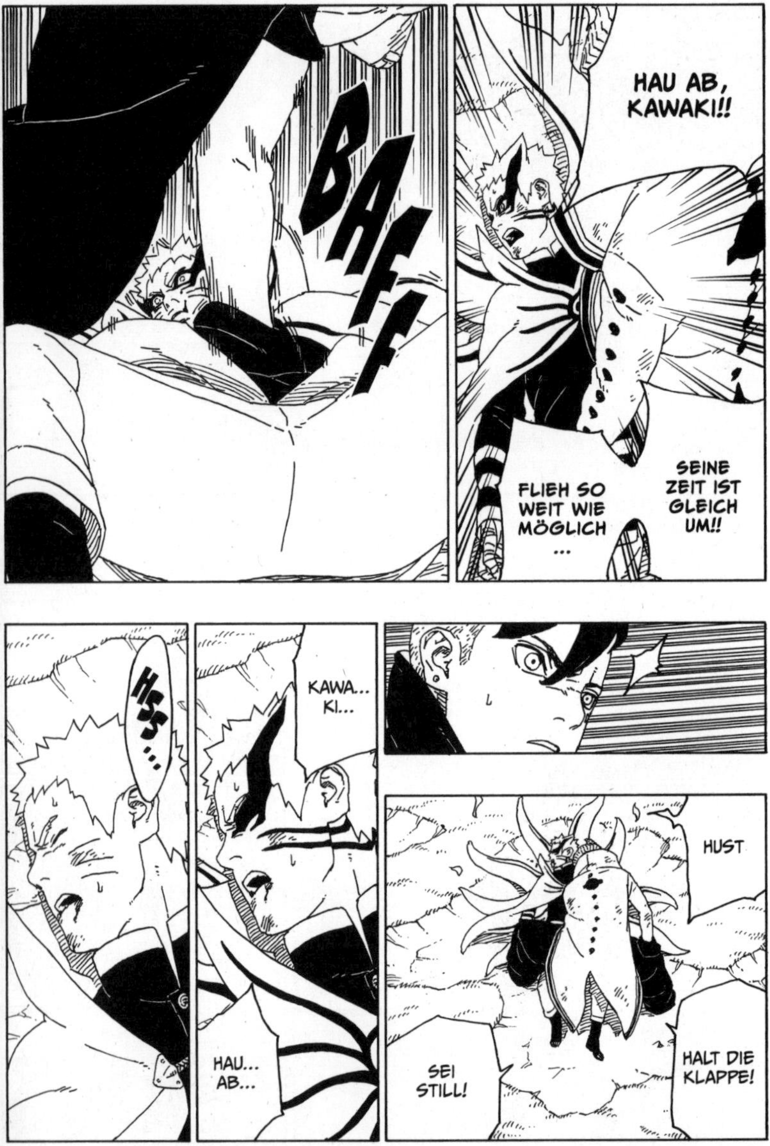

HAU AB, KAWAKI!!
SEINE ZEIT IST GLEICH UM!!
FLIEH SO WEIT WIE MÖGLICH ...
BAFF

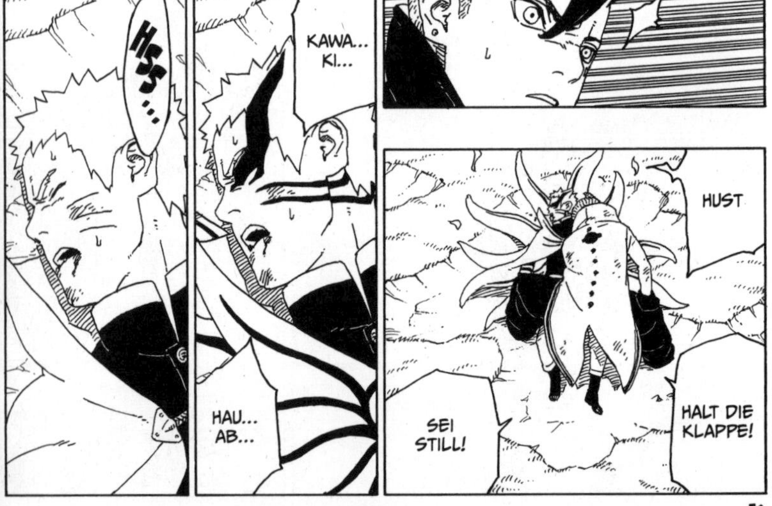

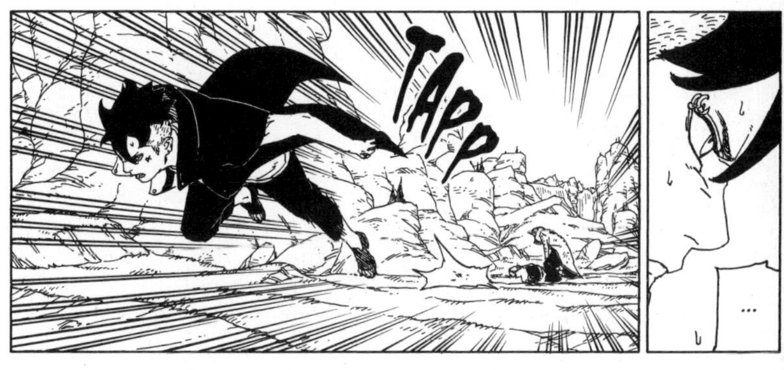

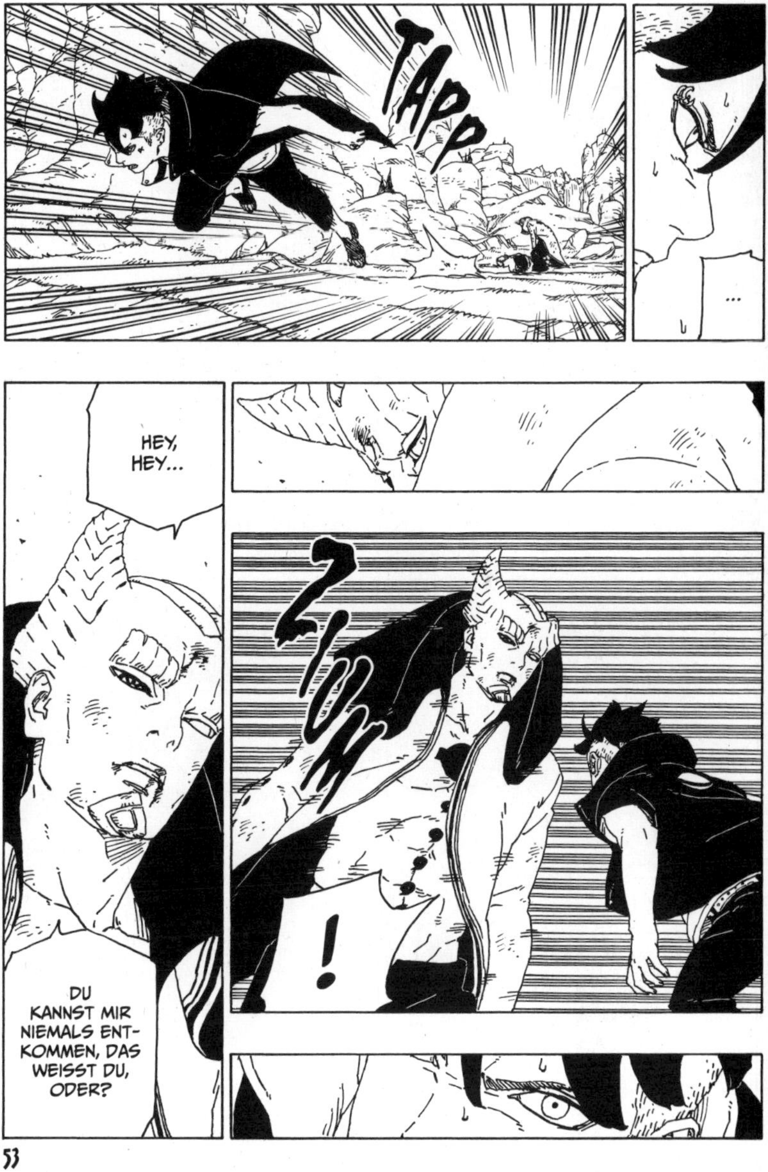

HEY, HEY...

!

DU KANNST MIR NIEMALS ENT-KOMMEN, DAS WEISST DU, ODER?

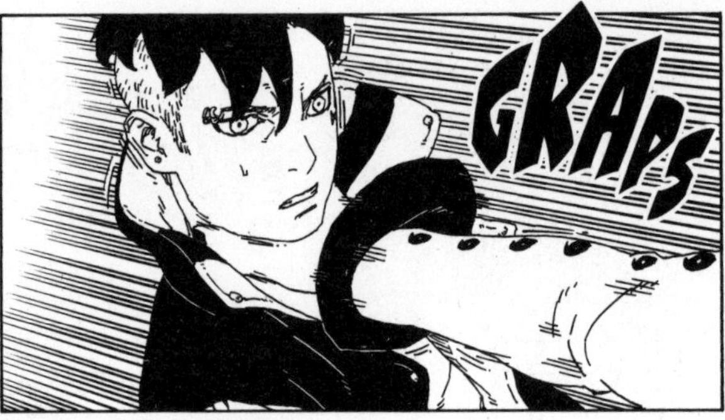
GRAPS

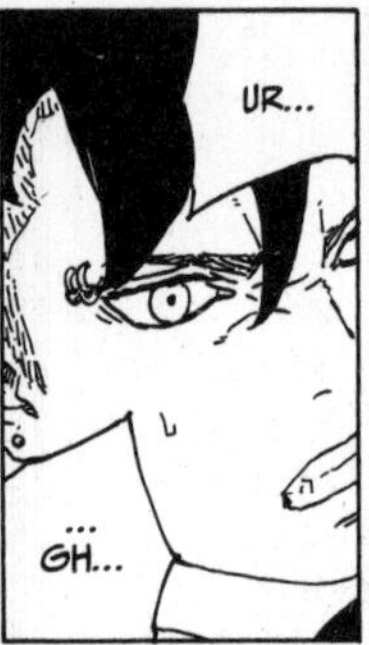
UR...
... GH...

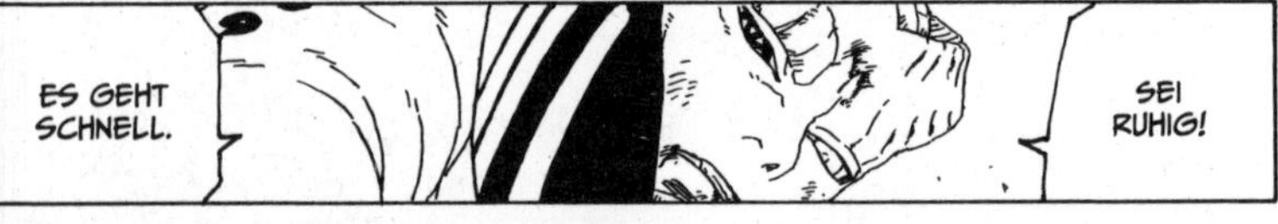
SEI RUHIG!
ES GEHT SCHNELL.

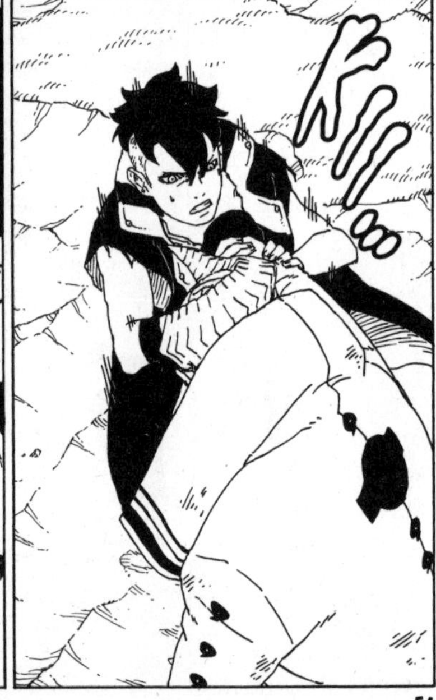
KRII...

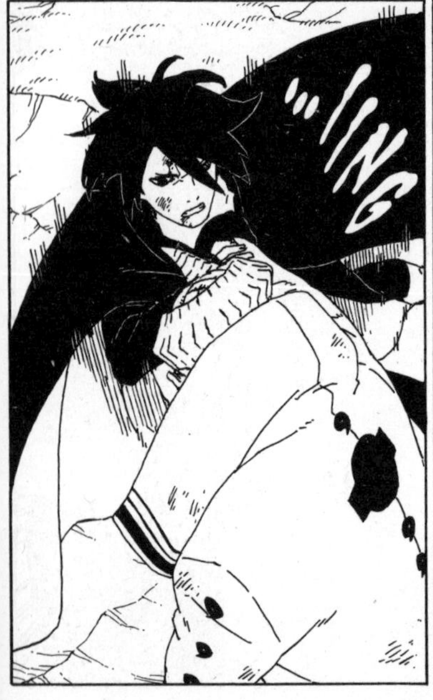
...IING

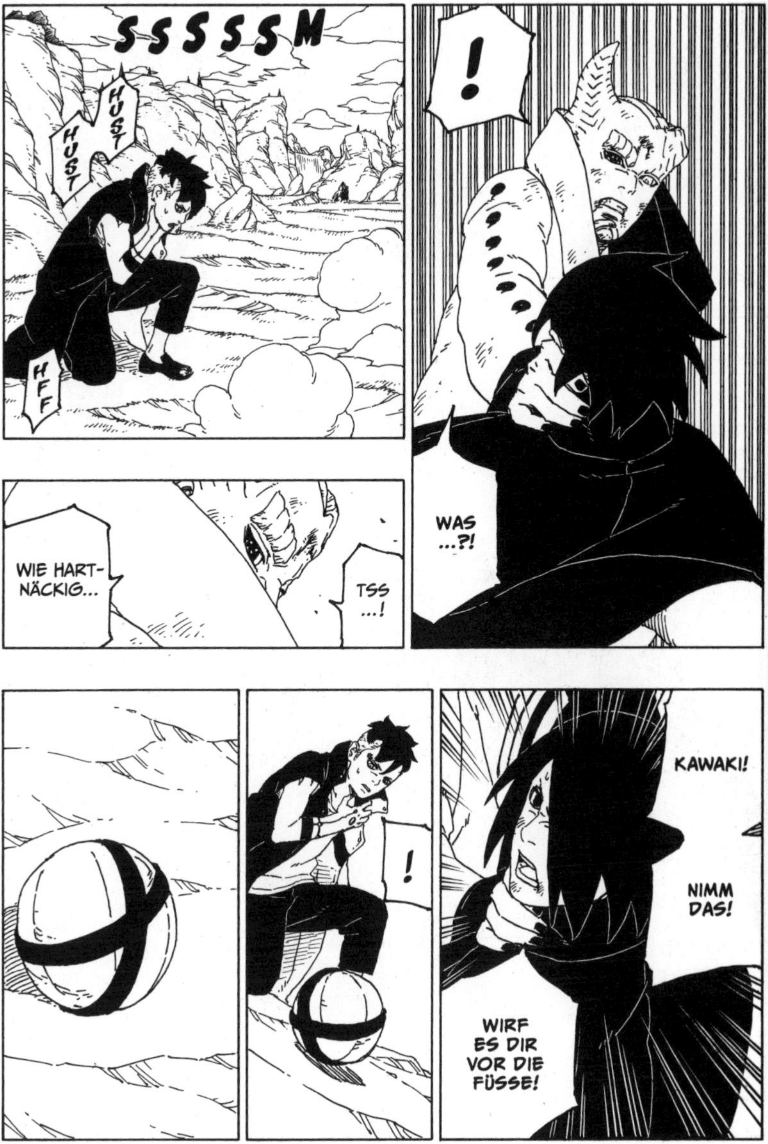

!

WAS ...?!

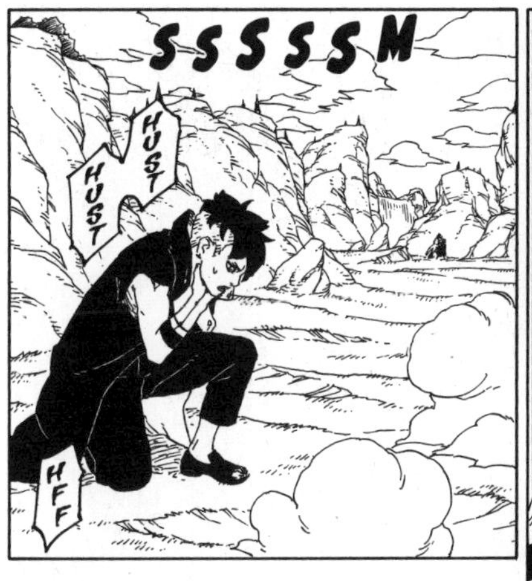


TSS ...!

WIE HART-NÄCKIG...

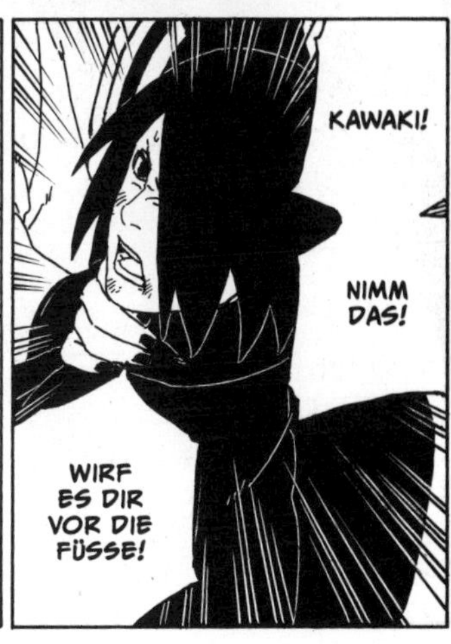


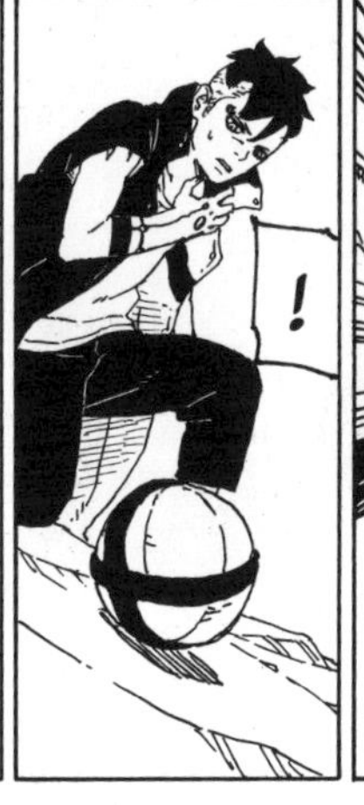


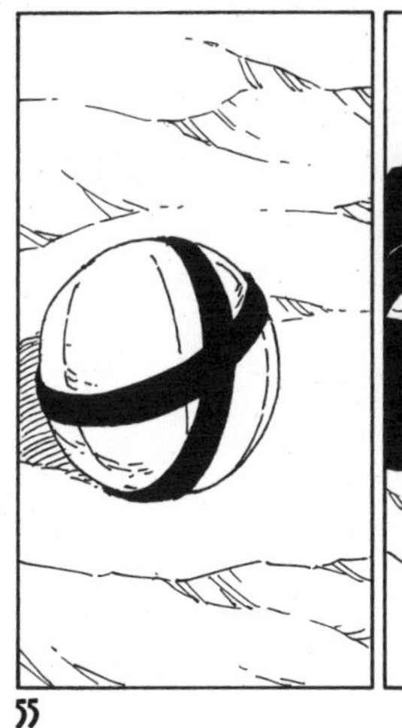

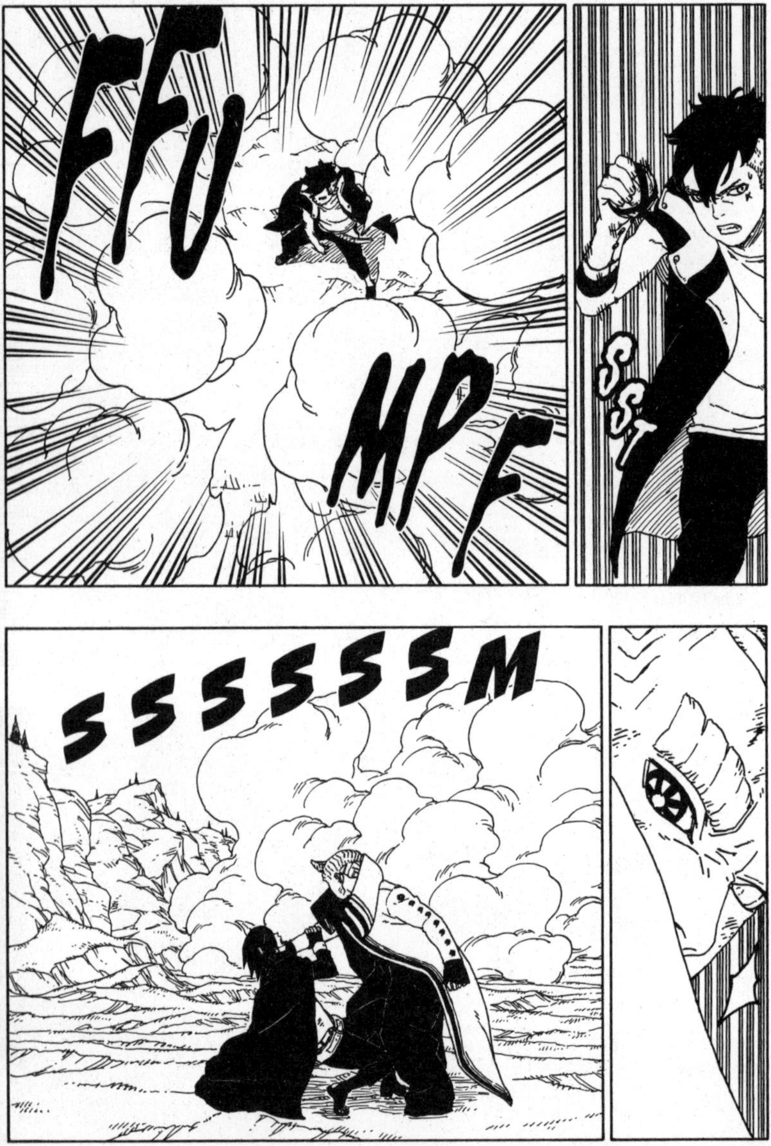

SST

FFUMPF

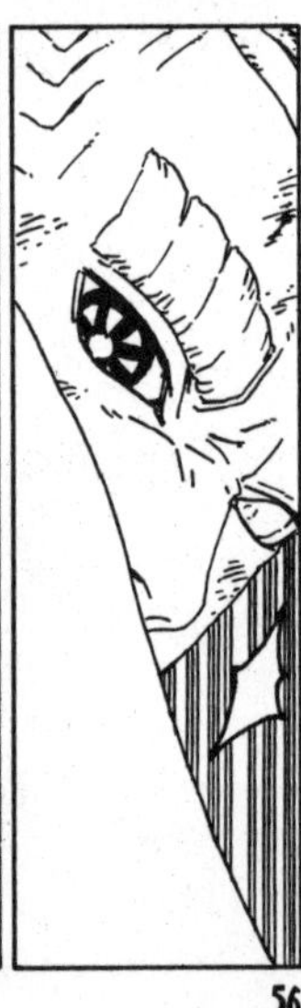

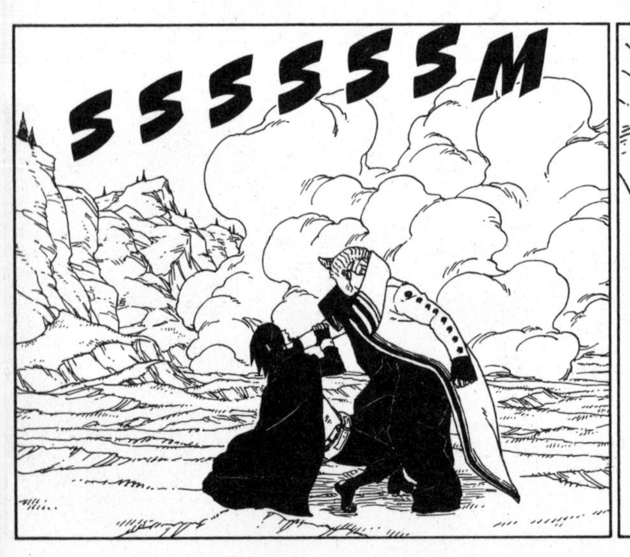

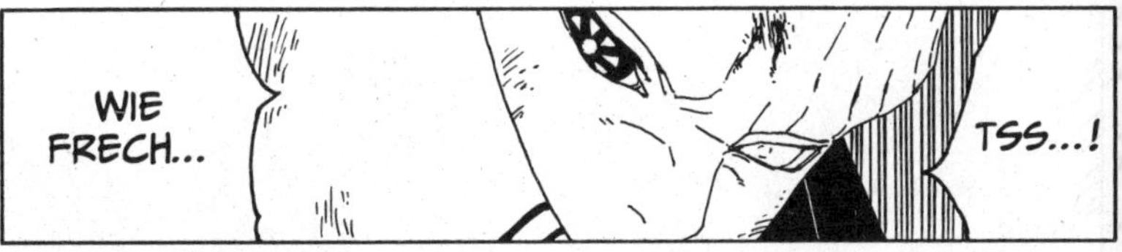
TSS...!
WIE FRECH...

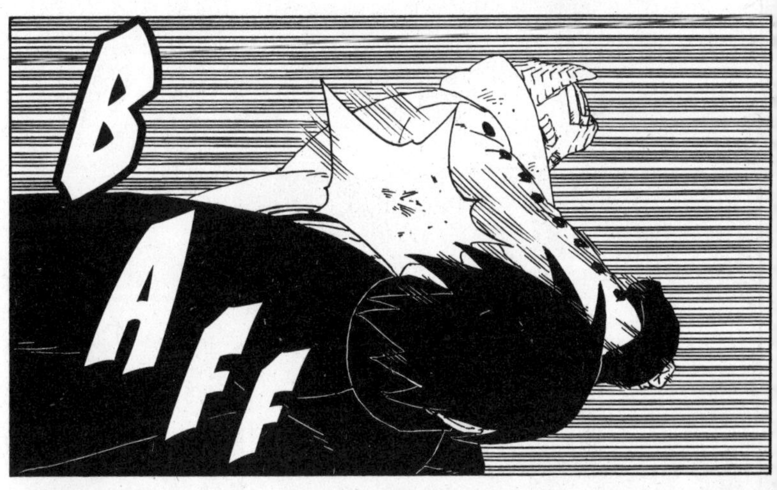
BAFF

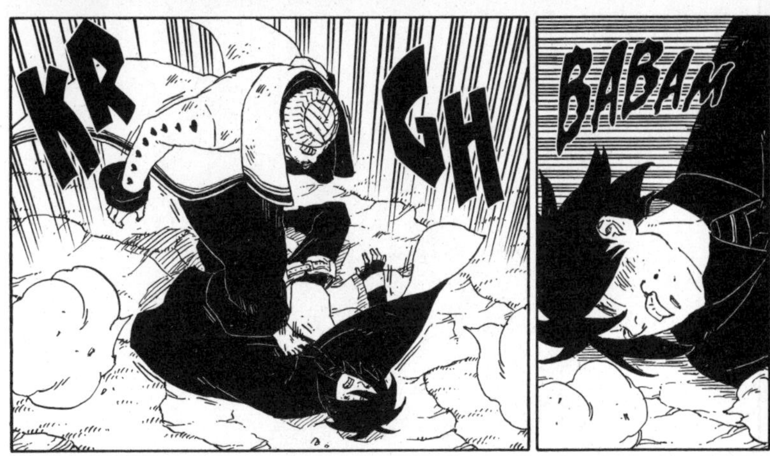
BABAM
KRGH

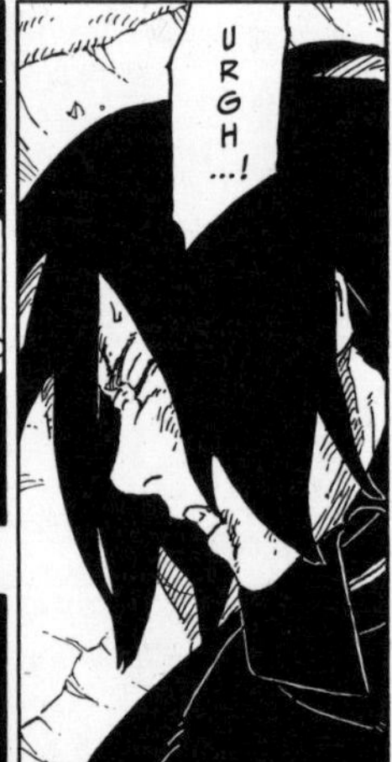
URGH ...!

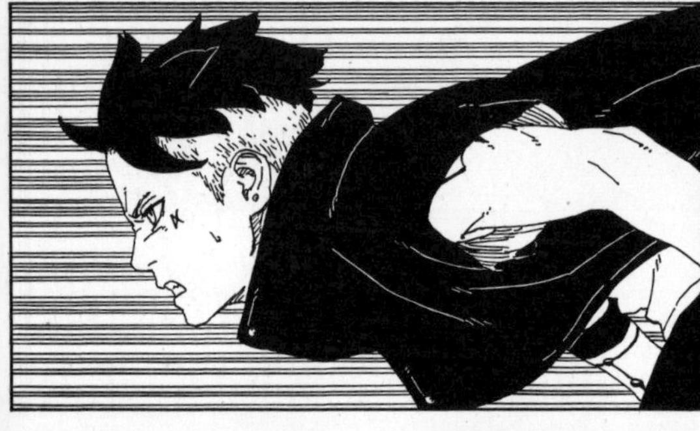

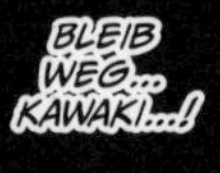
BLEIB WEG... KAWAKI...!

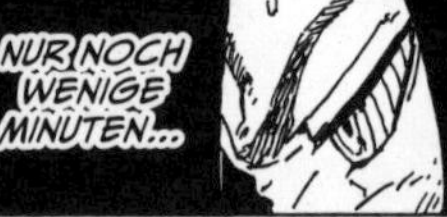
NUR NOCH WENIGE MINUTEN...

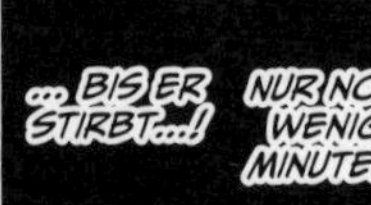
... BIS ER STIRBT...!

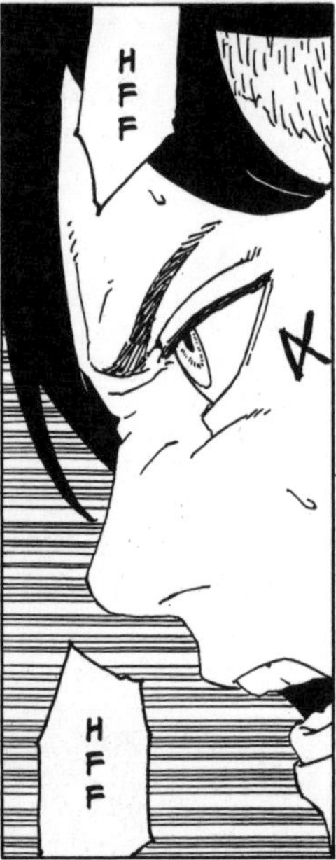
HFF
HFF

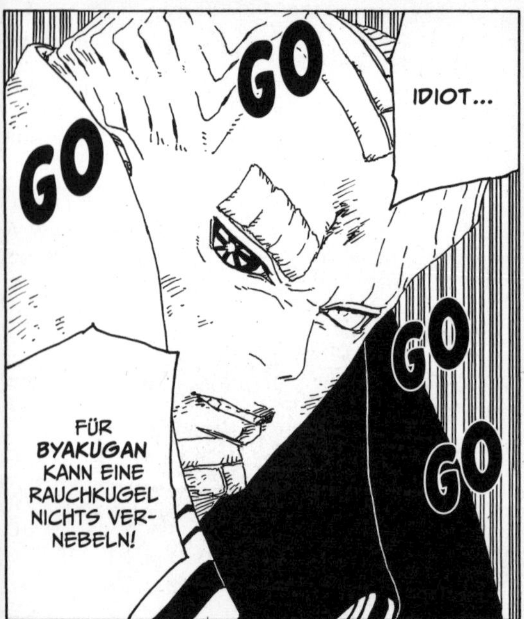
IDIOT...
GO
GO
GO
GO
FÜR BYAKUGAN KANN EINE RAUCHKUGEL NICHTS VERNEBELN!

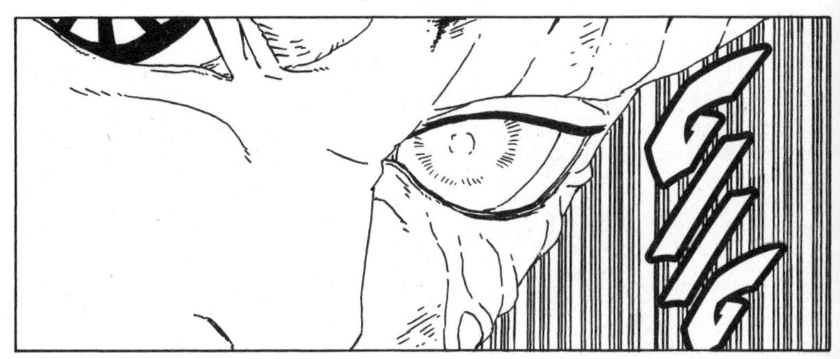
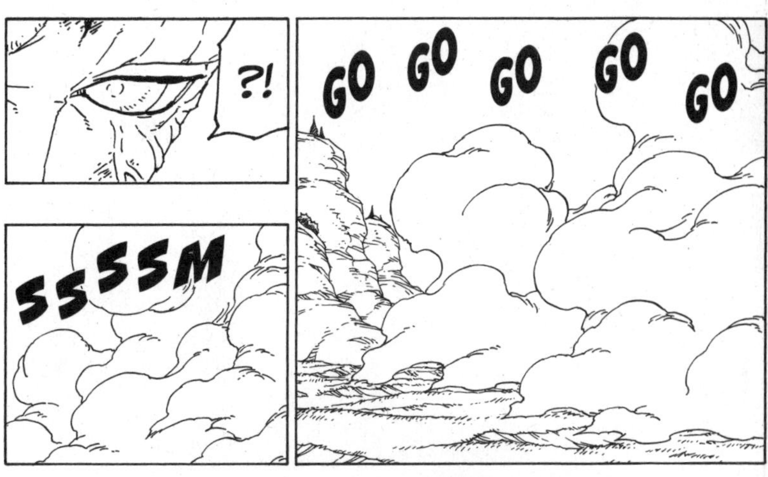
GO GO GO GO GO
?!
SSSSM
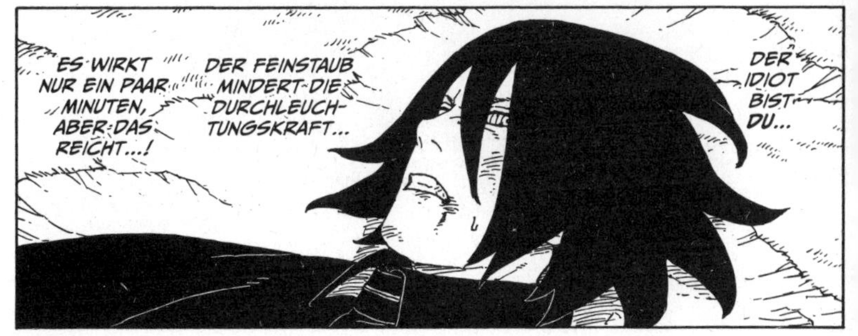
DER IDIOT BIST DU...
DER FEINSTAUB MINDERT DIE DURCHLEUCH-TUNGSKRAFT...
ES WIRKT NUR EIN PAAR MINUTEN, ABER DAS REICHT...!

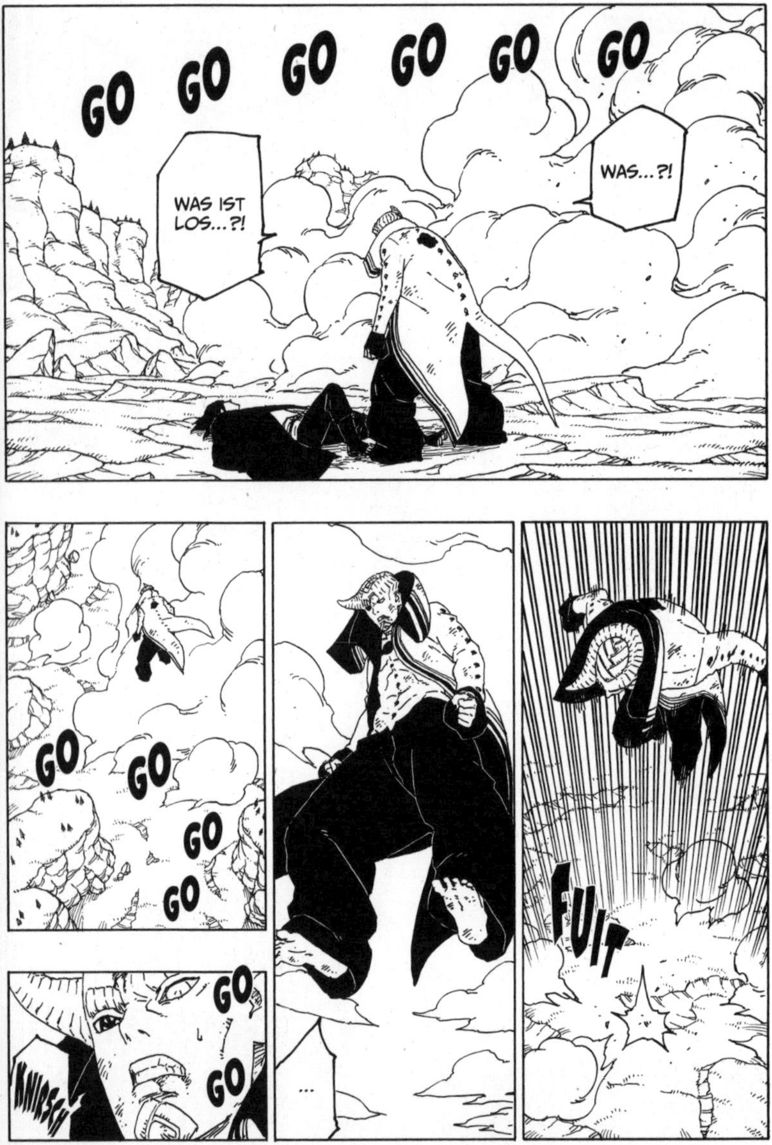

GO GO GO GO GO GO

WAS...?!

WAS IST LOS...?!

FUIT

...

GO

GO

GO

GO

GO

GO

KNIRSCH

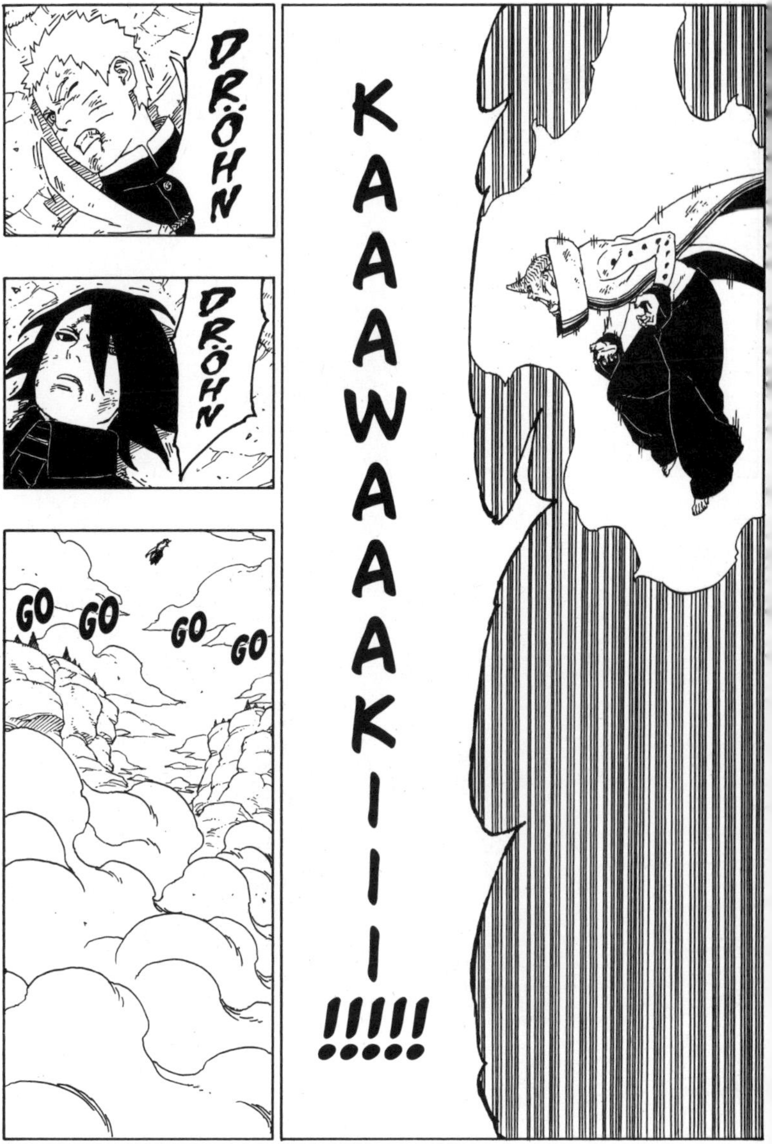

KAAAWAAAKIII!!!!!

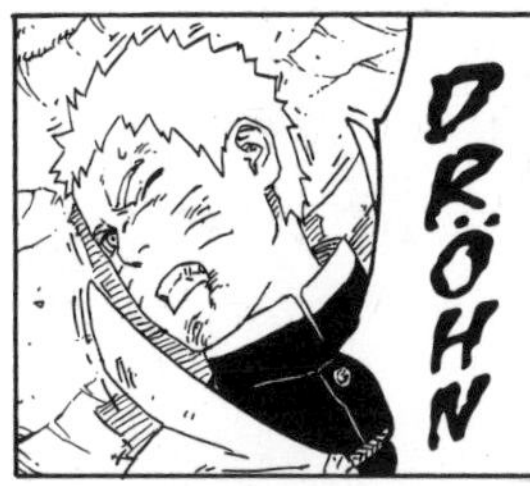


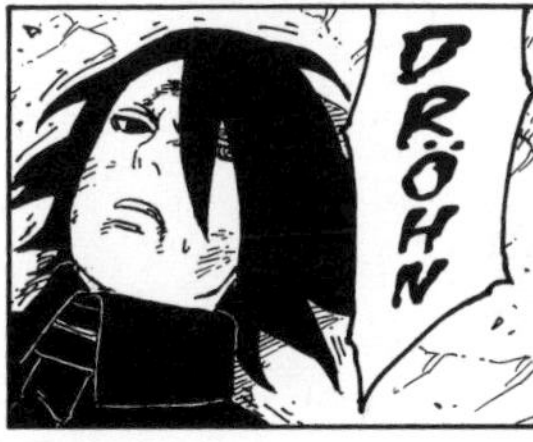


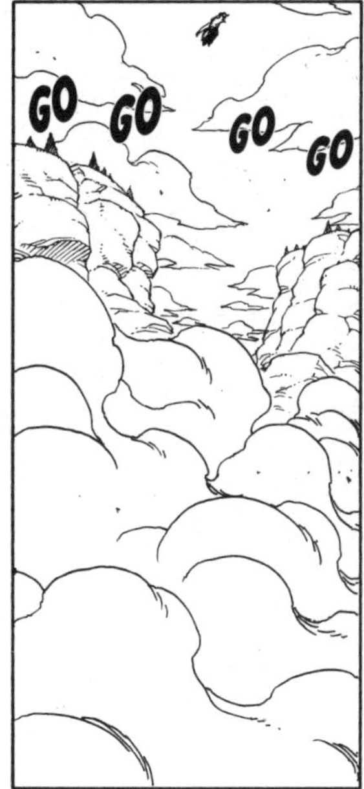

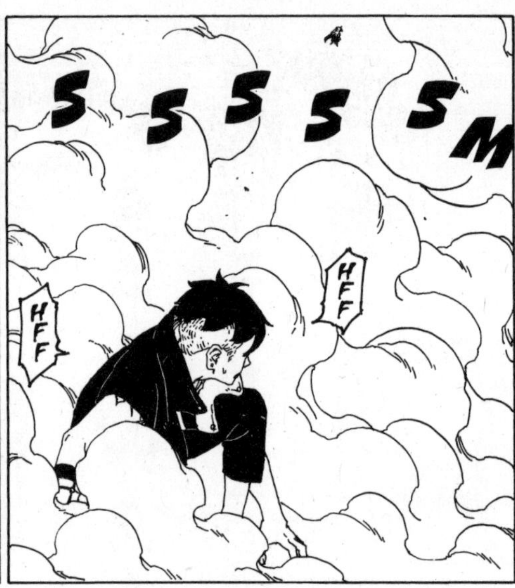
SSSSSM
HFF
HFF

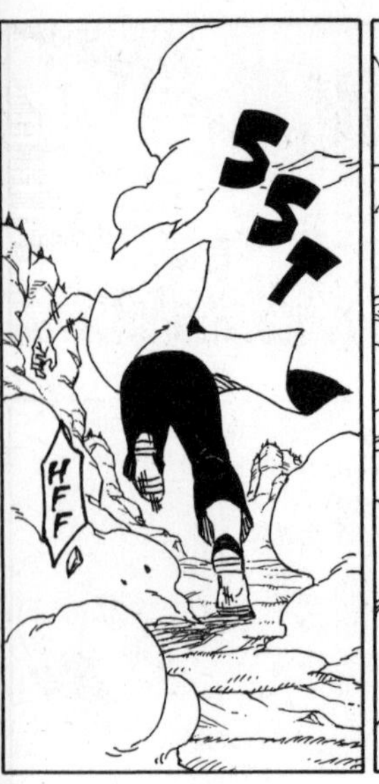
SST
HFF

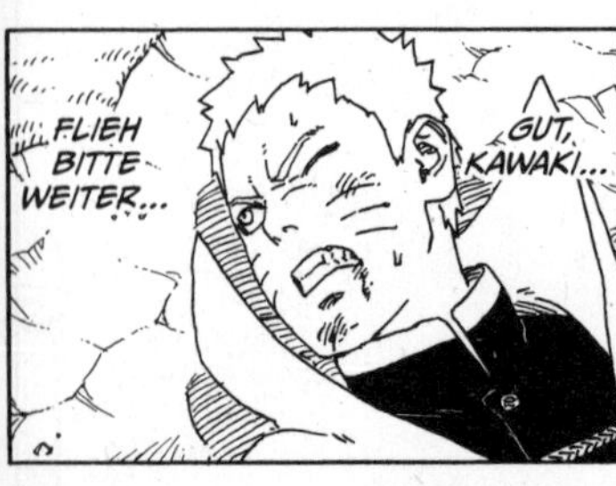
GUT, KAWAKI...
FLIEH BITTE WEITER...

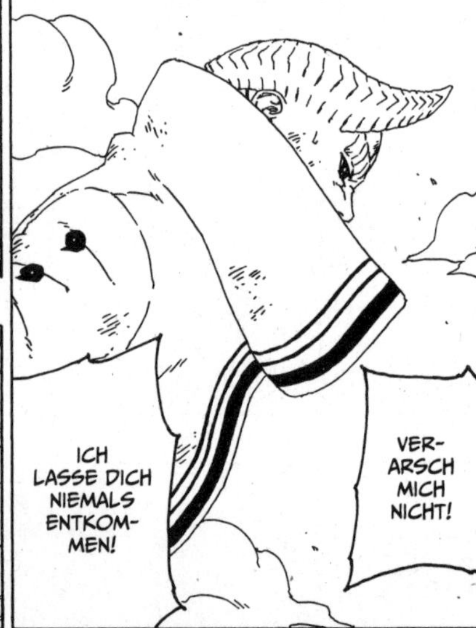
VER-ARSCH MICH NICHT!
ICH LASSE DICH NIEMALS ENTKOM-MEN!

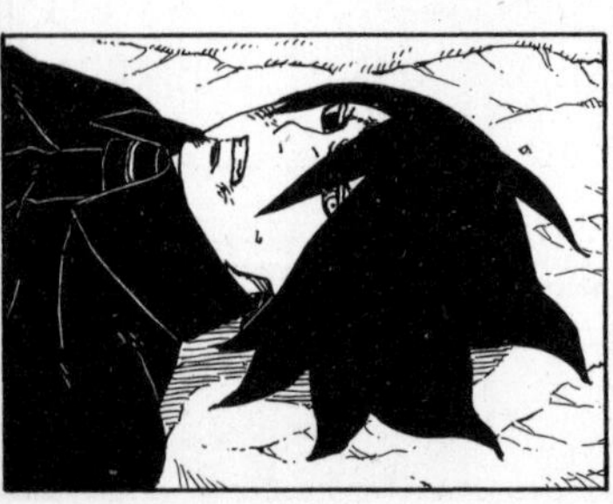

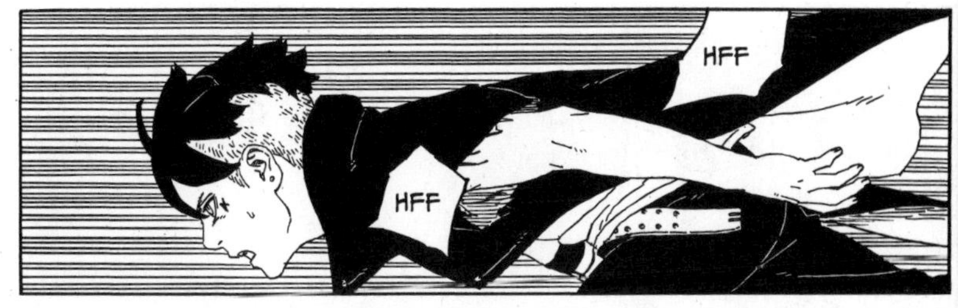

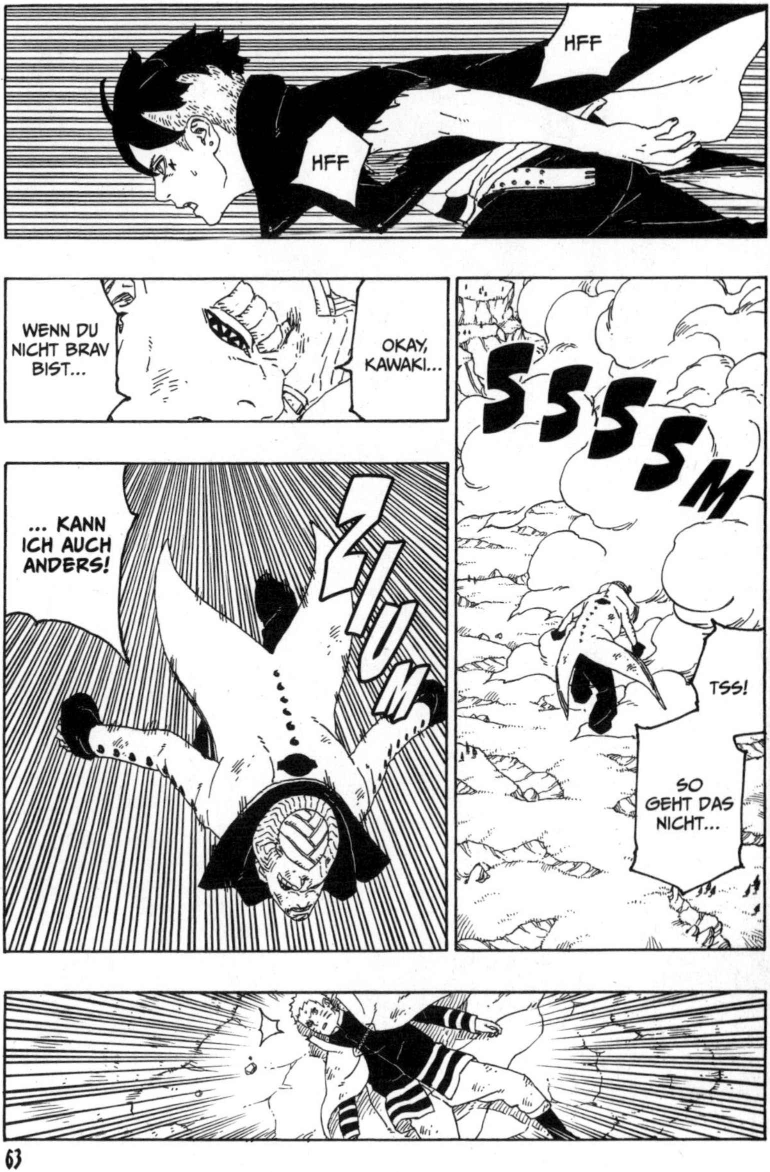

SSSSM
TSS!
SO GEHT DAS NICHT...

OKAY, KAWAKI...
WENN DU NICHT BRAV BIST...

ZIUUM
... KANN ICH AUCH ANDERS!

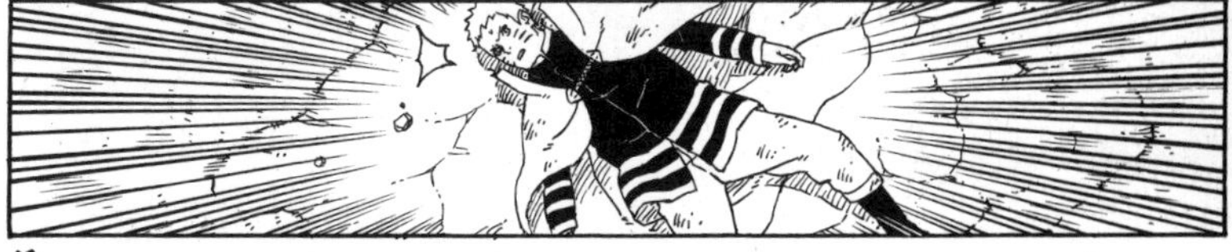

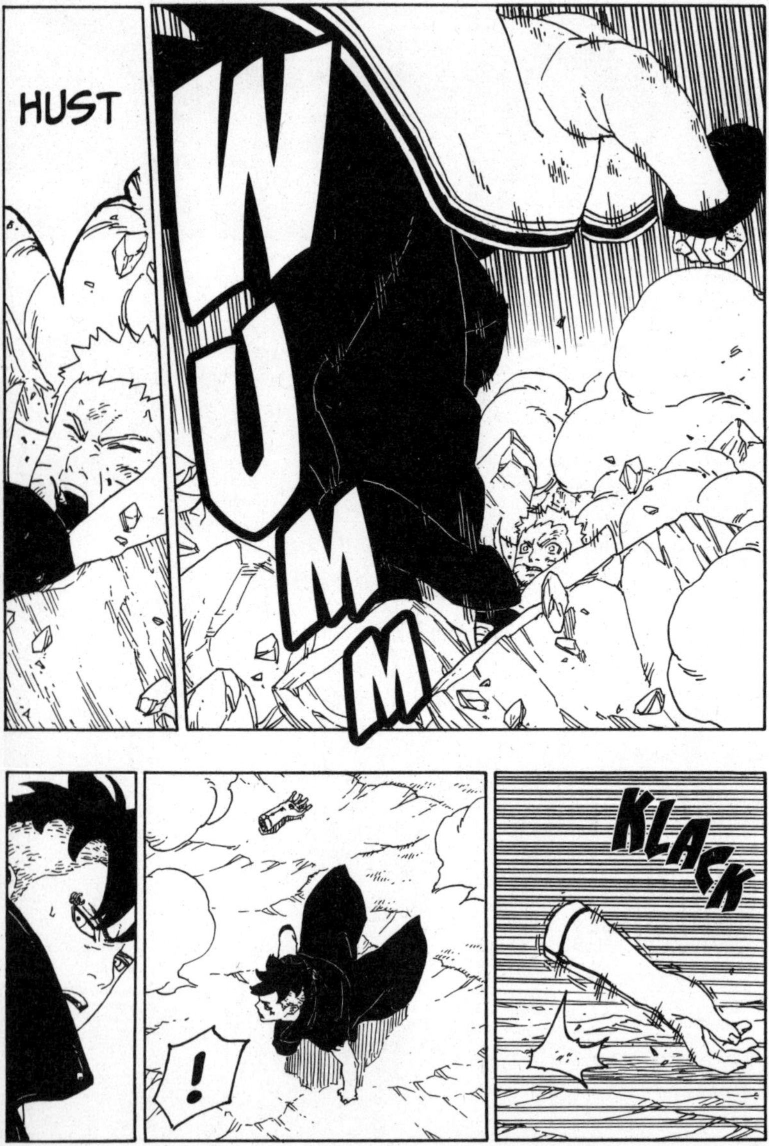

WUMMM
HUST

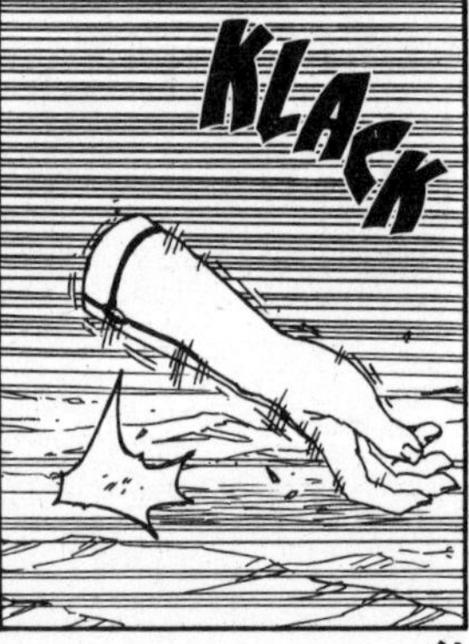
KLACK

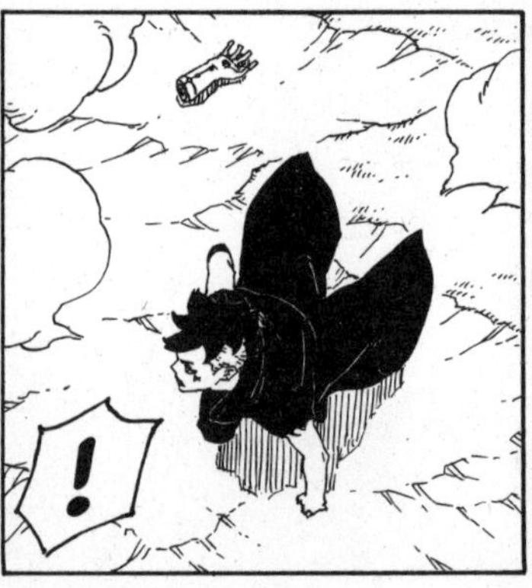
!

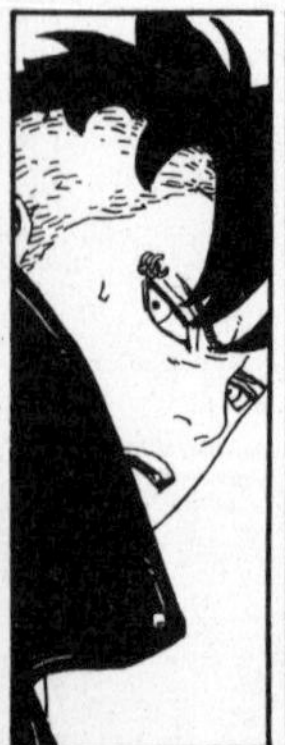

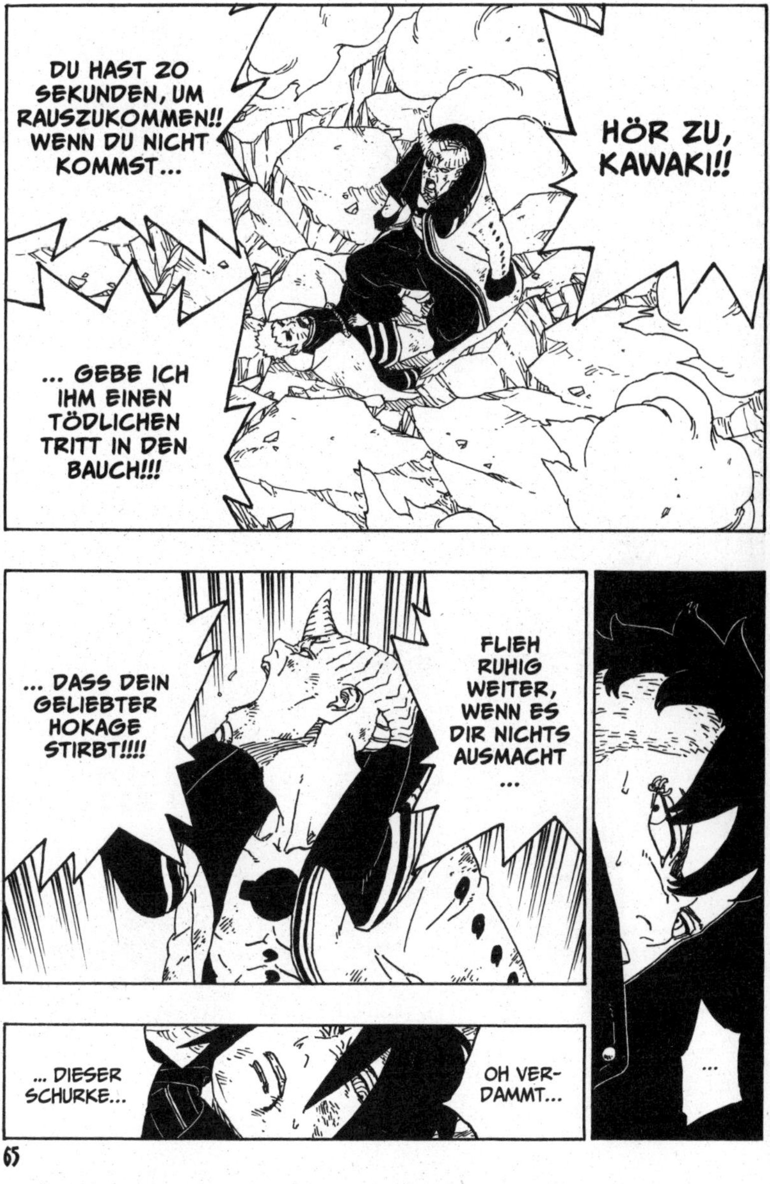

HÖR ZU, KAWAKI!!

DU HAST 20 SEKUNDEN, UM RAUSZUKOMMEN!! WENN DU NICHT KOMMST...

... GEBE ICH IHM EINEN TÖDLICHEN TRITT IN DEN BAUCH!!!

FLIEH RUHIG WEITER, WENN ES DIR NICHTS AUSMACHT ...

... DASS DEIN GELIEBTER HOKAGE STIRBT!!!!

...

OH VER-DAMMT...

... DIESER SCHURKE...

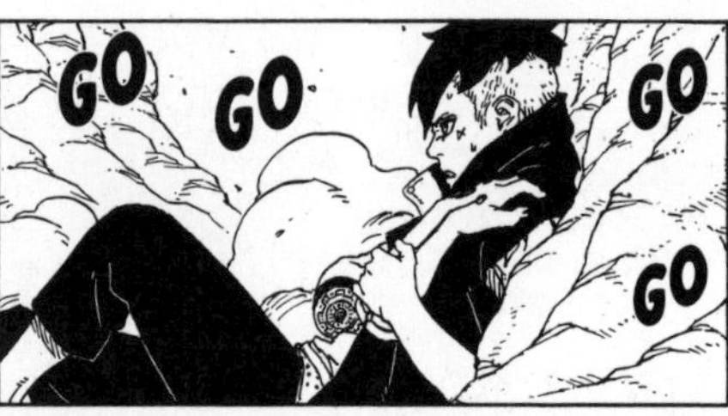
GO
GO
GO
GO

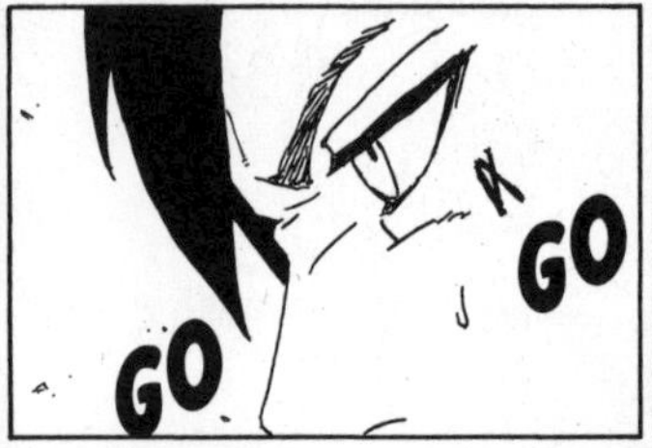
GO
GO

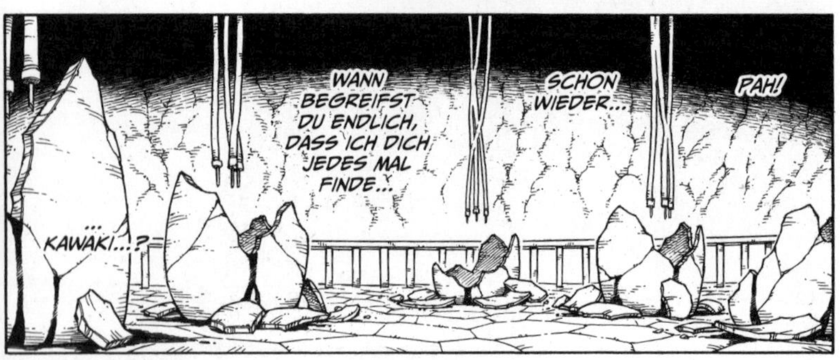
PAH!
SCHON WIEDER...
WANN BEGREIFST DU ENDLICH, DASS ICH DICH JEDES MAL FINDE...
... KAWAKI...?

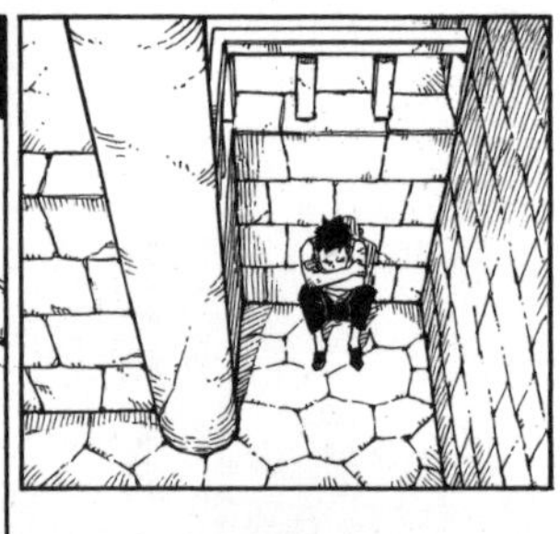

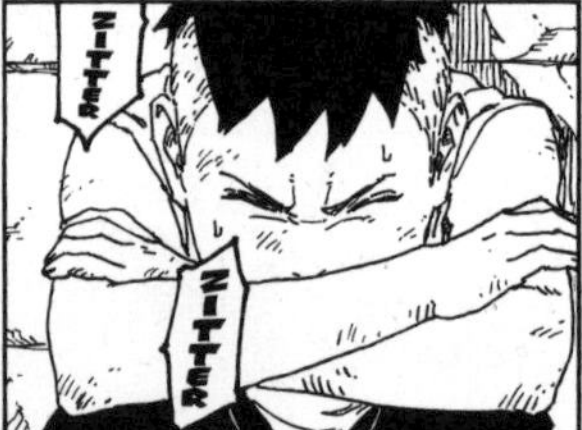
ZITTER
ZITTER

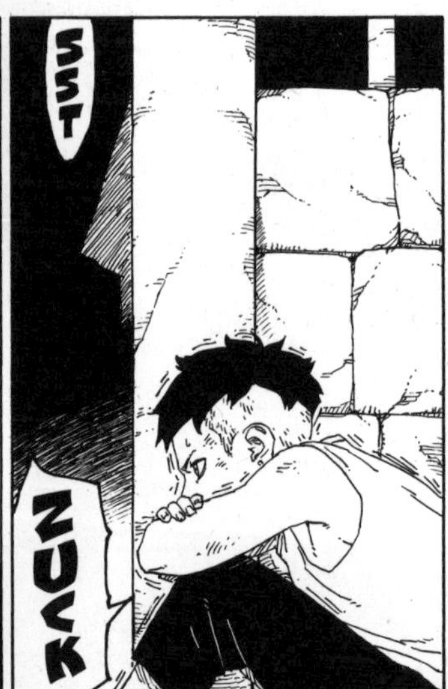
SST
ZUCK

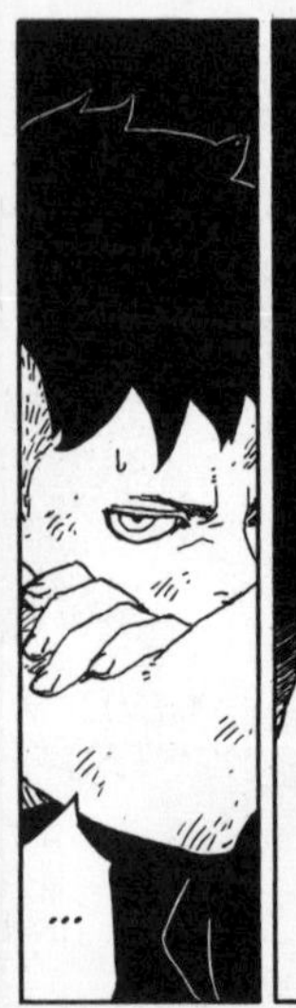
...

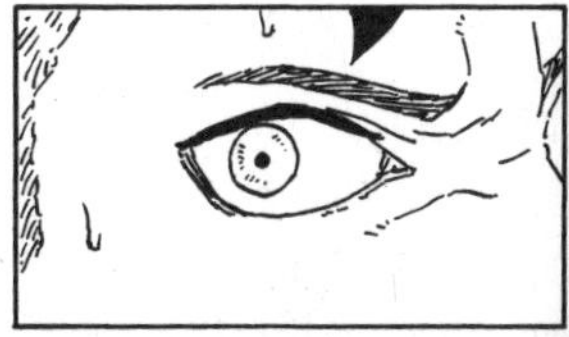

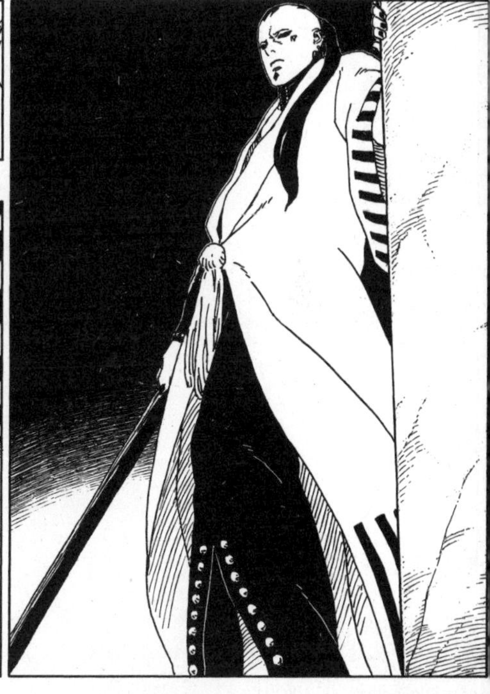

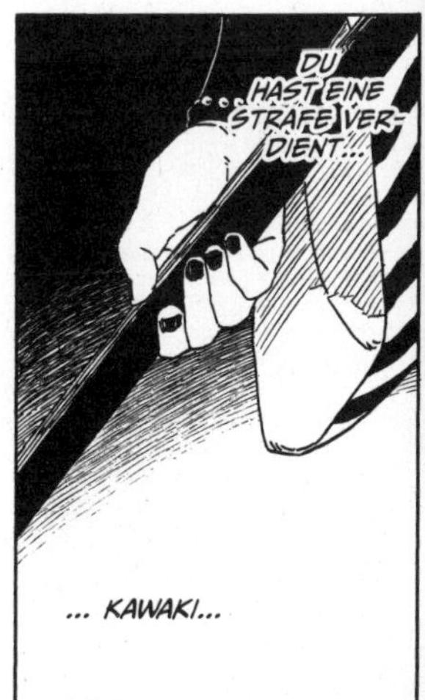
DU HAST EINE STRAFE VERDIENT ...
... KAWAKI ...

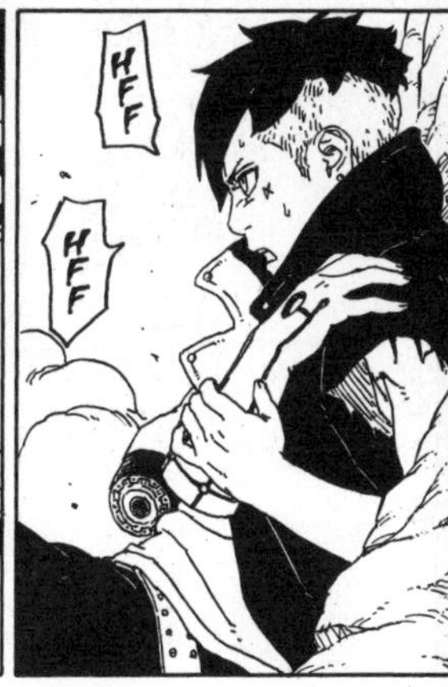
HFF
HFF

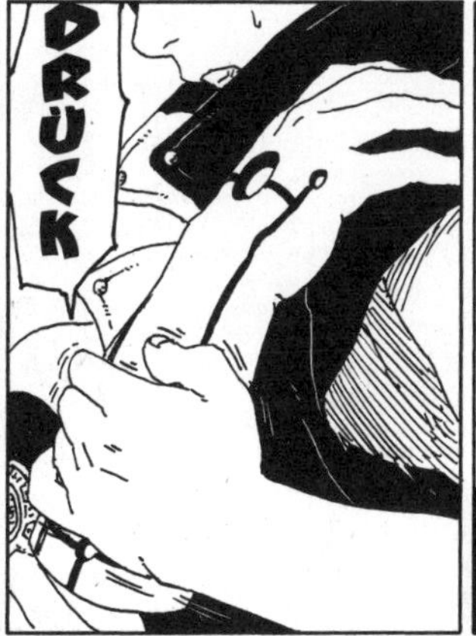
DRÜCK

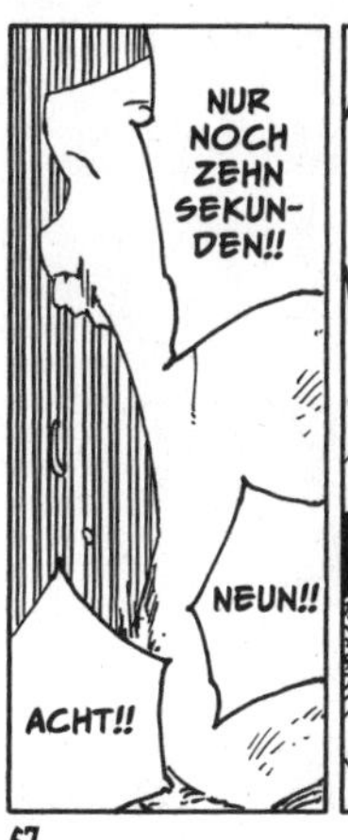
NUR NOCH ZEHN SEKUNDEN!!
NEUN!!
ACHT!!

ES IST SO...

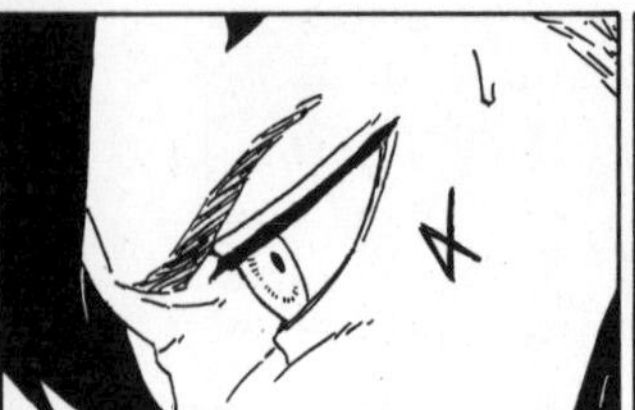

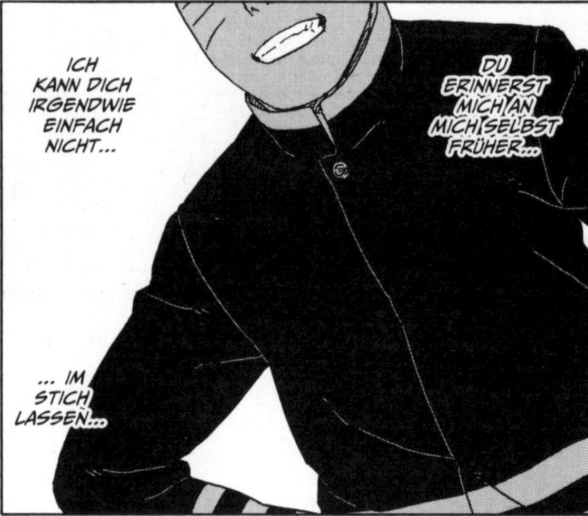
DU ERINNERST MICH AN MICH SELBST FRÜHER...
ICH KANN DICH IRGENDWIE EINFACH NICHT...
... IM STICH LASSEN...

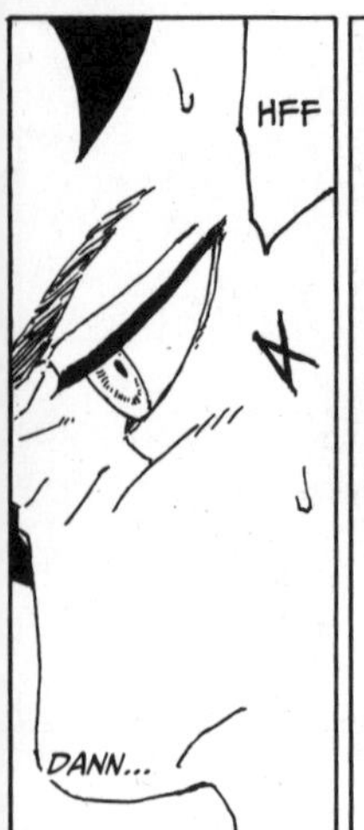
HFF
DANN...

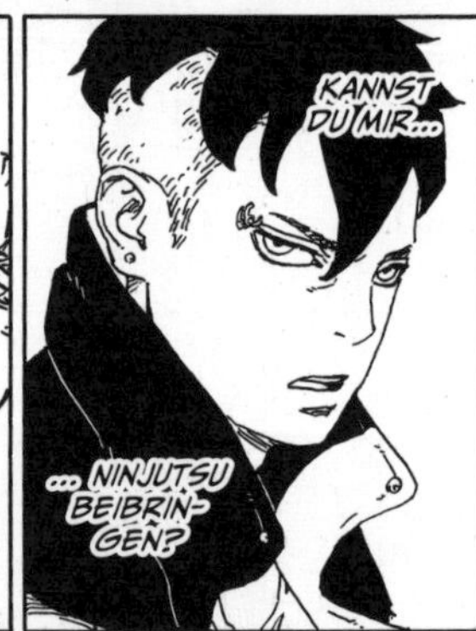
KANNST DU MIR...
... NINJUTSU BEIBRIN-GEN?

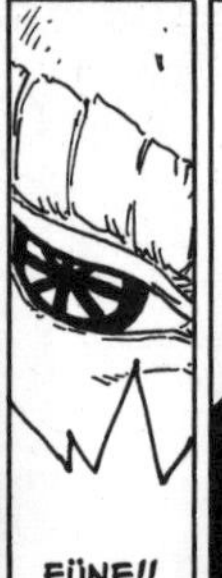
FÜNF!!

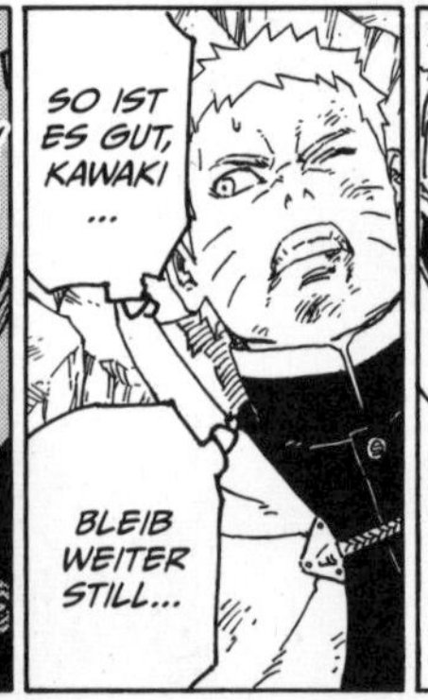
SO IST ES GUT, KAWAKI ...
BLEIB WEITER STILL...

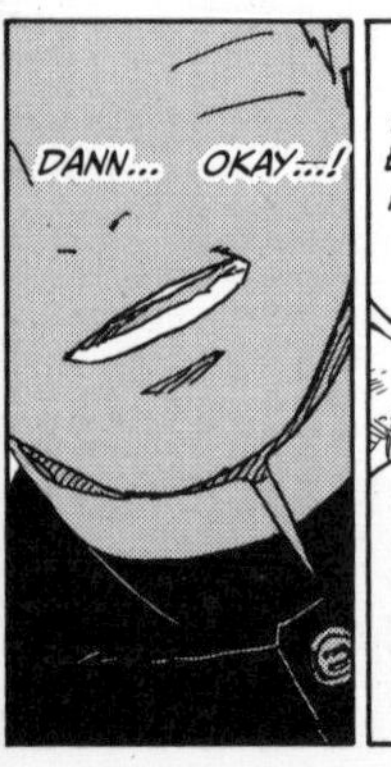
DANN... OKAY...!

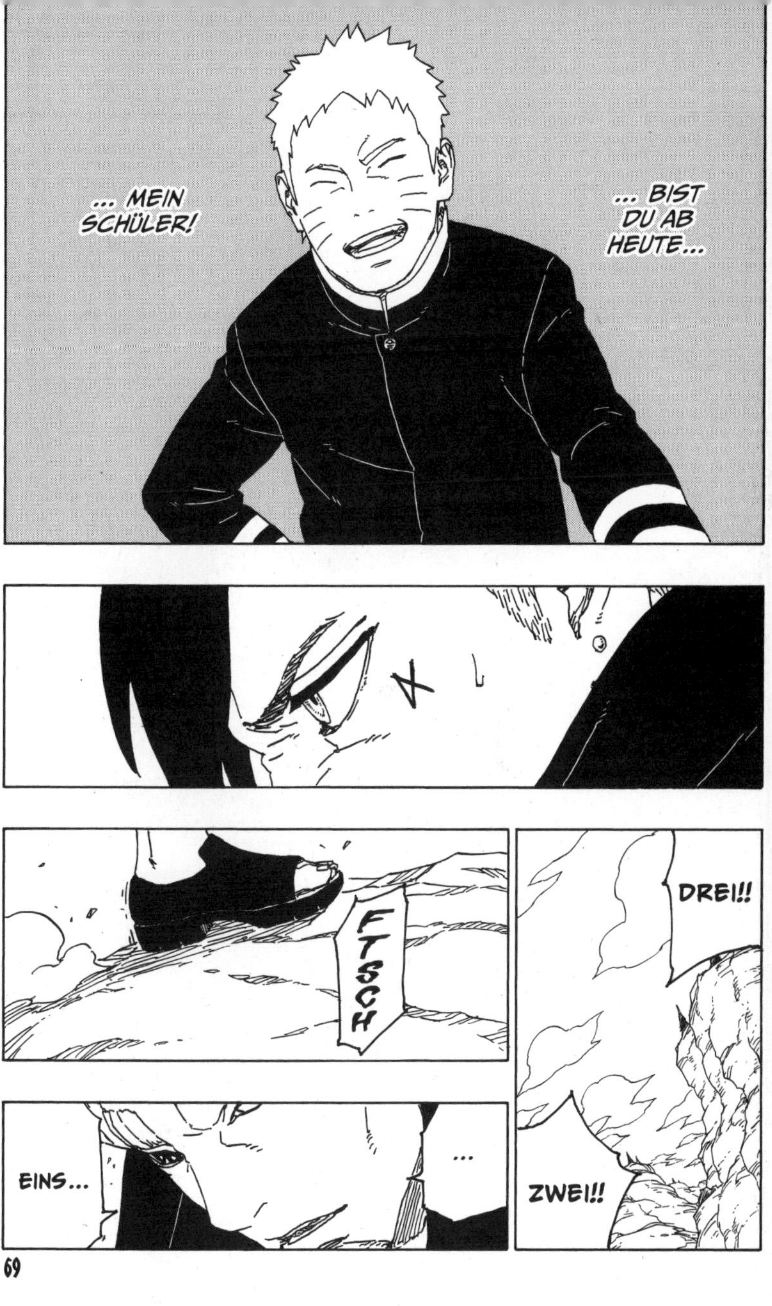

... BIST DU AB HEUTE...

... MEIN SCHÜLER!

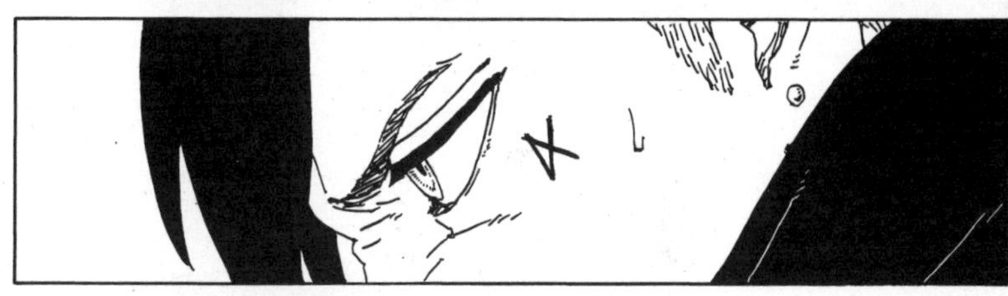

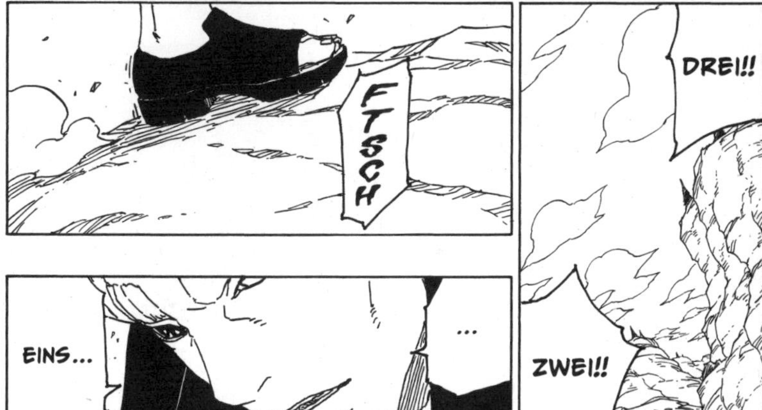

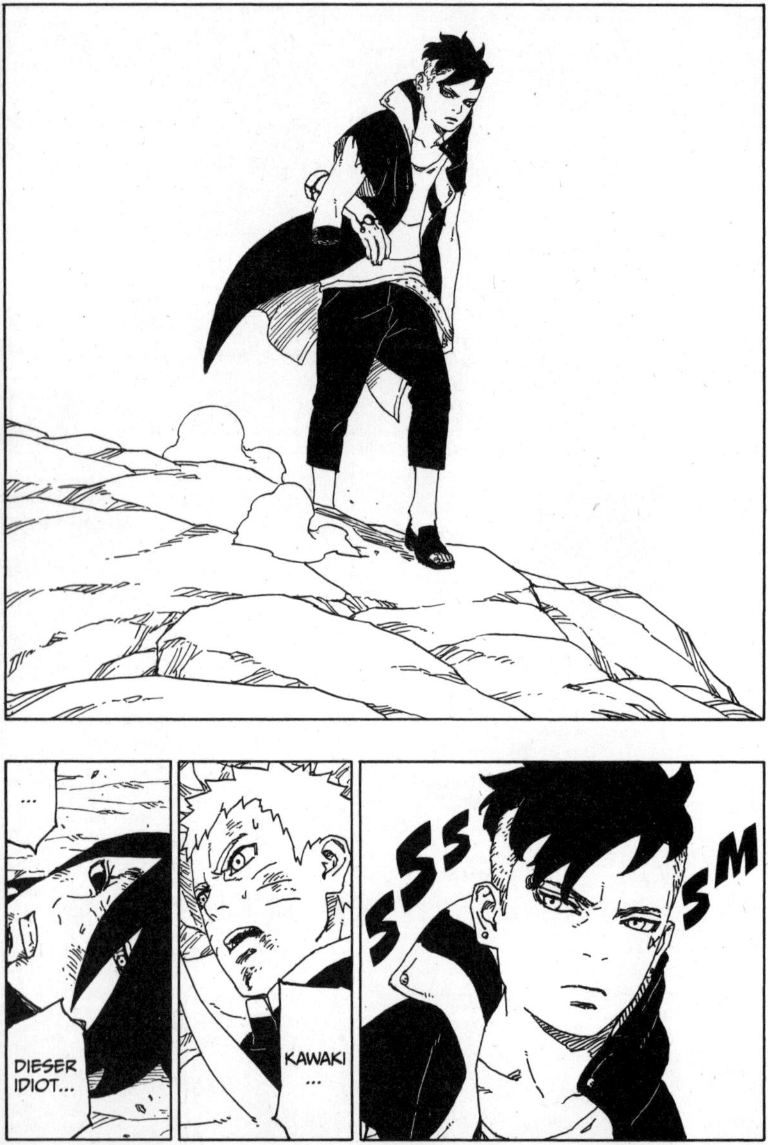

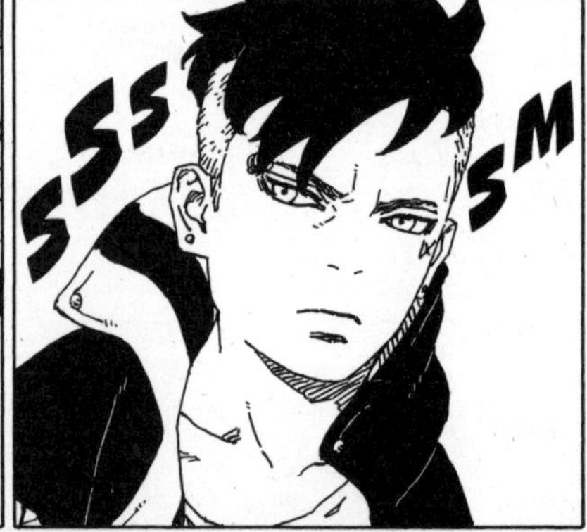
SSSSM

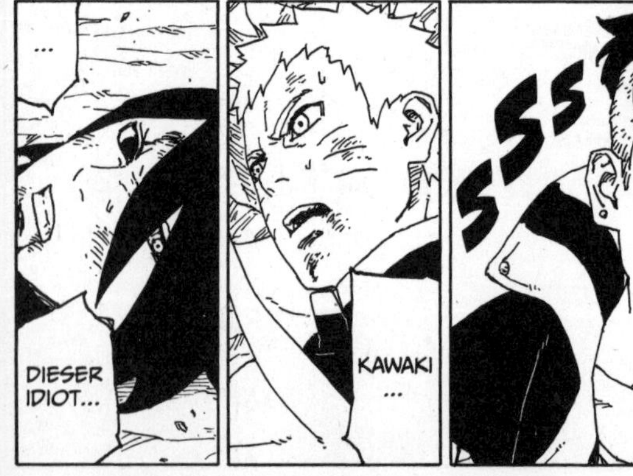
KAWAKI
...
...
DIESER IDIOT...

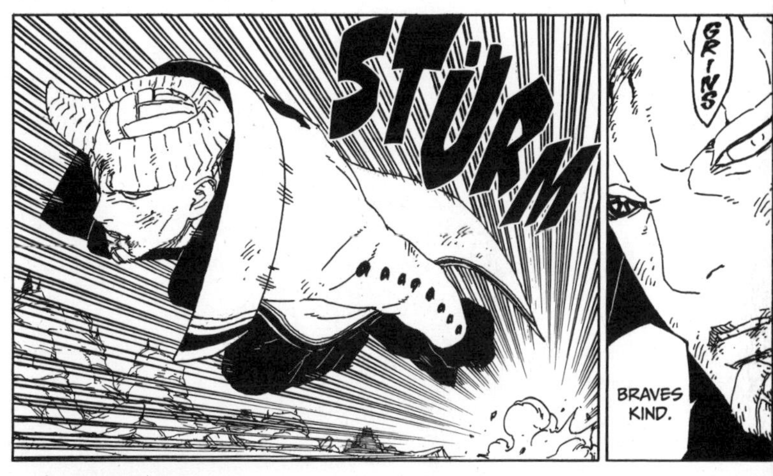
STÜRM
GRINS
BRAVES KIND.

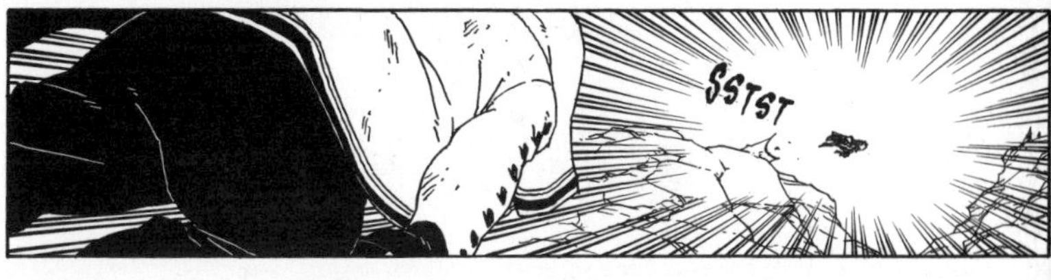
SSTST

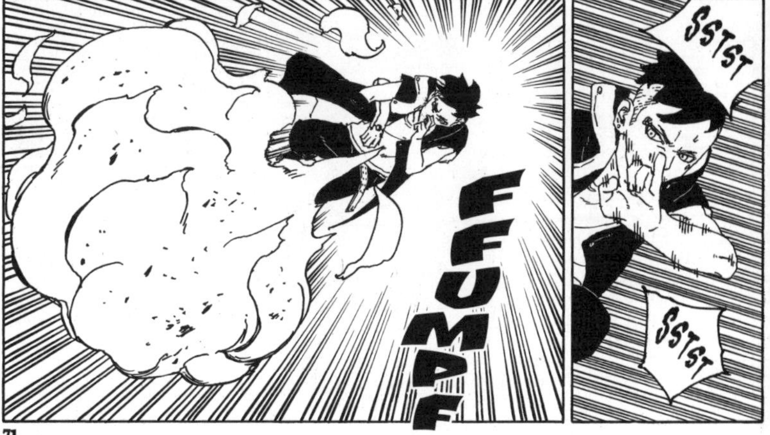
SSTST
SSTST
FFUMPF

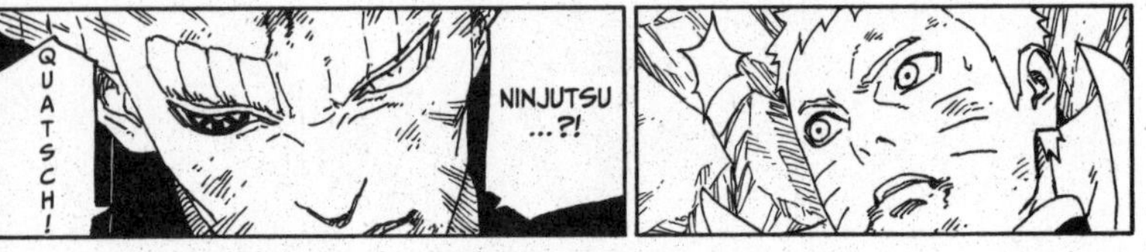
NINJUTSU ...?!
QUATSCH!

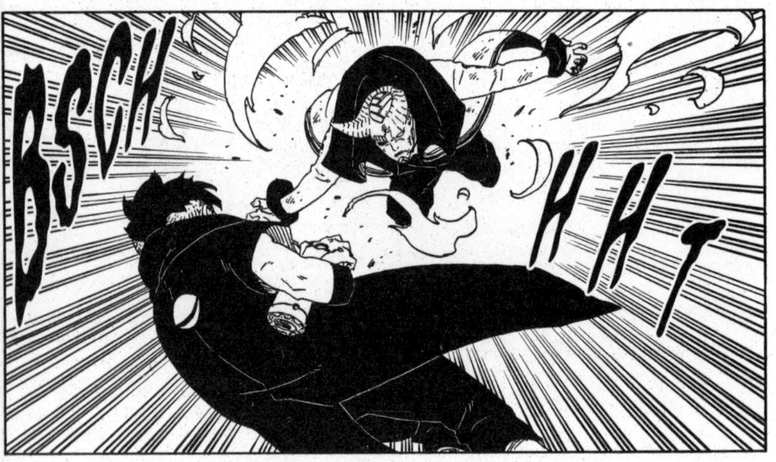
BSCH
HHHT

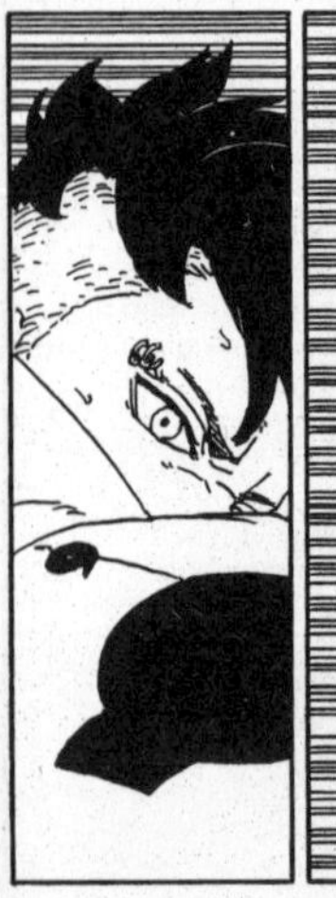

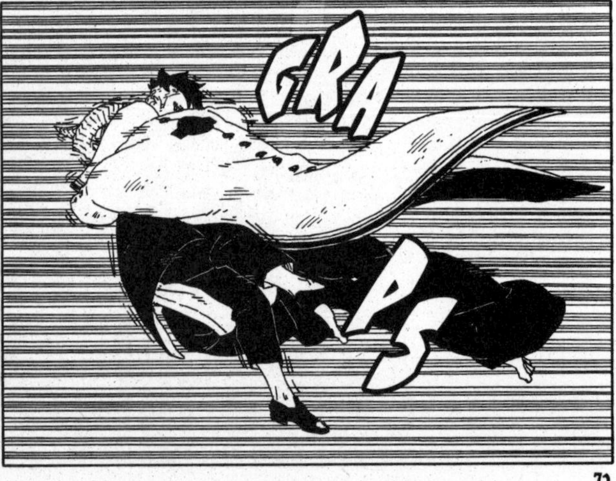
GRA
PS

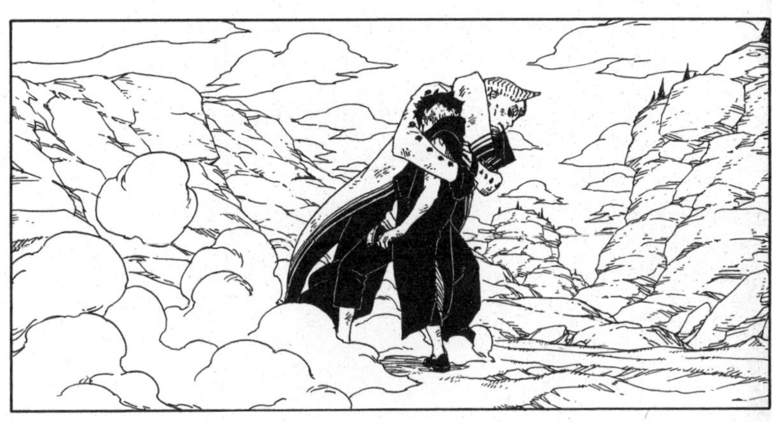

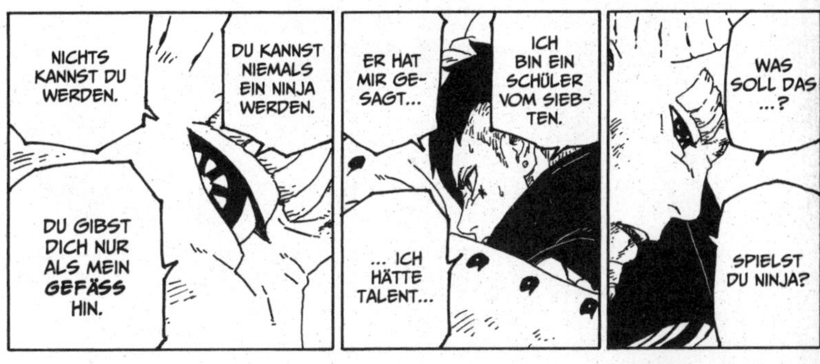

WAS SOLL DAS ...?
SPIELST DU NINJA?
ICH BIN EIN SCHÜLER VOM SIEBTEN.
ER HAT MIR GESAGT...
... ICH HÄTTE TALENT...
DU KANNST NIEMALS EIN NINJA WERDEN.
NICHTS KANNST DU WERDEN.
DU GIBST DICH NUR ALS MEIN **GEFÄSS** HIN.


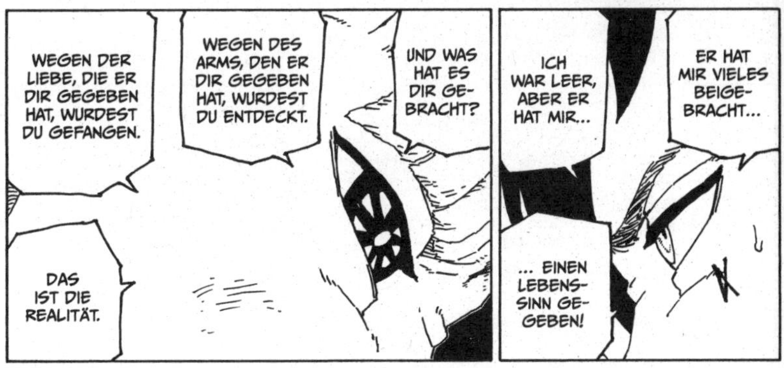

ER HAT MIR VIELES BEIGEBRACHT...
ICH WAR LEER, ABER ER HAT MIR...
... EINEN LEBENSSINN GEGEBEN!
UND WAS HAT ES DIR GEBRACHT?
WEGEN DES ARMS, DEN ER DIR GEGEBEN HAT, WURDEST DU ENTDECKT.
WEGEN DER LIEBE, DIE ER DIR GEGEBEN HAT, WURDEST DU GEFANGEN.
DAS IST DIE REALITÄT.

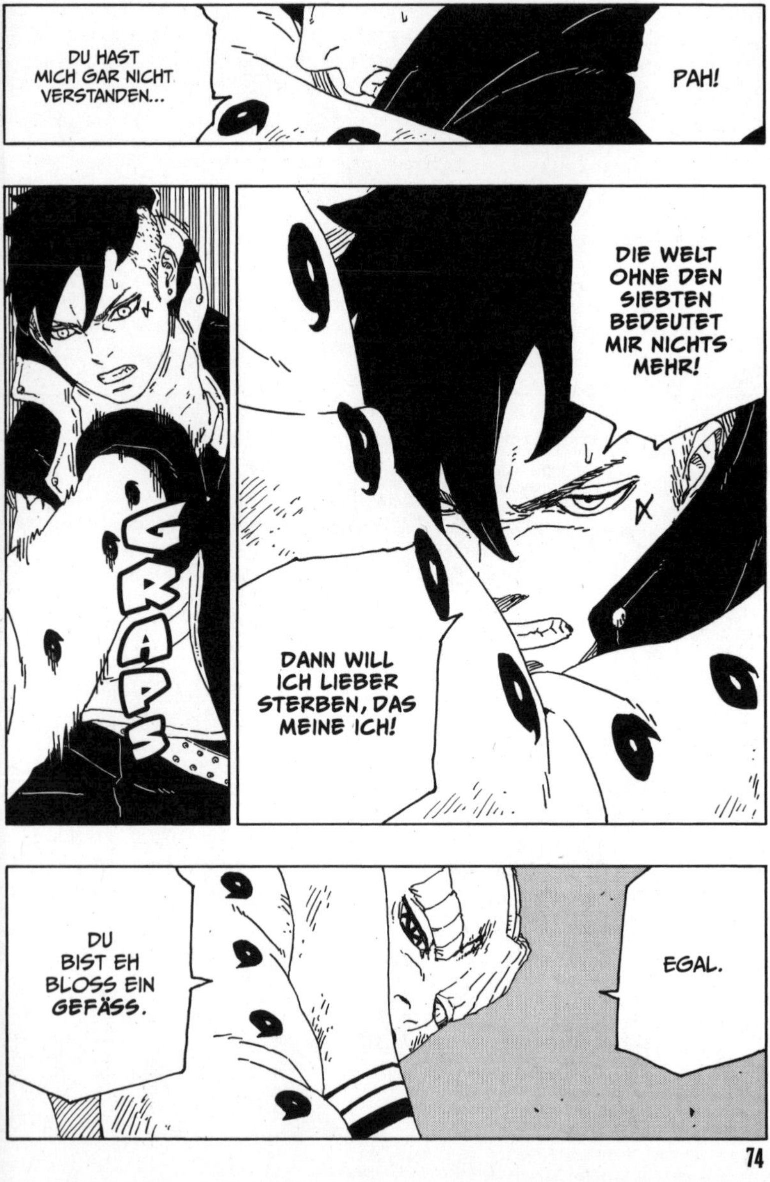

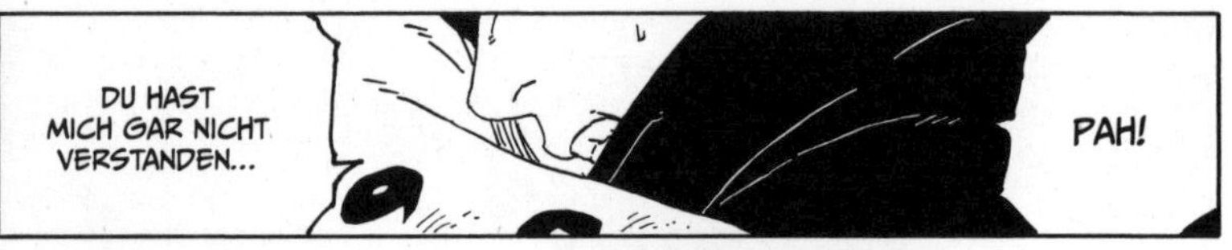


DIE WELT OHNE DEN SIEBTEN BEDEUTET MIR NICHTS MEHR!

DANN WILL ICH LIEBER STERBEN, DAS MEINE ICH!

GRAPS

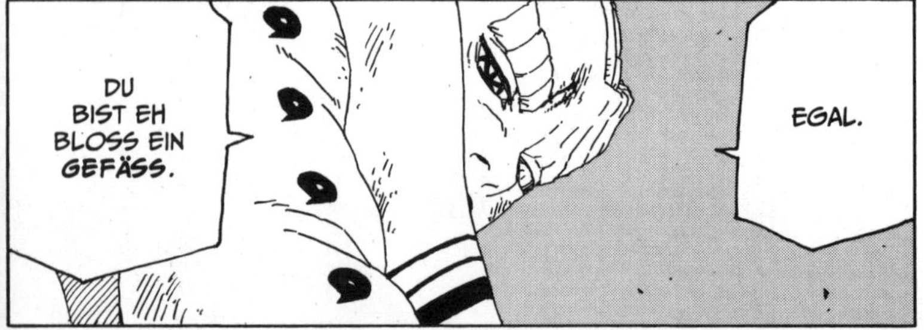

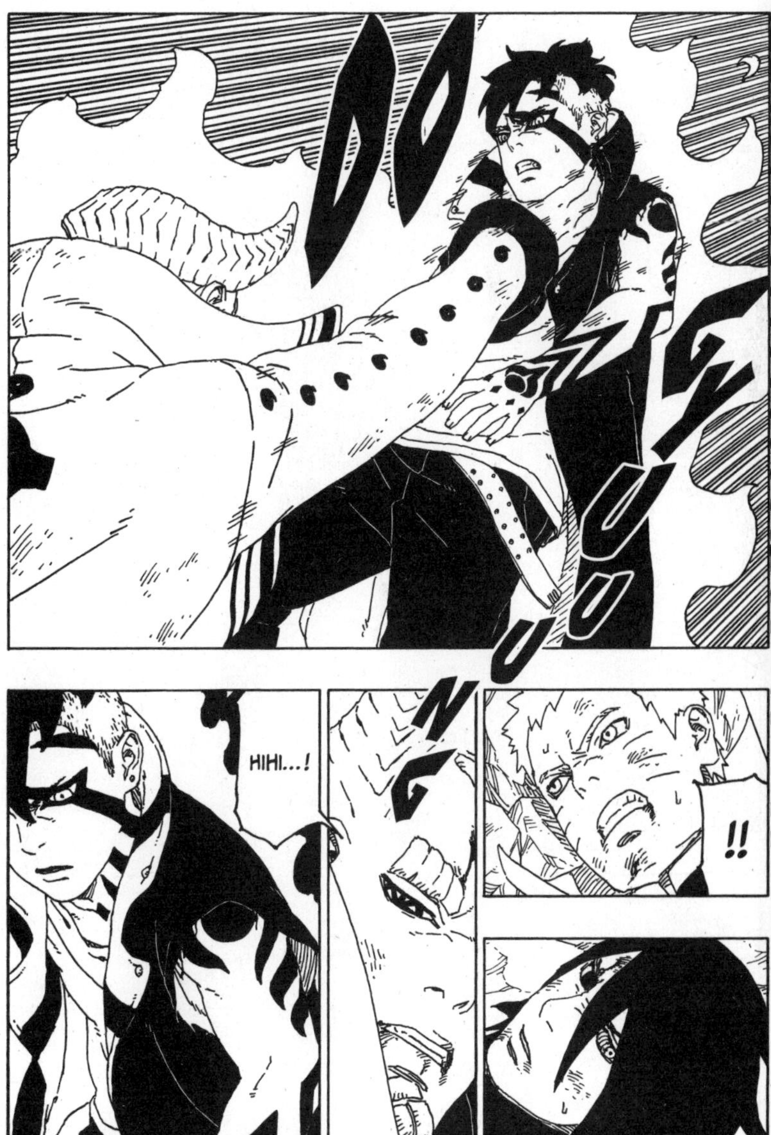
HIHI...!
!!

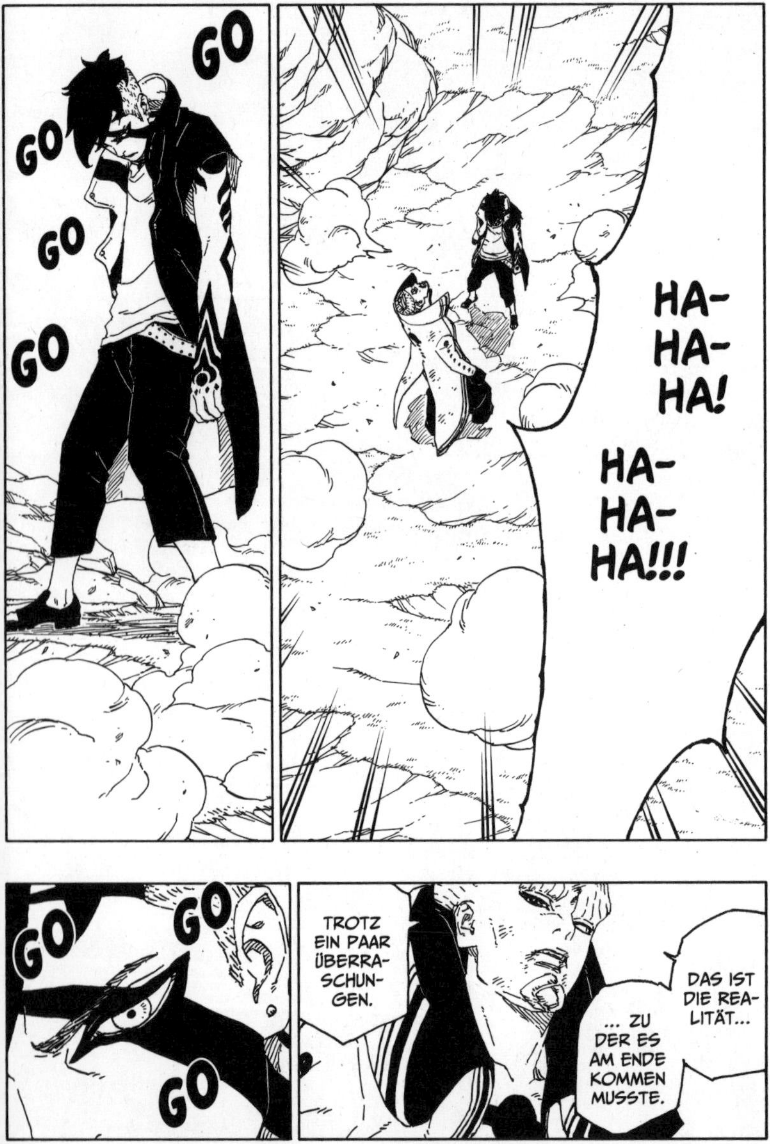

HA-HA-HA!
HA-HA-HA!!!

GO GO GO GO

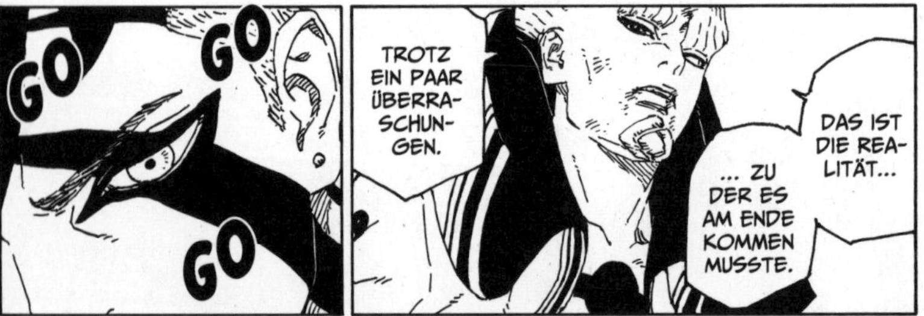

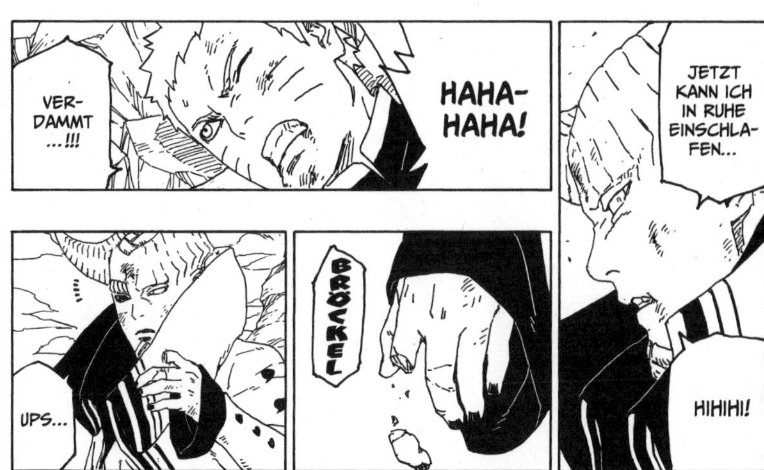

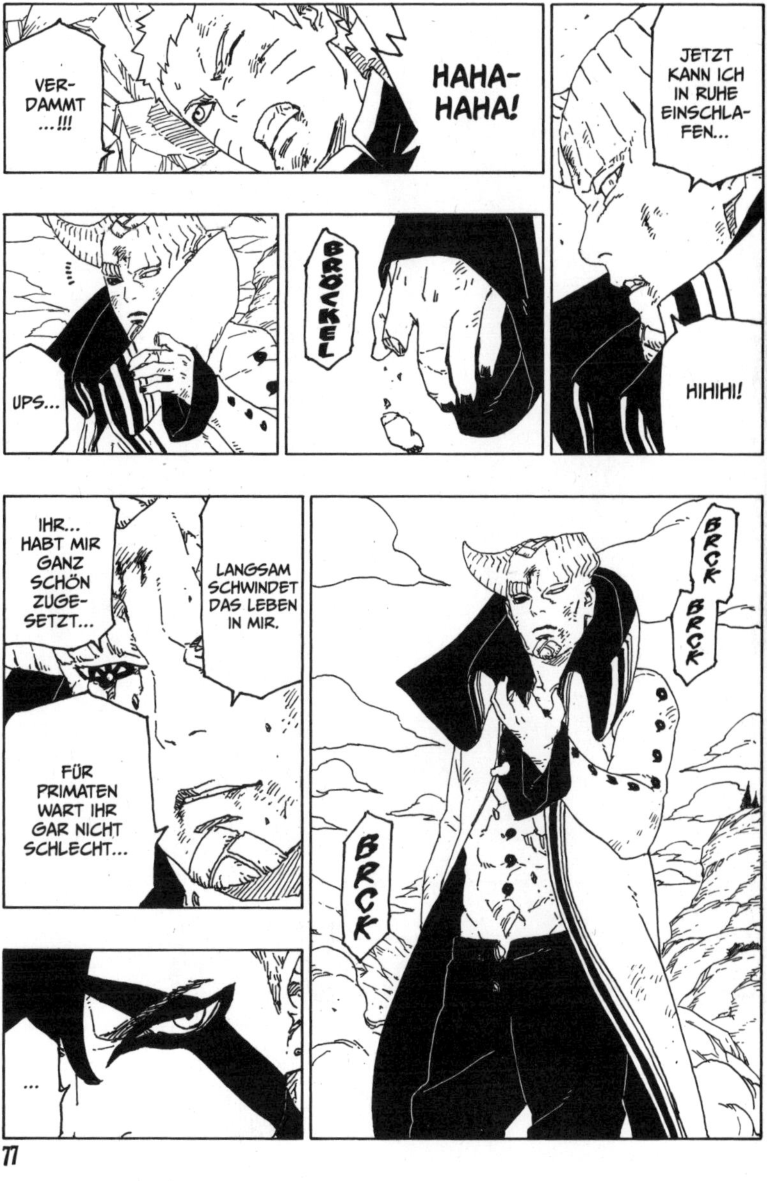

BRCK BRCK

BRCK

LANGSAM SCHWINDET DAS LEBEN IN MIR.

IHR... HABT MIR GANZ SCHÖN ZUGE-SETZT...

FÜR PRIMATEN WART IHR GAR NICHT SCHLECHT...

...

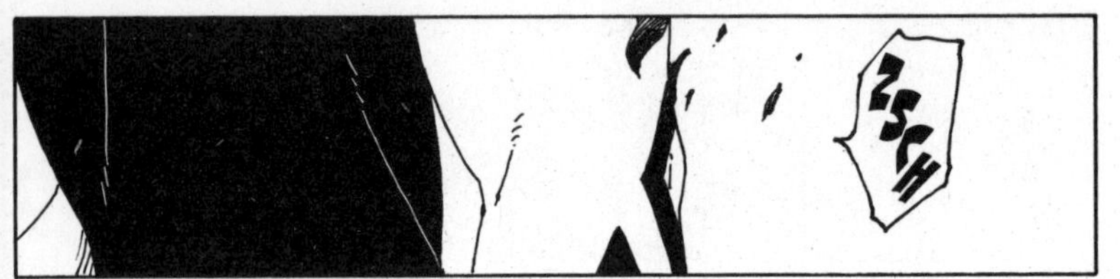

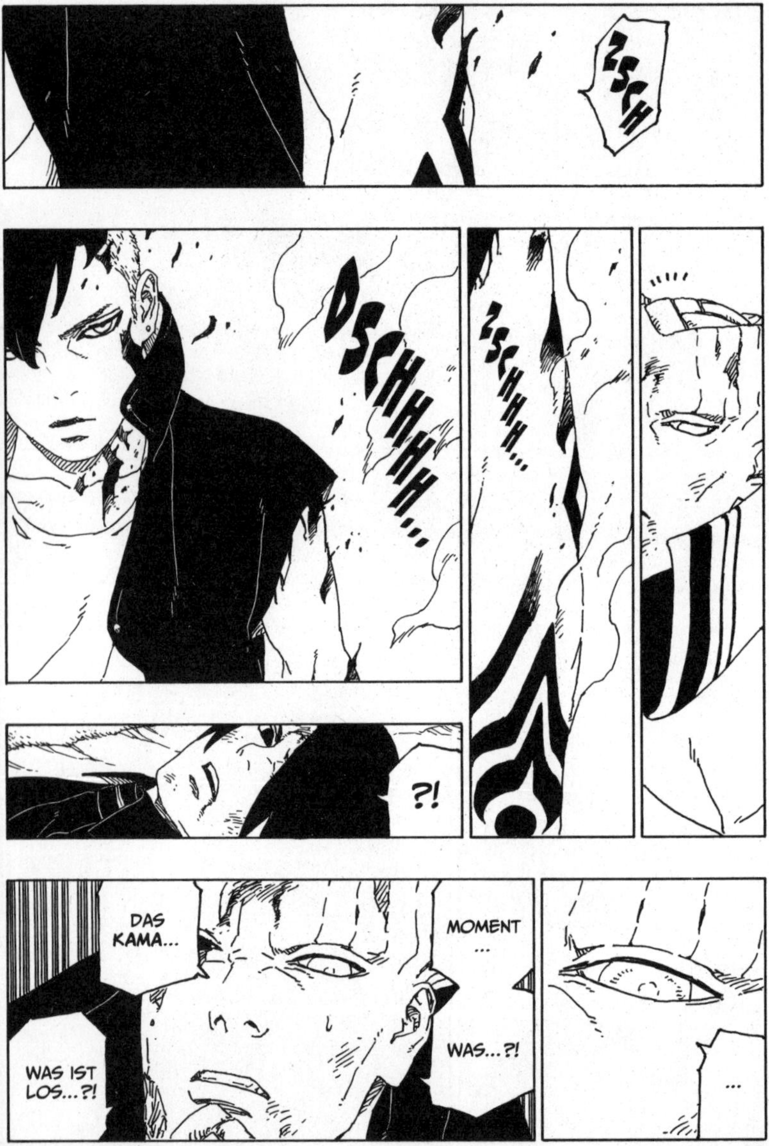

ZSCHHH...
DSCHHHH...
?!

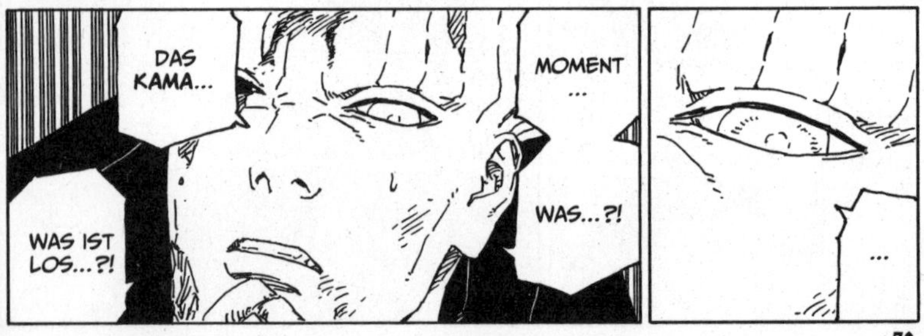

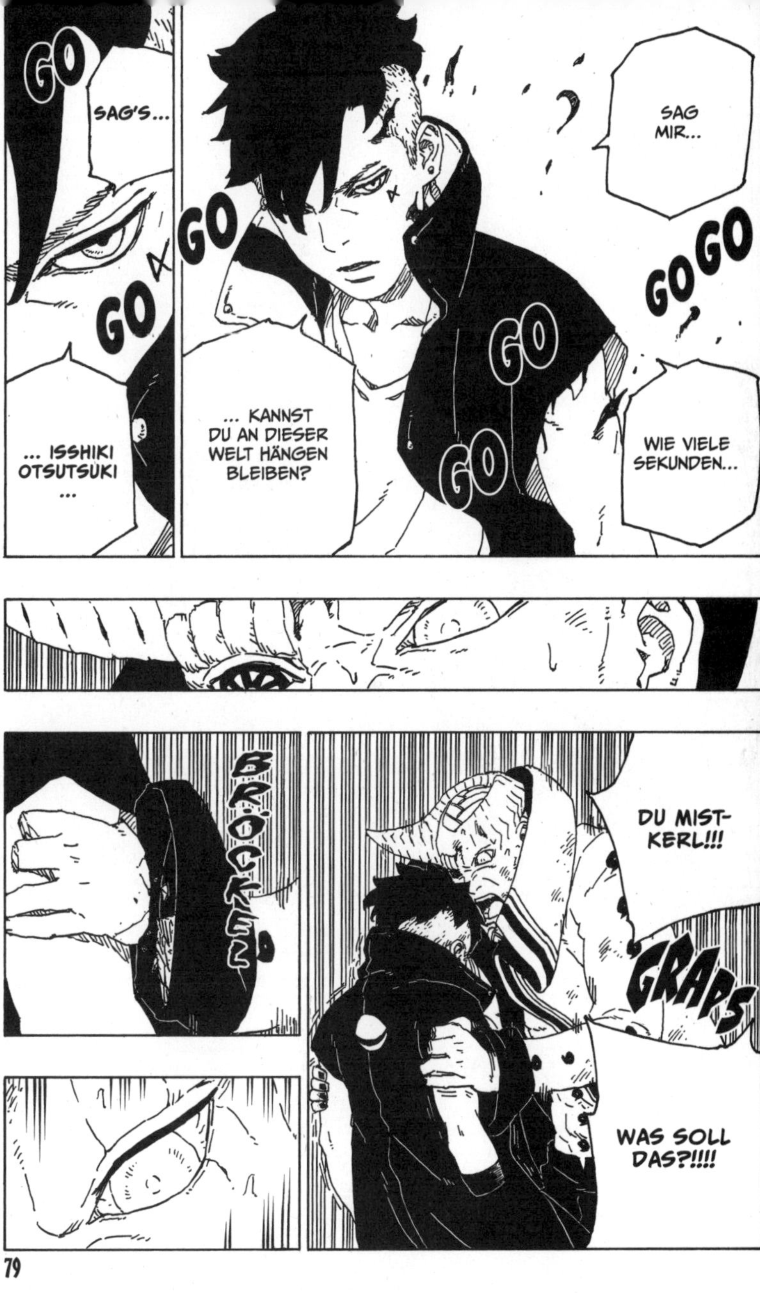

SAG MIR...
GO GO
WIE VIELE SEKUNDEN...
GO
GO
... KANNST DU AN DIESER WELT HÄNGEN BLEIBEN?
GO
GO
SAG'S...
GO
... ISSHIKI OTSUTSUKI ...

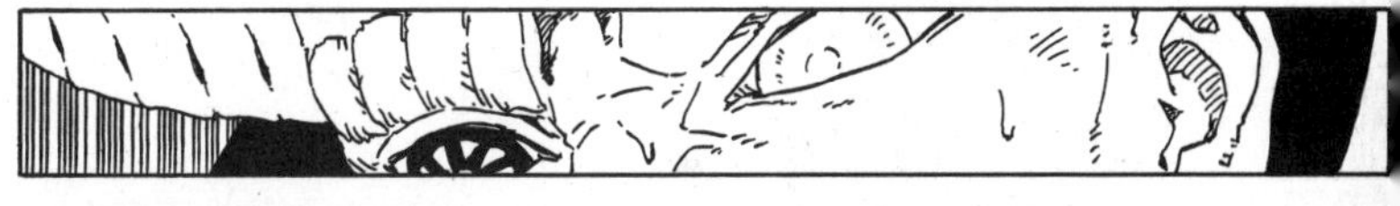

DU MIST-KERL!!!
GRAPS
WAS SOLL DAS?!!!!
BRÖCKEL

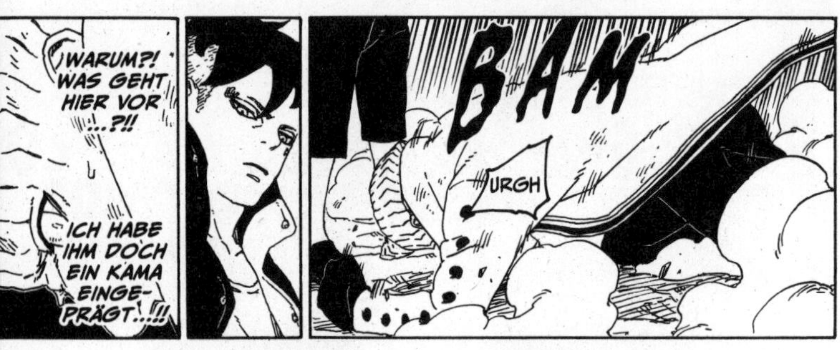
BAM
URGH
WARUM?! WAS GEHT HIER VOR ...?!!
ICH HABE IHM DOCH EIN KAMA EINGEPRÄGT...!!!

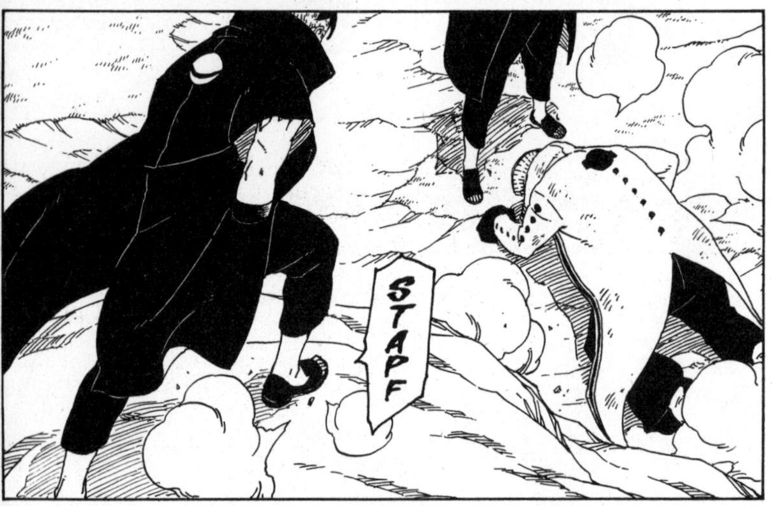
STAPF

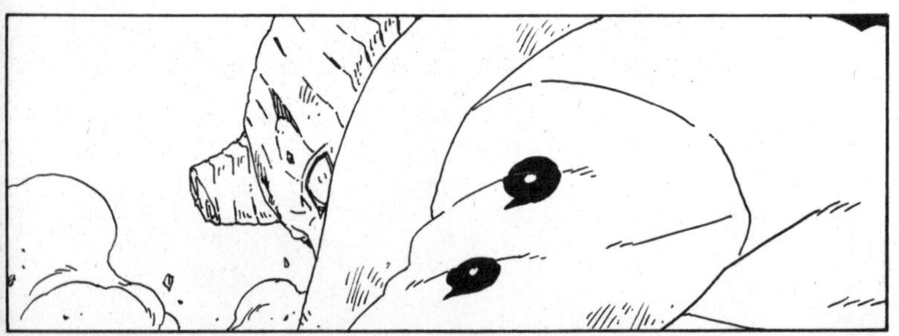

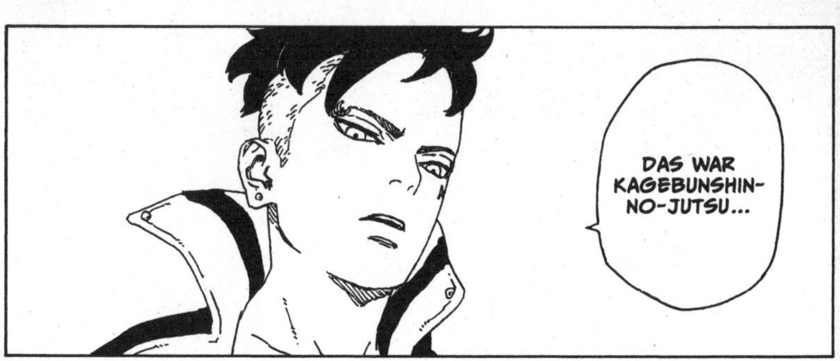
DAS WAR KAGEBUNSHIN-NO-JUTSU…

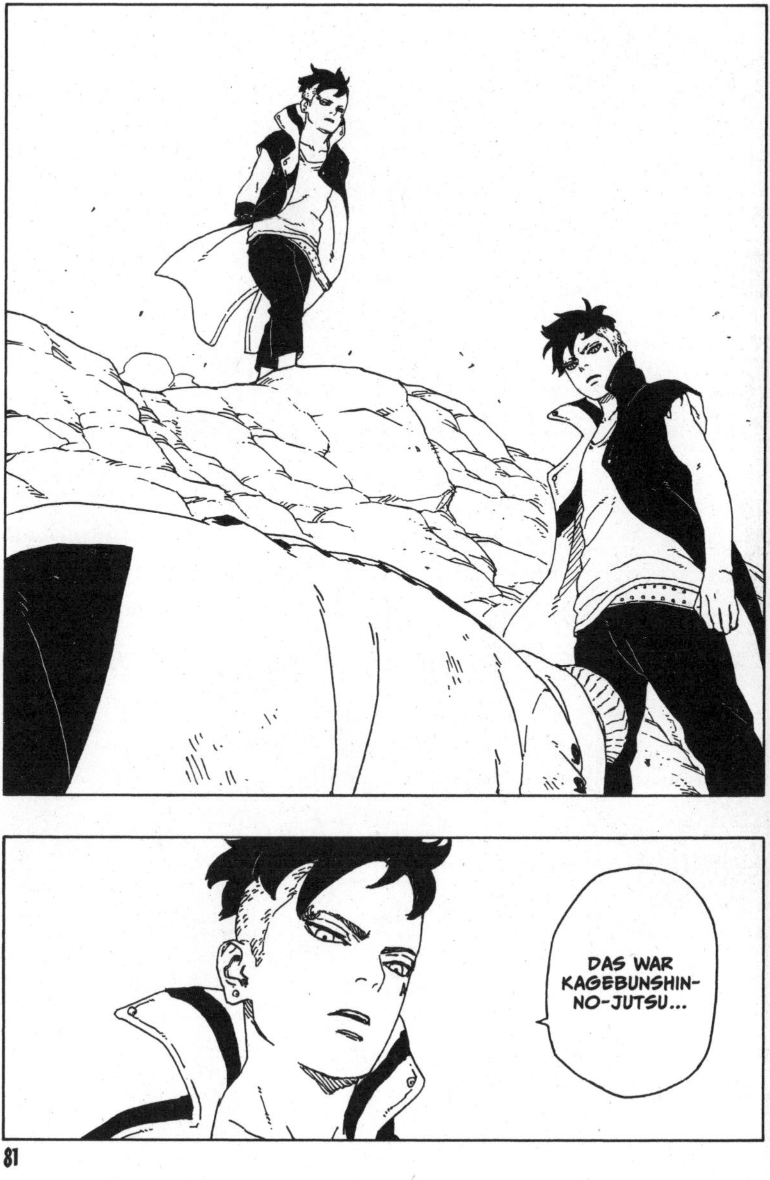

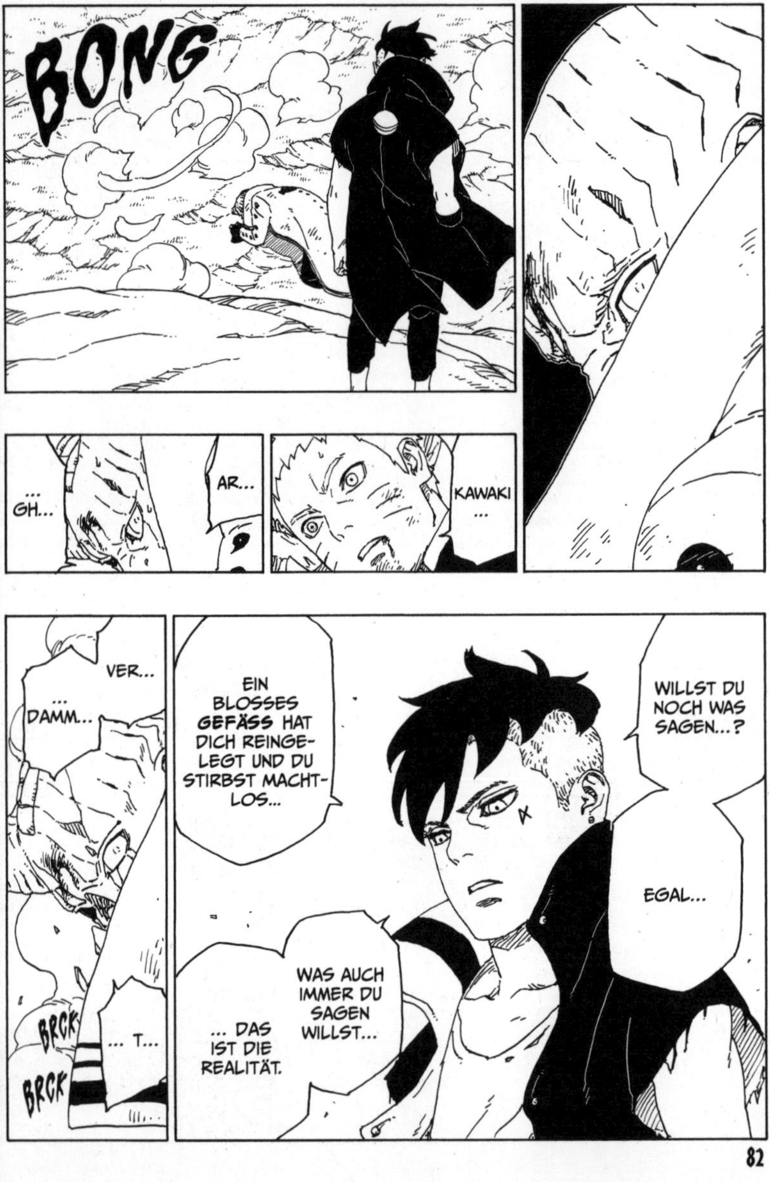

BONG

KAWAKI ...

AR...

... GH...

WILLST DU NOCH WAS SAGEN...?

EGAL...

EIN BLOSSES **GEFÄSS** HAT DICH REINGELEGT UND DU STIRBST MACHTLOS...

WAS AUCH IMMER DU SAGEN WILLST...

... DAS IST DIE REALITÄT.

VER...

... DAMM...

... T...

BRCK

BRCK

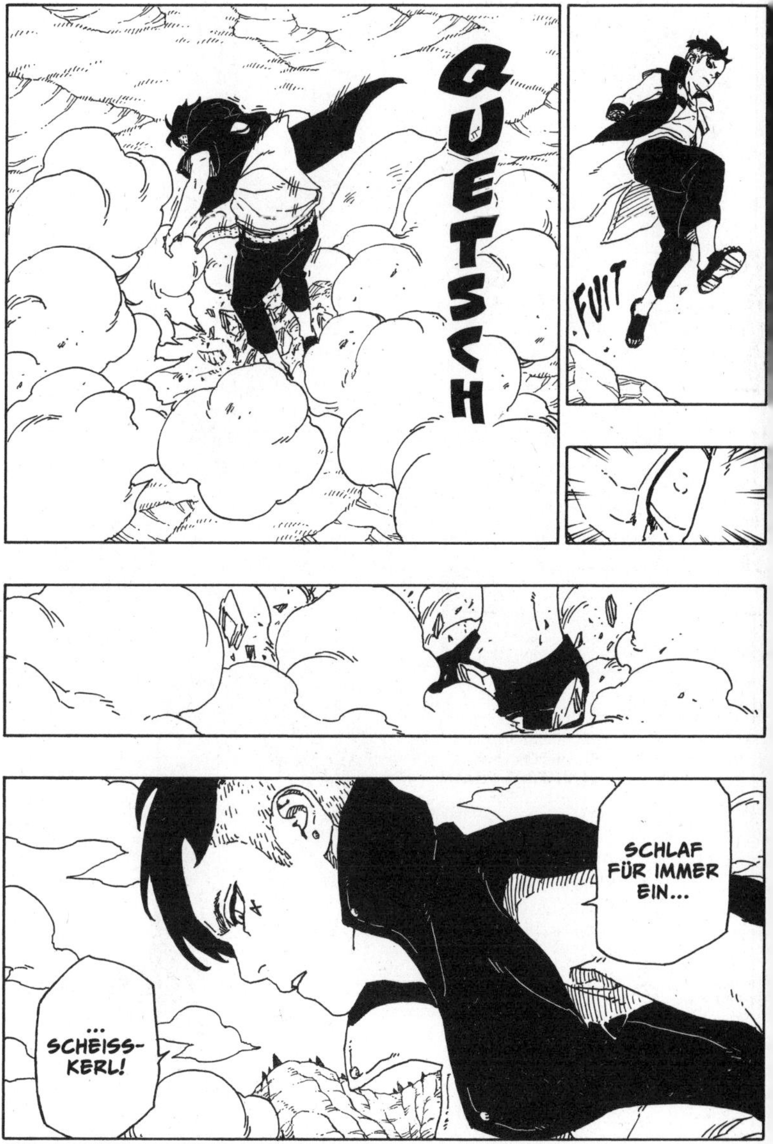

FUIT

QUETSCH

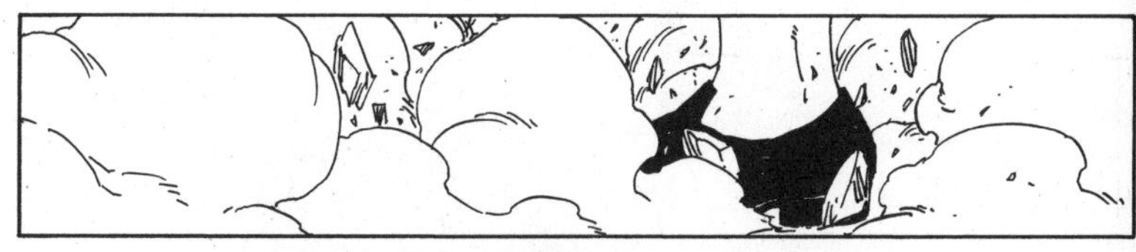

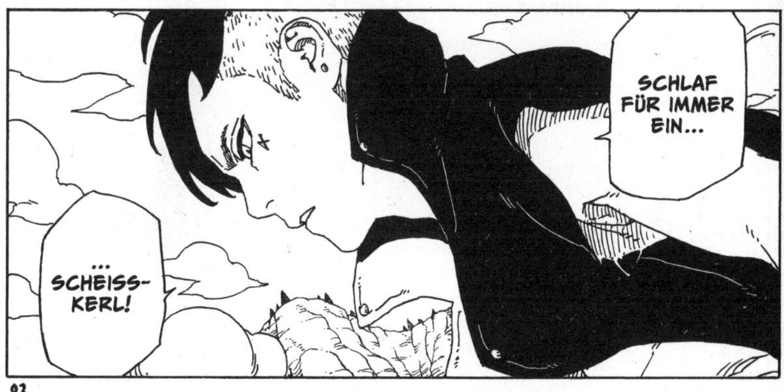

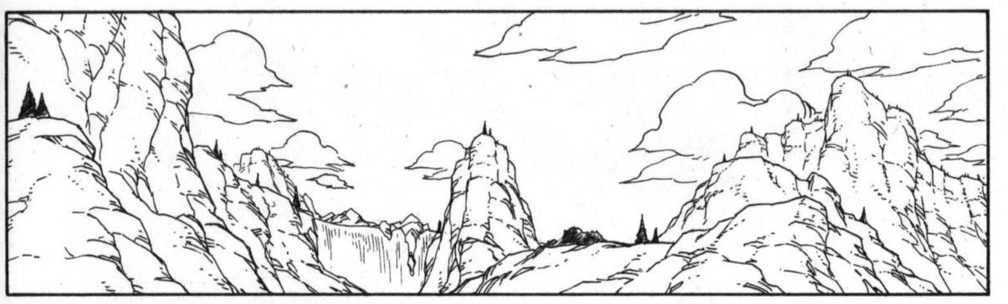

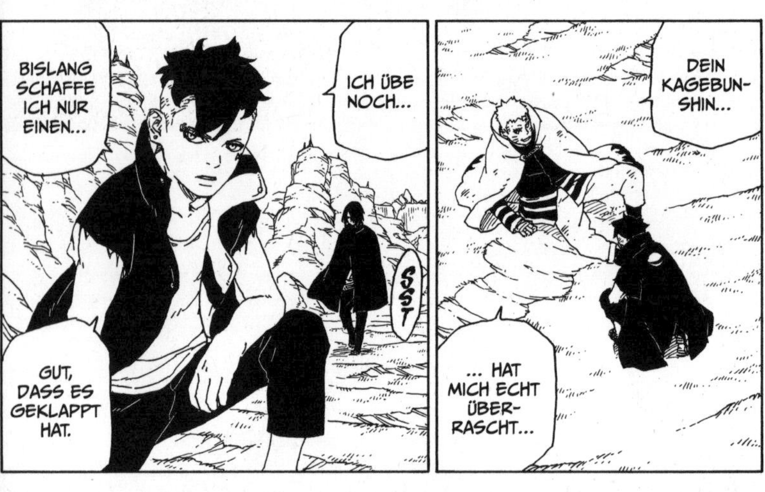
DEIN KAGEBUN-SHIN...
... HAT MICH ECHT ÜBER-RASCHT...
ICH ÜBE NOCH...
SST
BISLANG SCHAFFE ICH NUR EINEN...
GUT, DASS ES GEKLAPPT HAT.

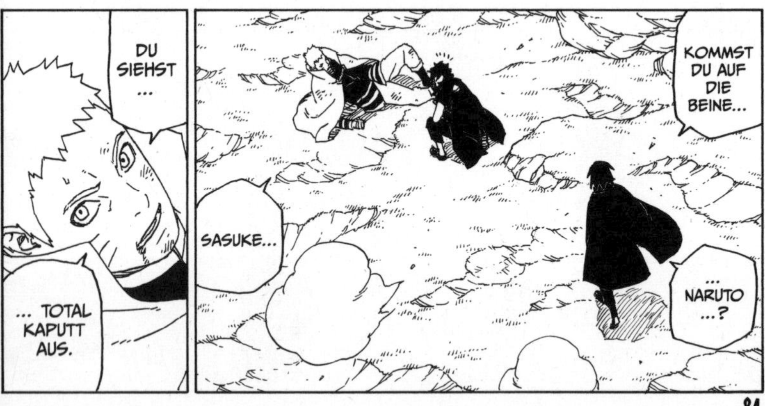
KOMMST DU AUF DIE BEINE...
... NARUTO ...?
SASUKE...
DU SIEHST ...
... TOTAL KAPUTT AUS.

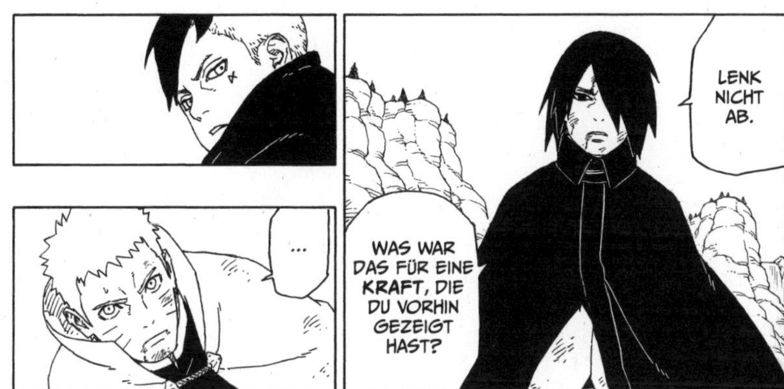
LENK NICHT AB.
WAS WAR DAS FÜR EINE KRAFT, DIE DU VORHIN GEZEIGT HAST?
...

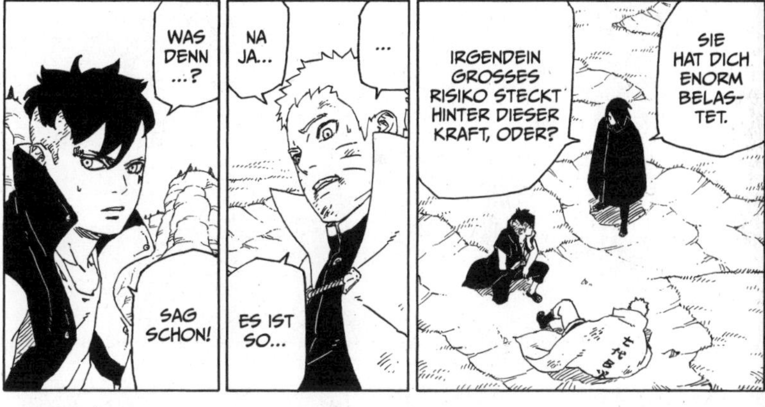
SIE HAT DICH ENORM BELASTET.
IRGENDEIN GROSSES RISIKO STECKT HINTER DIESER KRAFT, ODER?
...
NA JA...
ES IST SO...
WAS DENN ...?
SAG SCHON!

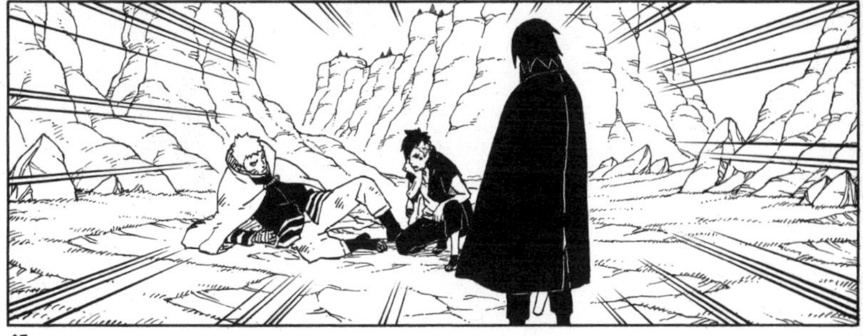

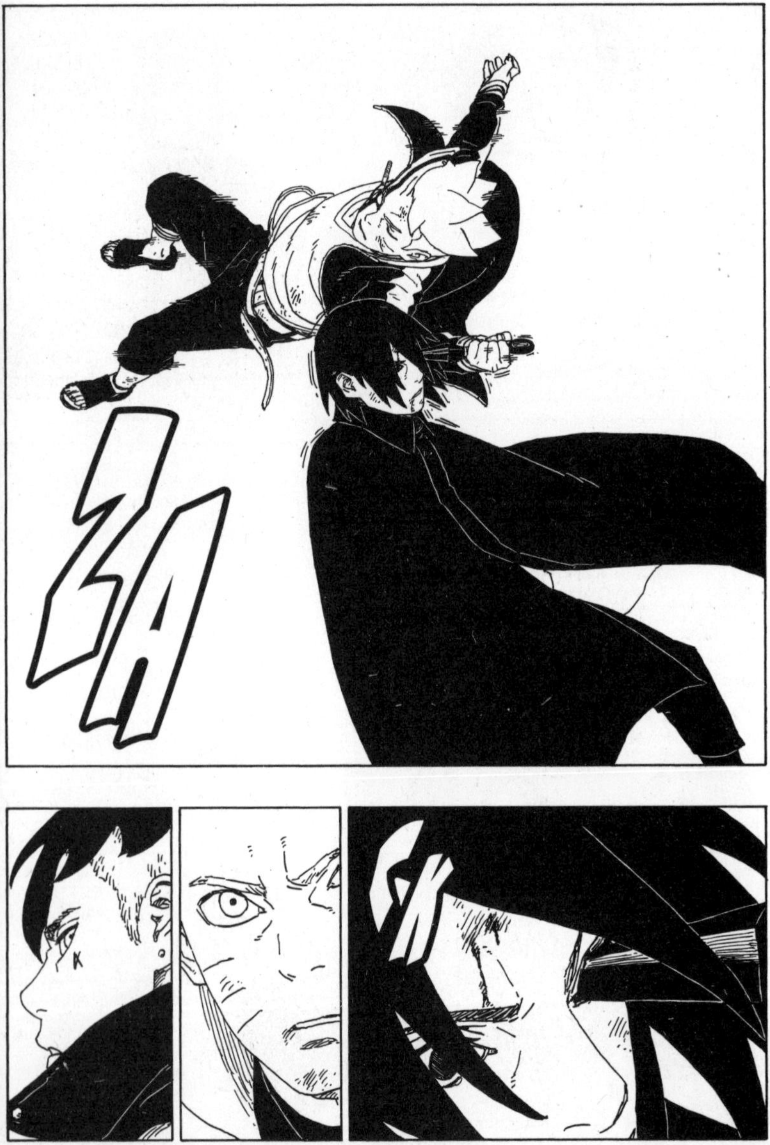

ZA

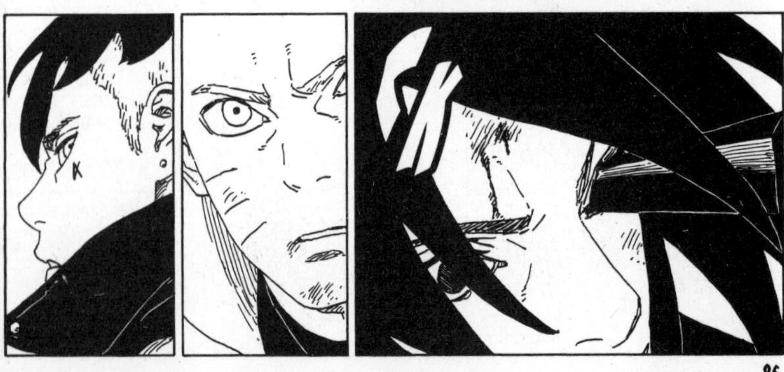

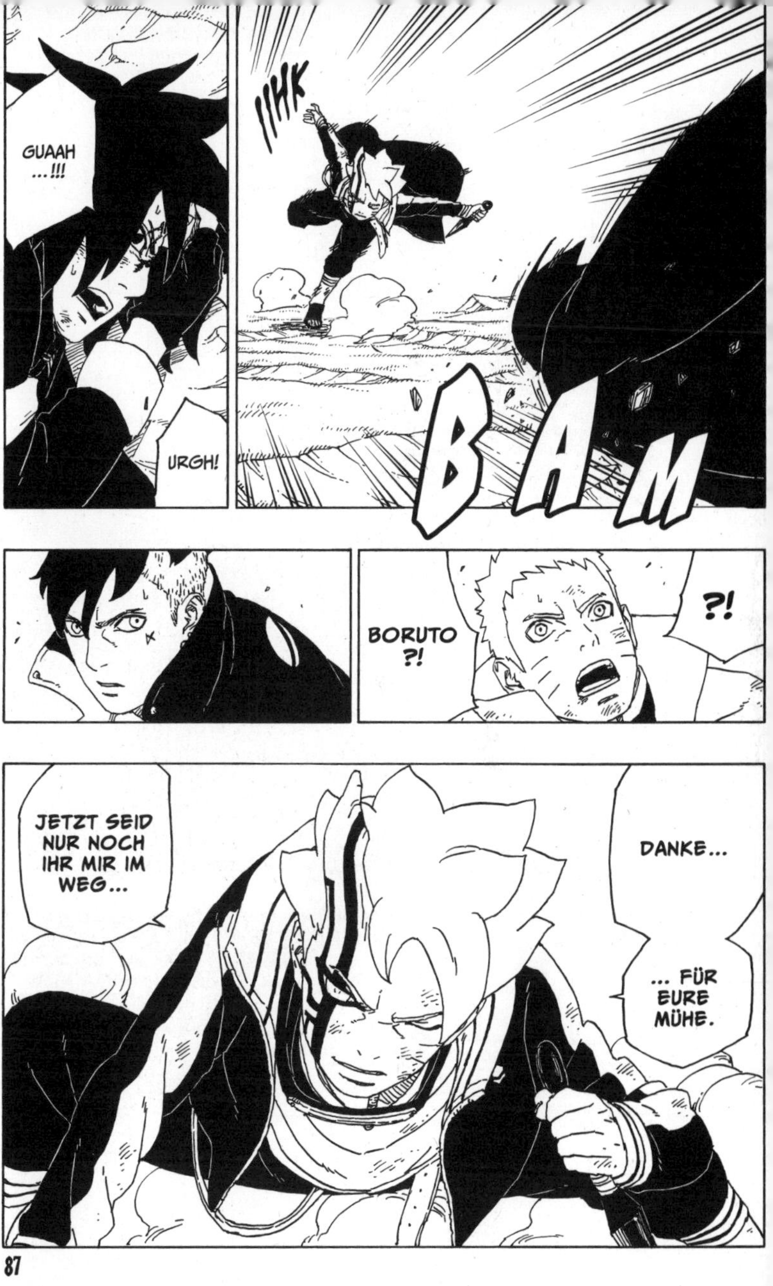

IIHK

BAM

GUAAH ...!!!

URGH!

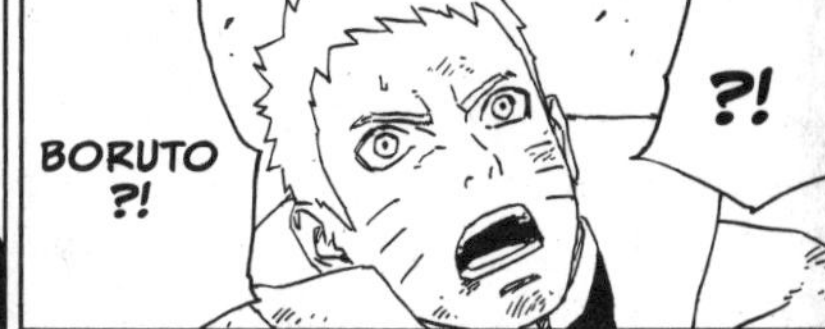


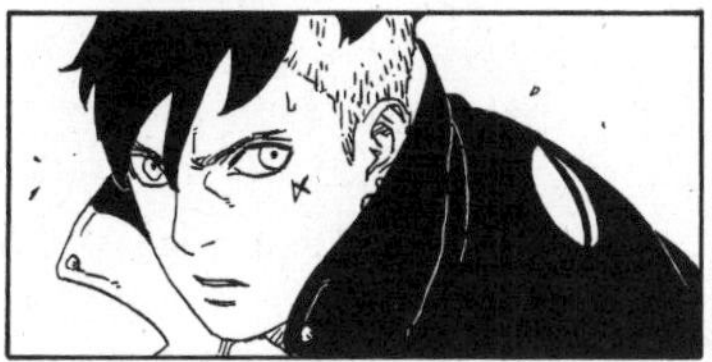

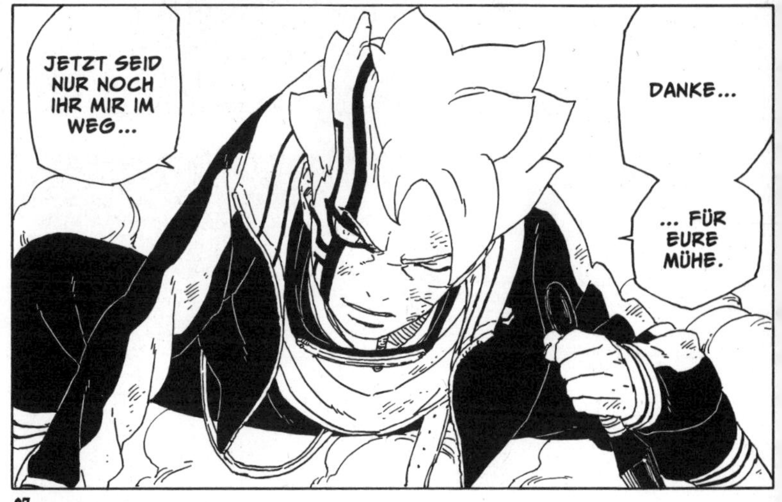

# BORU GANG

CHARAKTERDESIGN BY BORU-FANS – NACHGEZEICHNET VON

MEISTER IKEMOTO!!

FÜR DIE »WEEKLY SHONEN JUMP«-KOLUMNE »BORU-GANG« ZEICHNET MEISTER IKEMOTO DIE ORIGINELLSTEN BORUTO-CHARAKTERE NACH, DIE VON FANS ENTWORFEN WURDEN!!

DER NAME DES CHARAKTERS:

## NEMURI TAIGA

ENTWORFEN VON:

RAIN AUS KANAGAWA

BEWERTUNG DER JURY:

TROTZ IHRES SCHLAPPEN AUSSEHENS IST SIE SO STARK, DASS SIE SOGAR DEN HOKAGE SCHLAGEN KANN, WENN SIE IM SCHLAF GESTÖRT WIRD! SIE IST SICHERLICH EIN STARKER NINJA, AUCH WEIL SIE JA EIN JO-NIN IST!!

NEMURI TAIGA

20 JAHRE ALT, JO-NIN AUS KONOHA

DEN GRÖSSTEN TEIL DES TAGES SCHLÄFT SIE. SIE HAT MEHRERE EXEMPLARE IHRES LIEBLINGSPYJAMAS IN KATZENFORM UND TRÄGT IHN IMMERZU. JEDER, DER SIE BEIM SCHLAFEN STÖRT, WIRD GESCHLAGEN, SELBST EIN HOKAGE. MAN NENNT SIE »SCHLAFENDER TIGER AUS KONOHA«.

WECK SIE NICHT AUF! GEFÄHRLICH!!

SIE SAGT IMMER WIEDER: »NUR NOCH FÜNF MINUTEN... HHHMIAAU...«

IHR HOBBY: MITTAGSSCHLÄFCHEN. NORMALERWEISE ARBEITET SIE ALS VERKÄUFERIN IN EINEM BETTENLADEN UND MANCHMAL ALS NINJA.

SIE LIEBT KATZEN. HIRUNE, EINE NINJAKATZE, IST IHRE ARBEITSPKOLLEGIN.

SIE SCHLÄGT UND KRATZT KRAFTVOLL MIT IHREN KATZENHANDSCHUHEN.

TADAA!! UND HIER IST MEISTER IKEMOTOS ZEICHNUNG!!

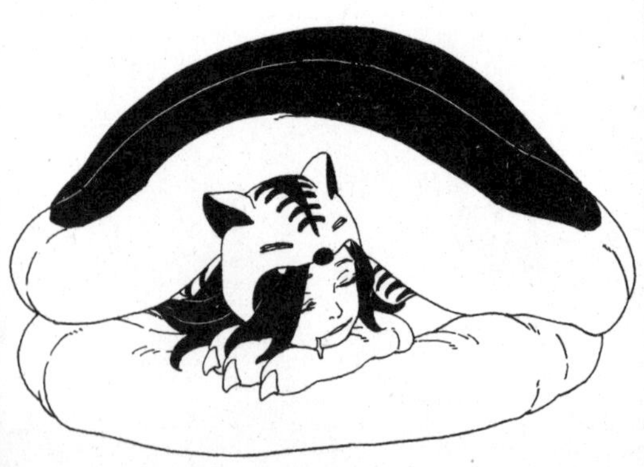

ICH WÜRDE JA GERNE SEHEN, WIE IHR PYJAMA IN KATZENFORM AUSSIEHT... ABER WIR SOLLTEN SIE BESSER NICHT AUFWECKEN, SONST SCHLÄGT SIE UNS. WIR ZÜGELN ALSO UNSERE NEUGIER UND LASSEN SIE SCHWEREN HERZENS IN RUHE.

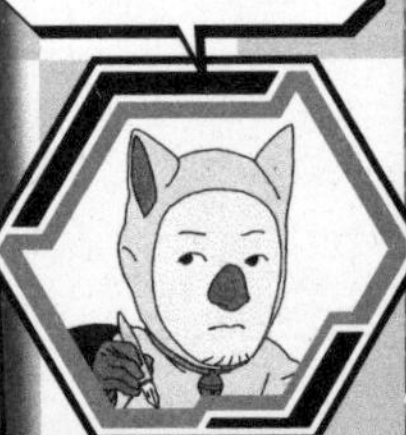

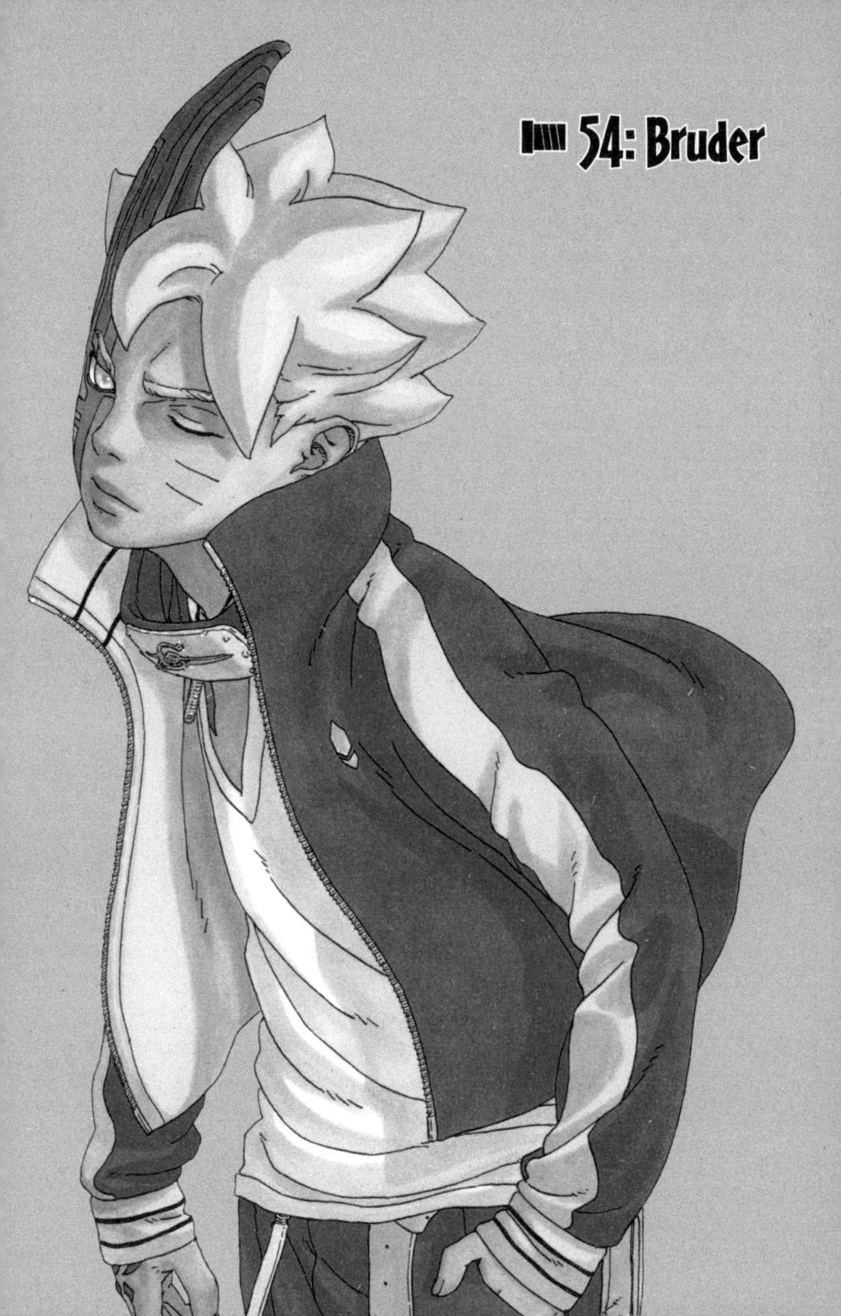
54: Bruder

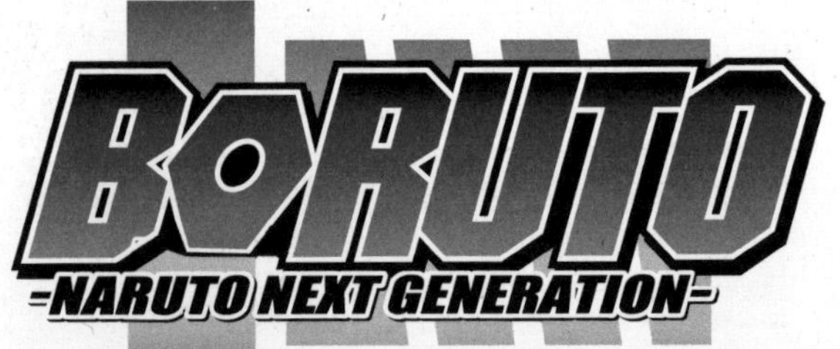
BORUTO
-NARUTO NEXT GENERATION-

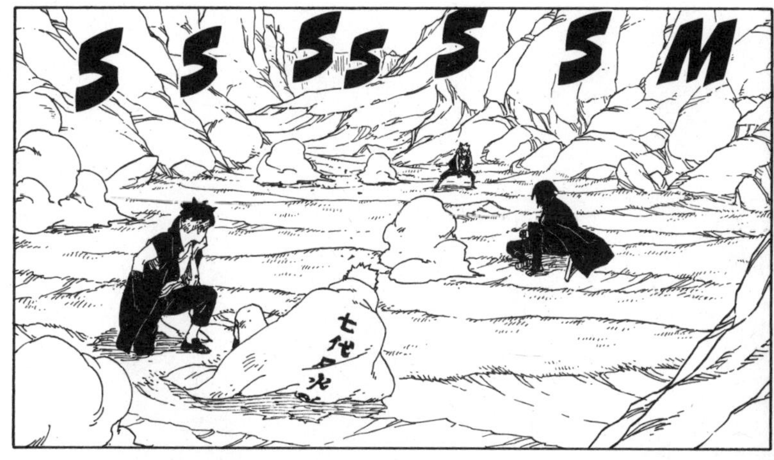
SSSSSSM

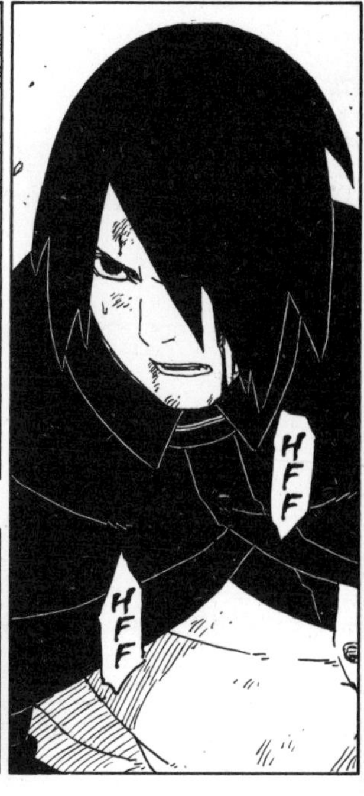
HFF
HFF

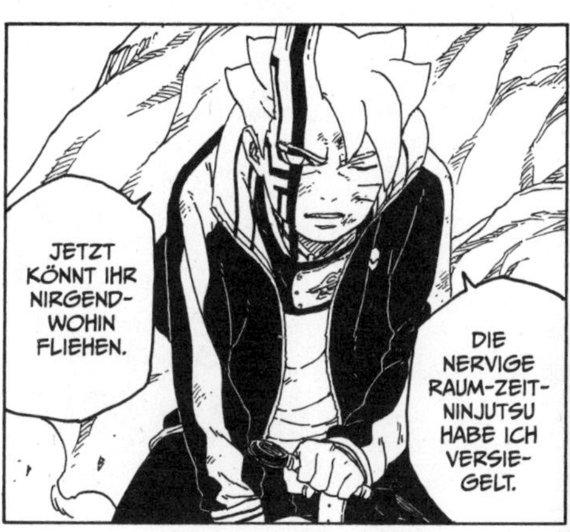
DIE NERVIGE RAUM-ZEIT-NINJUTSU HABE ICH VERSIE-GELT.
JETZT KÖNNT IHR NIRGEND-WOHIN FLIEHEN.

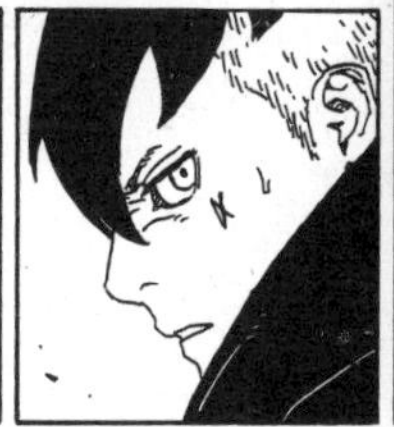

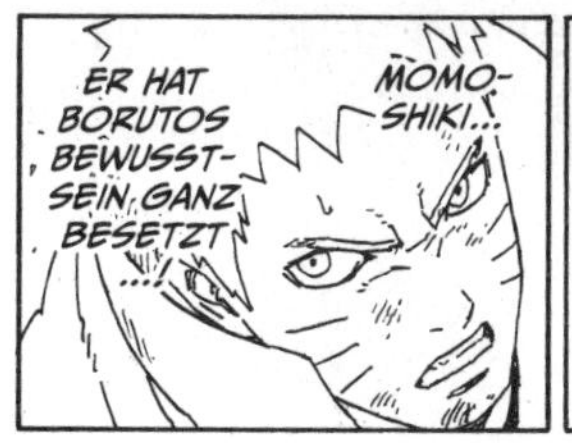
MOMO-SHIKI...!
ER HAT BORUTOS BEWUSST-SEIN GANZ BESETZT ...!

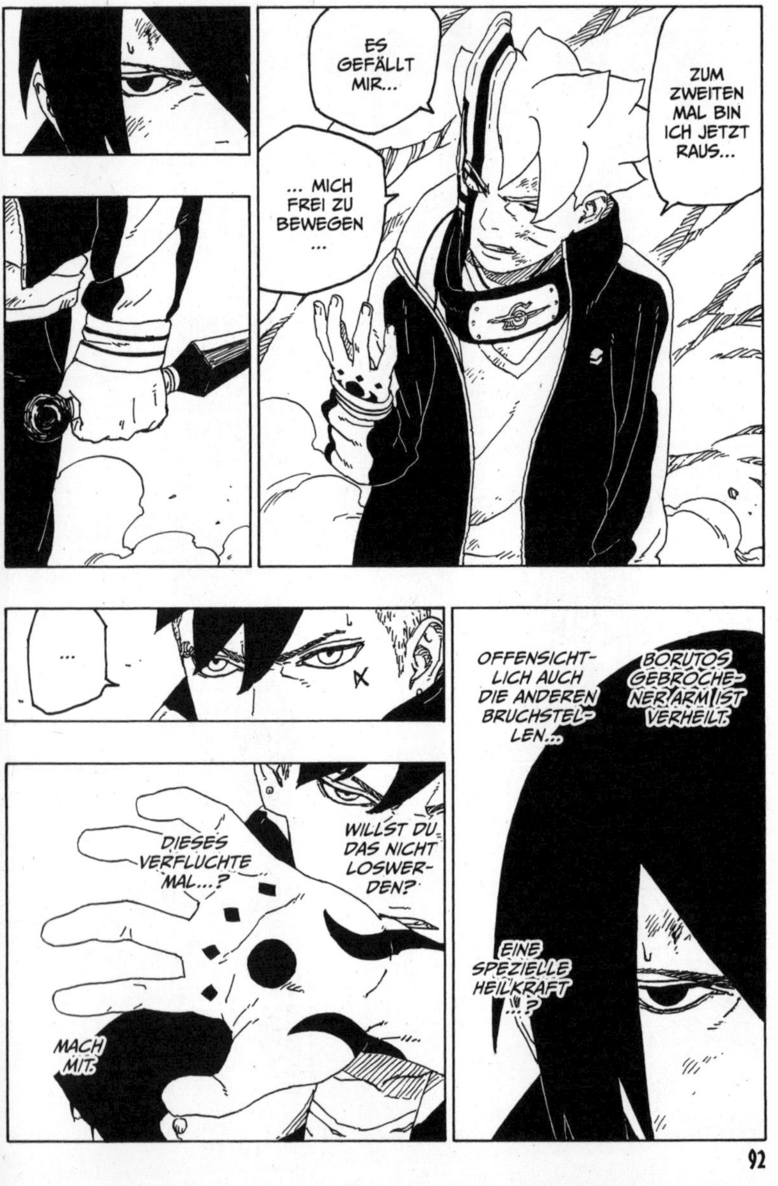

ZUM ZWEITEN MAL BIN ICH JETZT RAUS...

ES GEFÄLLT MIR...

... MICH FREI ZU BEWEGEN ...

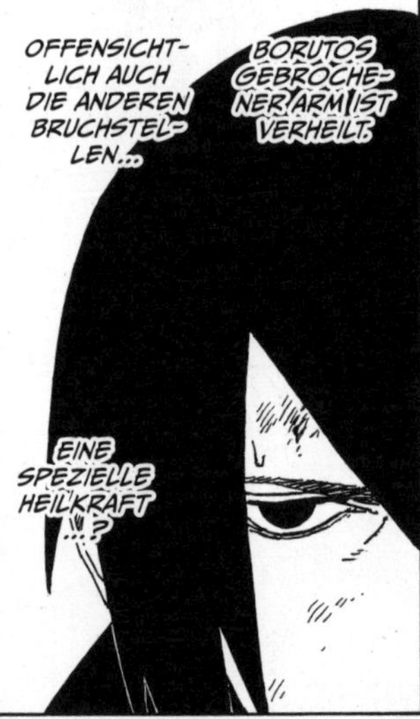


...

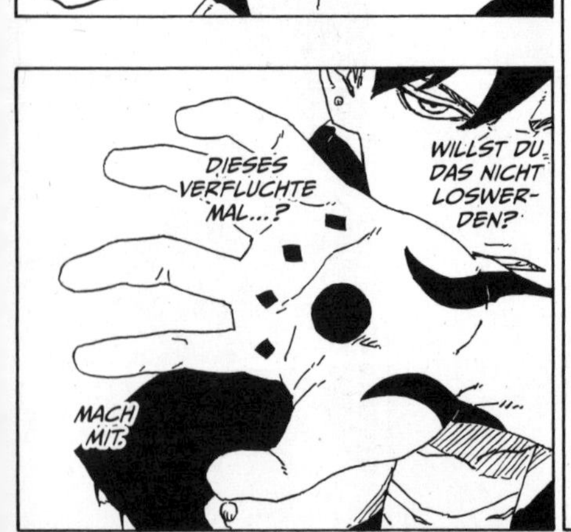

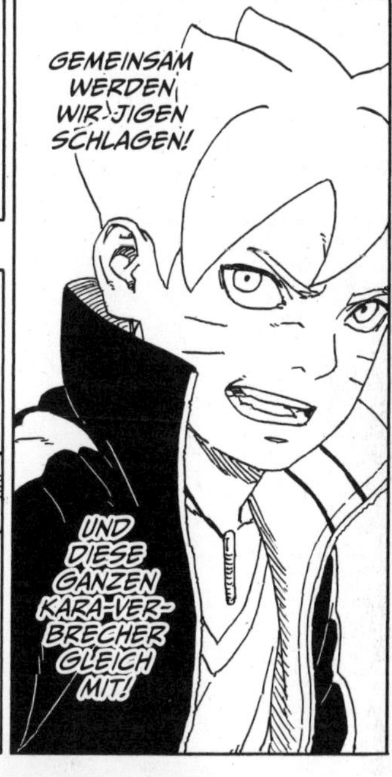
GEMEINSAM WERDEN WIR JIGEN SCHLAGEN!
UND DIESE GANZEN KARA-VERBRECHER GLEICH MIT!

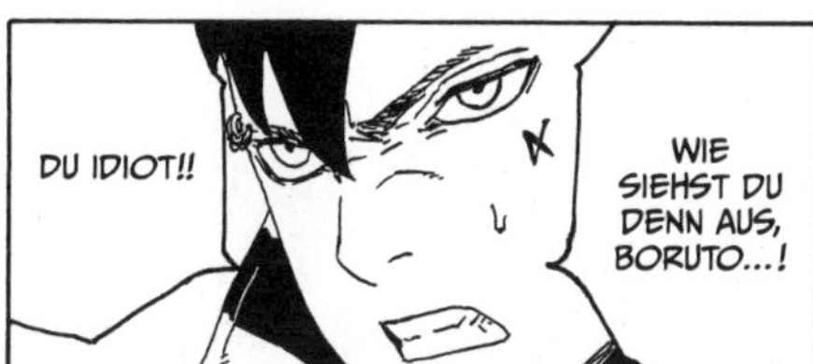
WIE SIEHST DU DENN AUS, BORUTO...!
DU IDIOT!!

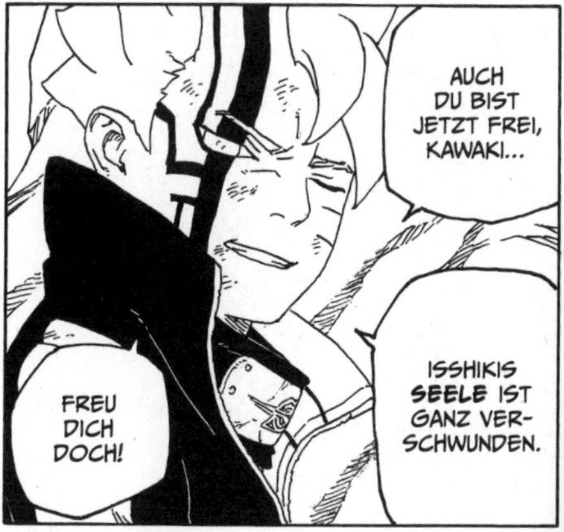
AUCH DU BIST JETZT FREI, KAWAKI...
ISSHIKIS SEELE IST GANZ VERSCHWUNDEN.
FREU DICH DOCH!

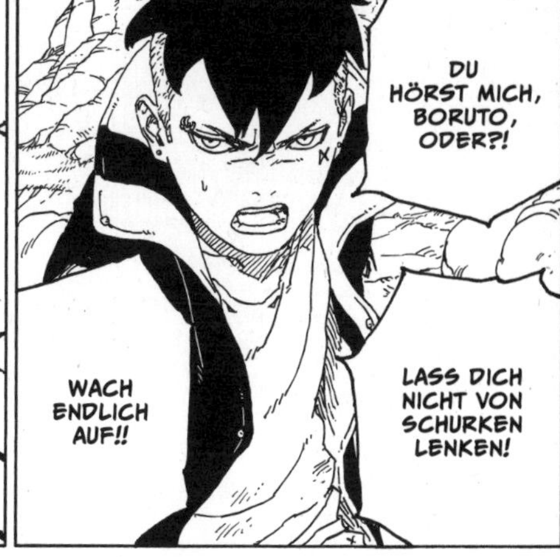
DU HÖRST MICH, BORUTO, ODER?!
LASS DICH NICHT VON SCHURKEN LENKEN!
WACH ENDLICH AUF!!

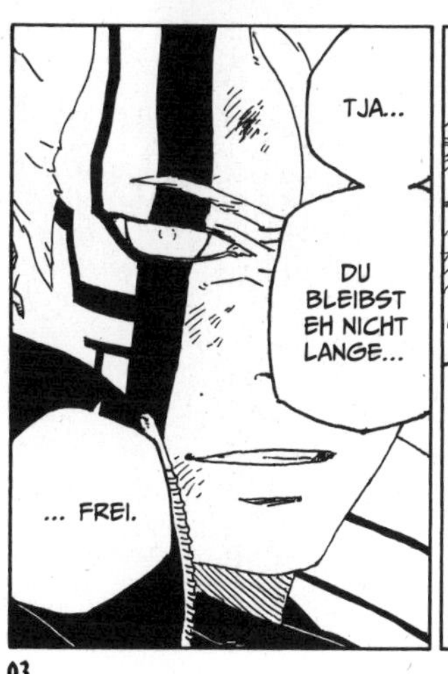
TJA...
DU BLEIBST EH NICHT LANGE...
... FREI.

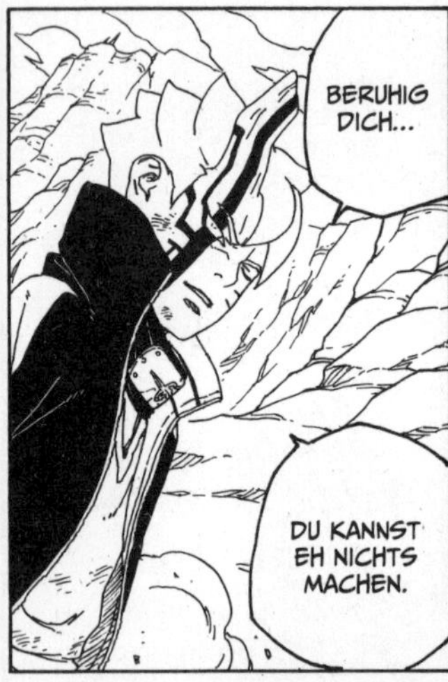

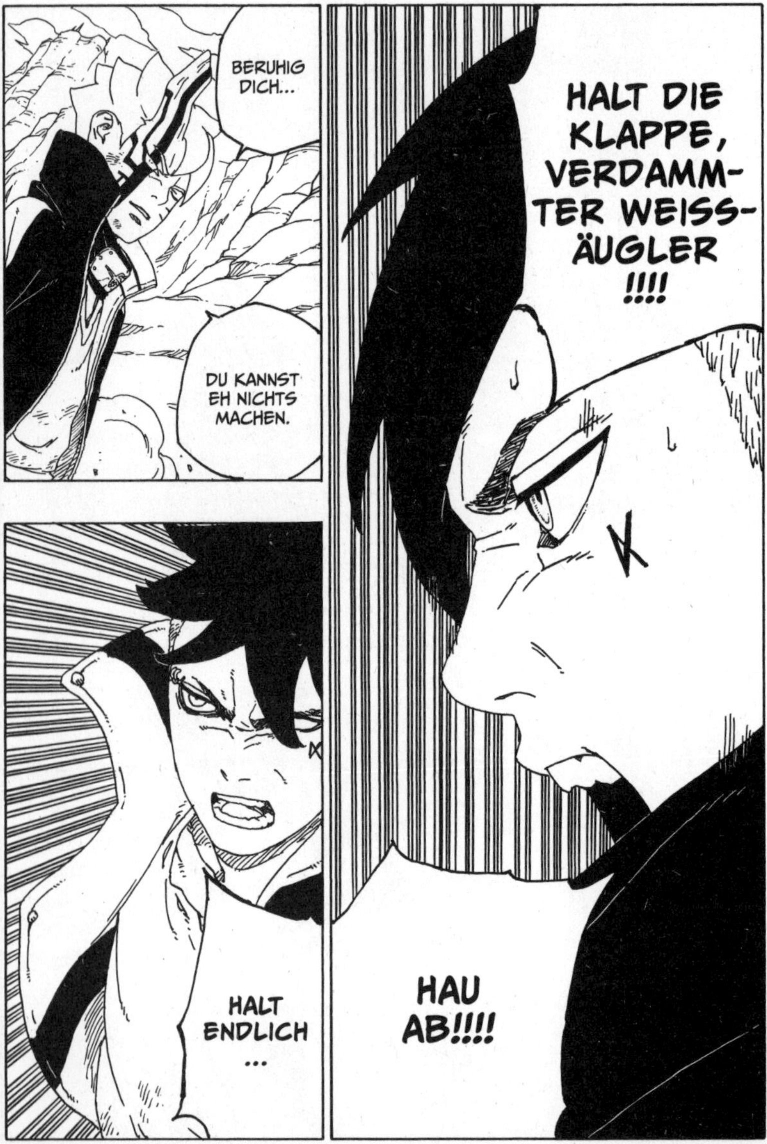

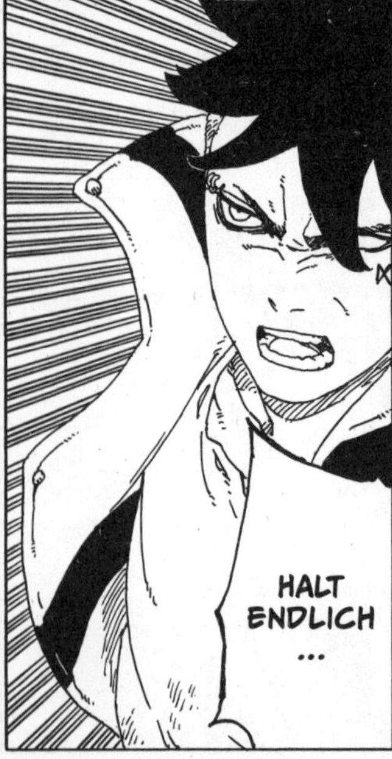


HALT DIE KLAPPE, VERDAMMTER WEISSÄUGLER !!!!

HAU AB!!!!

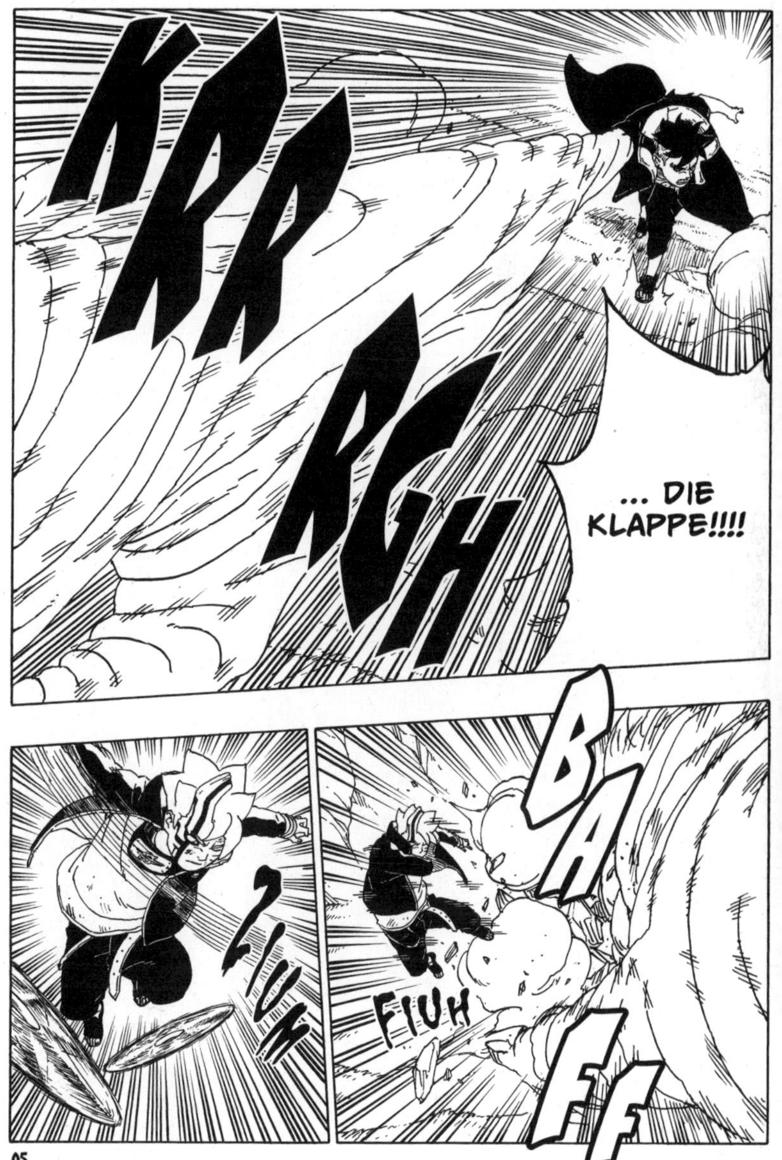
KRR
RGH
... DIE KLAPPE!!!!
BAFF
FIUH
ZIUM

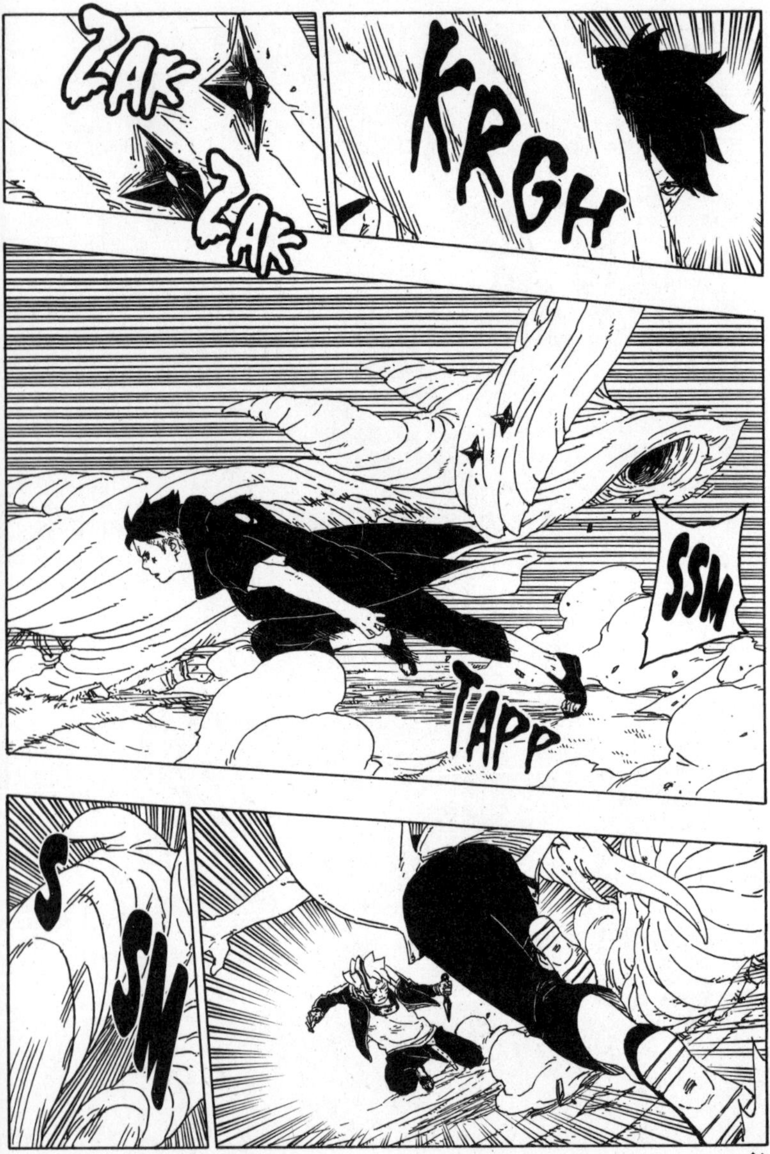

ZAK
ZAK
KRGH
SSM
TAPP

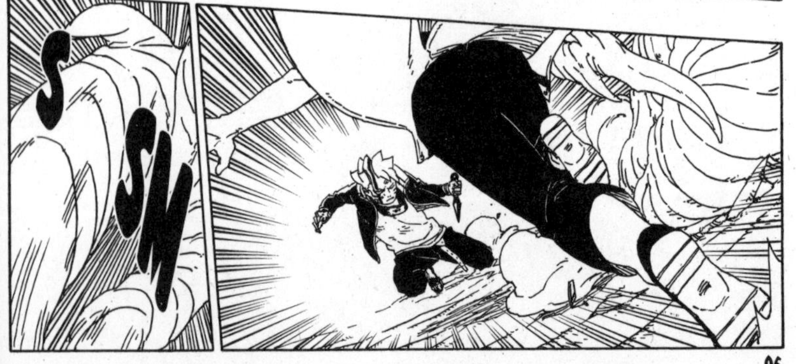
SSM

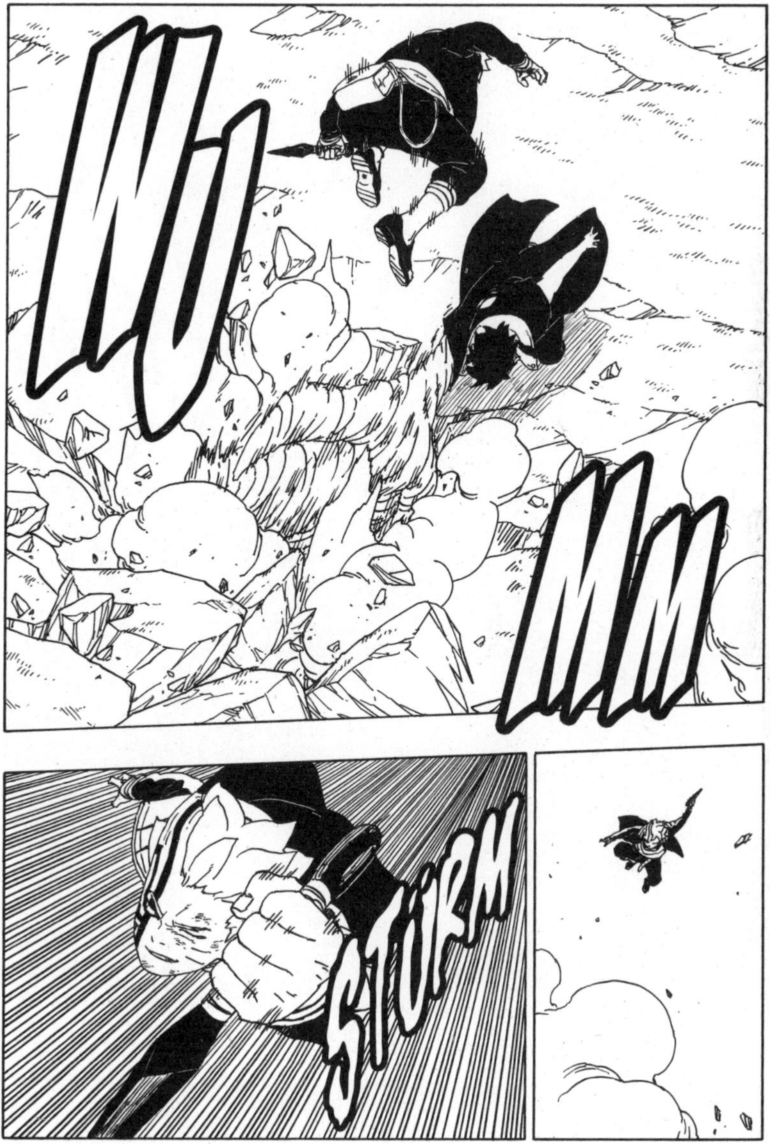

WUMM

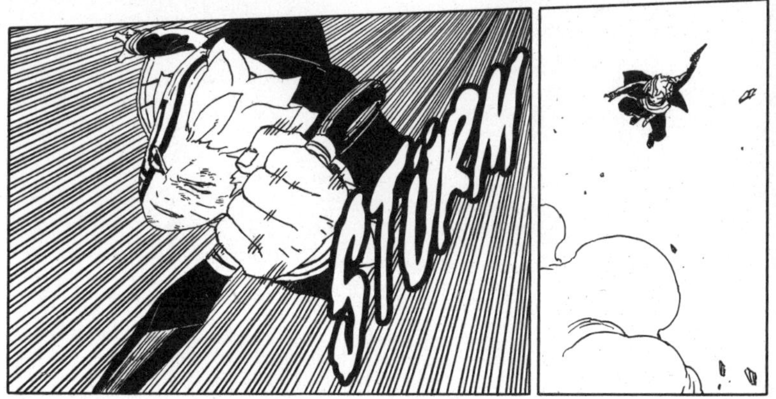

ARRGH!

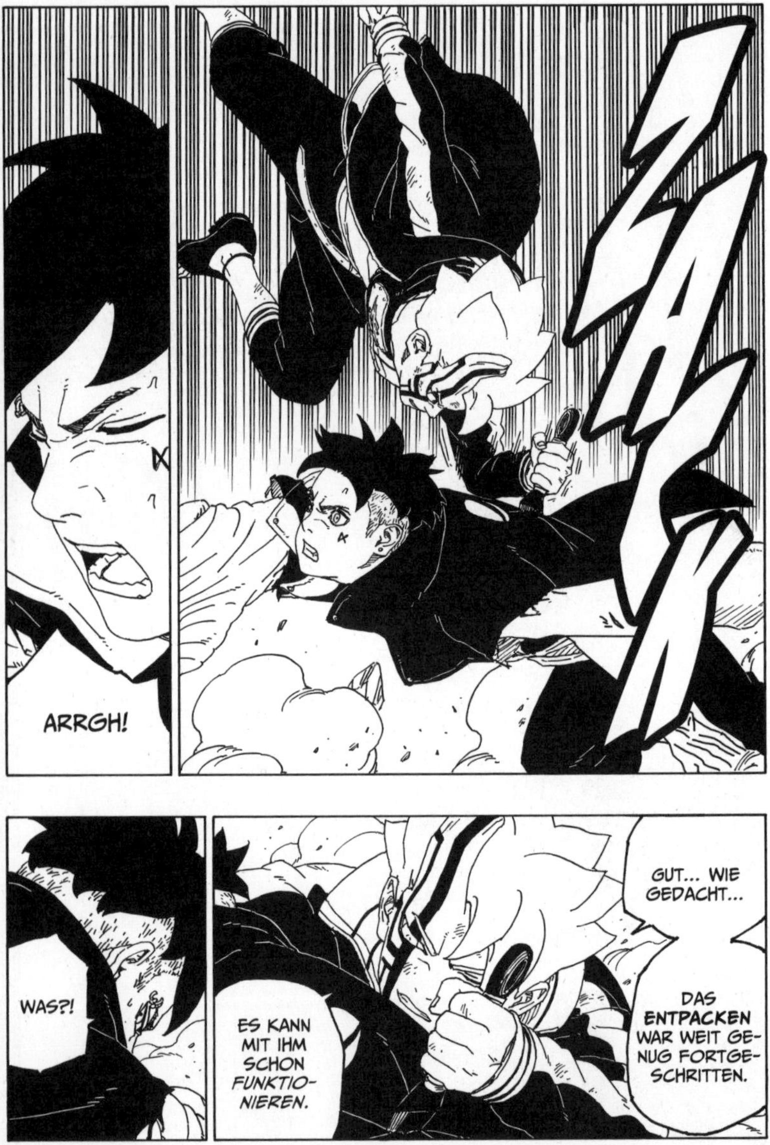

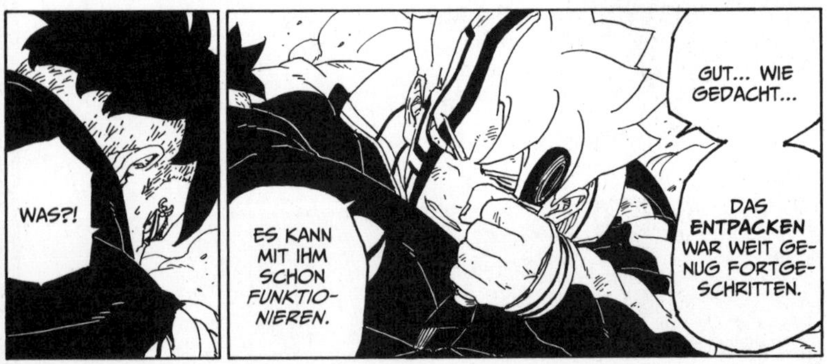
GUT... WIE GEDACHT...
DAS ENTPACKEN WAR WEIT GENUG FORTGESCHRITTEN.
ES KANN MIT IHM SCHON FUNKTIONIEREN.
WAS?!

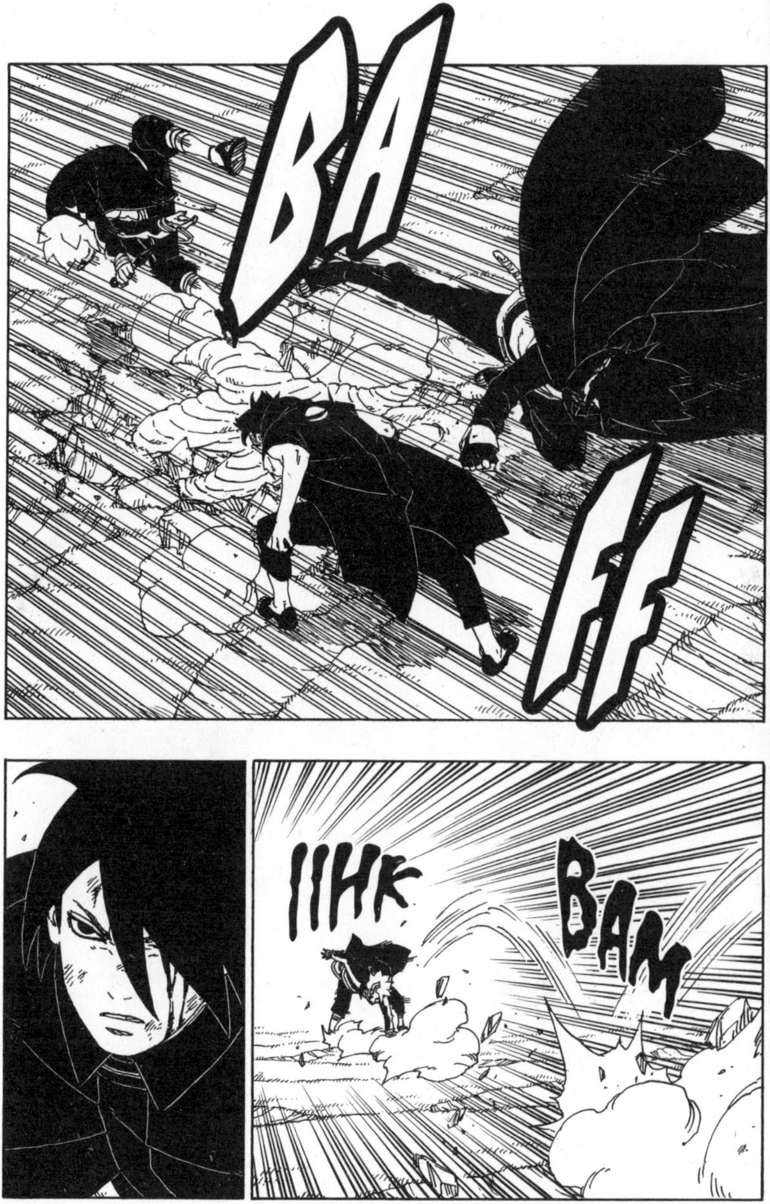

BA
FF

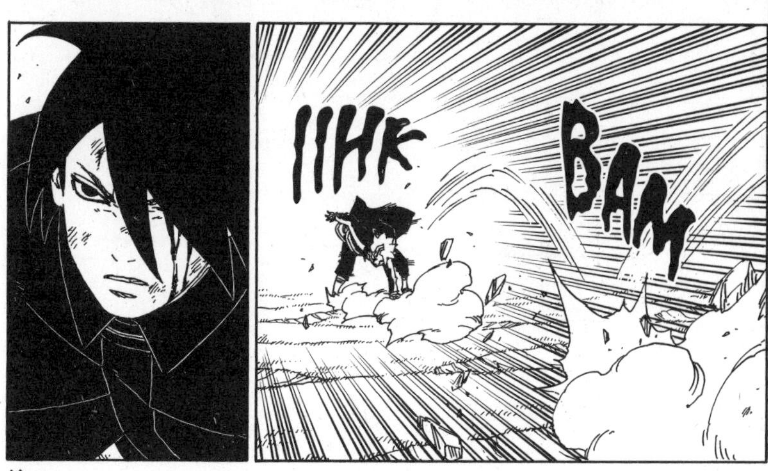

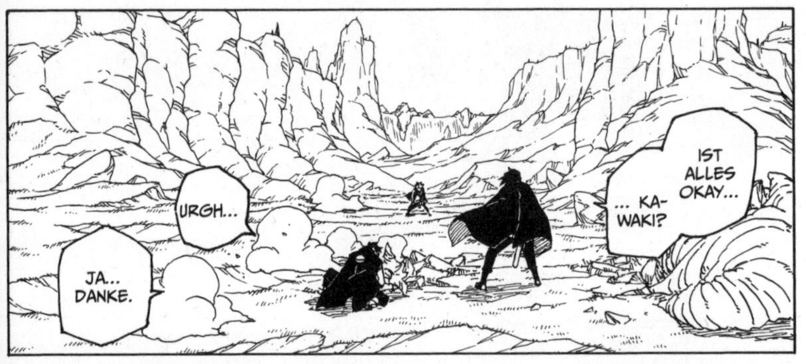
IST ALLES OKAY...
... KAWAKI?
URGH...
JA... DANKE.

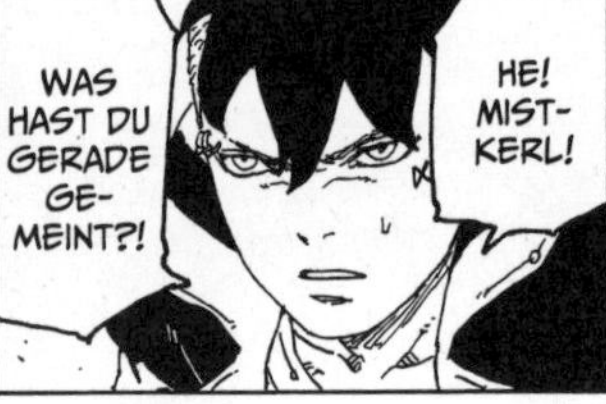
HE! MISTKERL!
WAS HAST DU GERADE GEMEINT?!

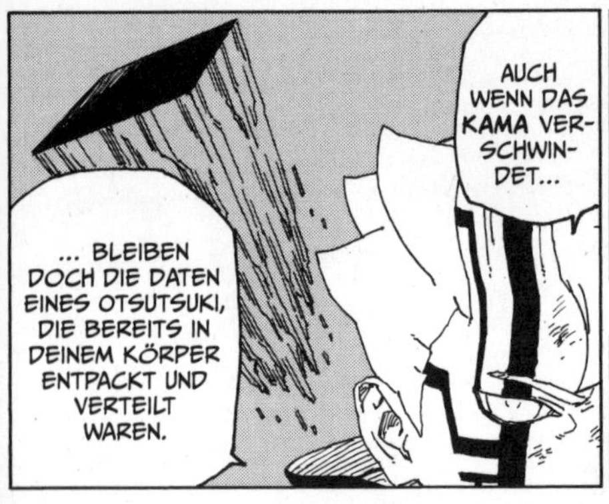
AUCH WENN DAS KAMA VERSCHWINDET...
... BLEIBEN DOCH DIE DATEN EINES OTSUTSUKI, DIE BEREITS IN DEINEM KÖRPER ENTPACKT UND VERTEILT WAREN.

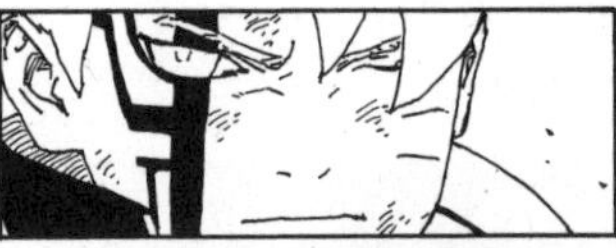

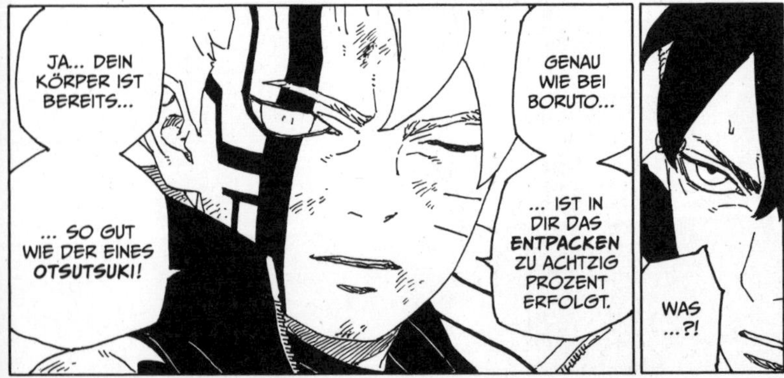
WAS ...?!
GENAU WIE BEI BORUTO...
... IST IN DIR DAS ENTPACKEN ZU ACHTZIG PROZENT ERFOLGT.
JA... DEIN KÖRPER IST BEREITS...
... SO GUT WIE DER EINES OTSUTSUKI!

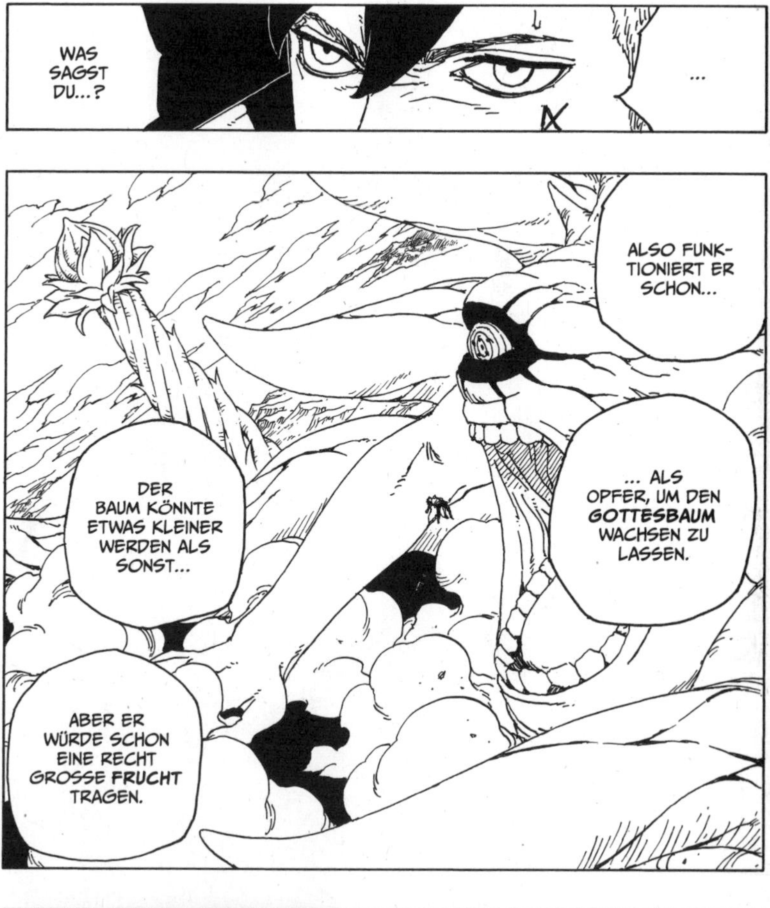

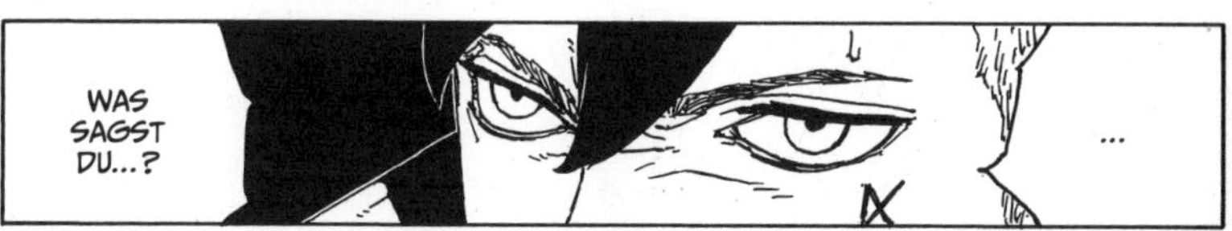


ALSO FUNKTIONIERT ER SCHON...

... ALS OPFER, UM DEN **GOTTESBAUM** WACHSEN ZU LASSEN.

DER BAUM KÖNNTE ETWAS KLEINER WERDEN ALS SONST...

ABER ER WÜRDE SCHON EINE RECHT GROSSE **FRUCHT** TRAGEN.

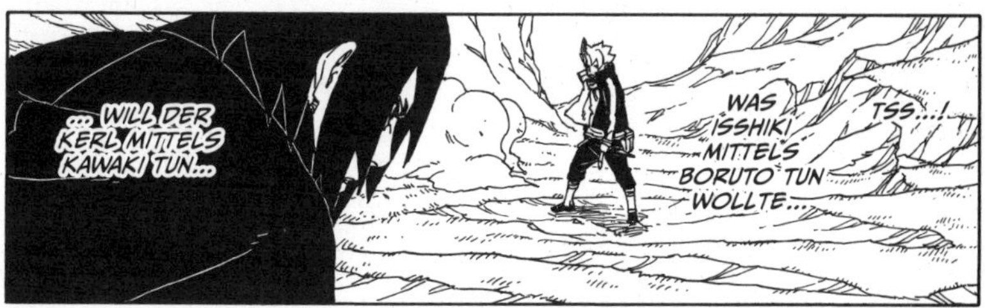

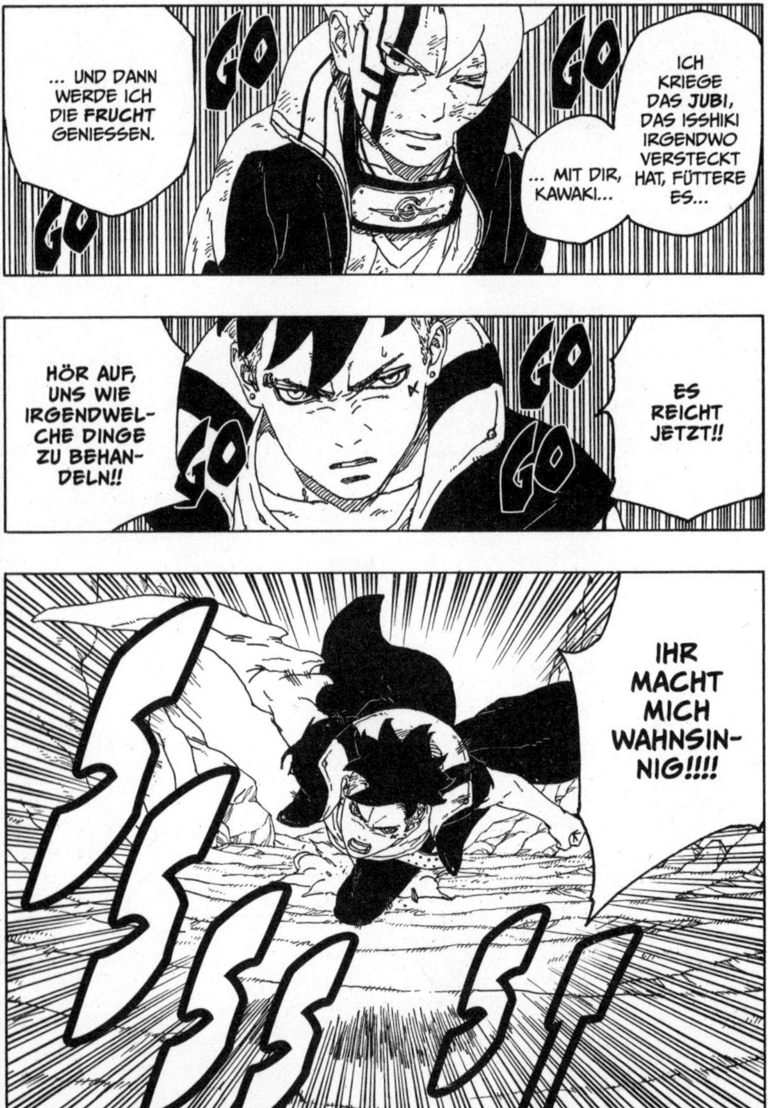

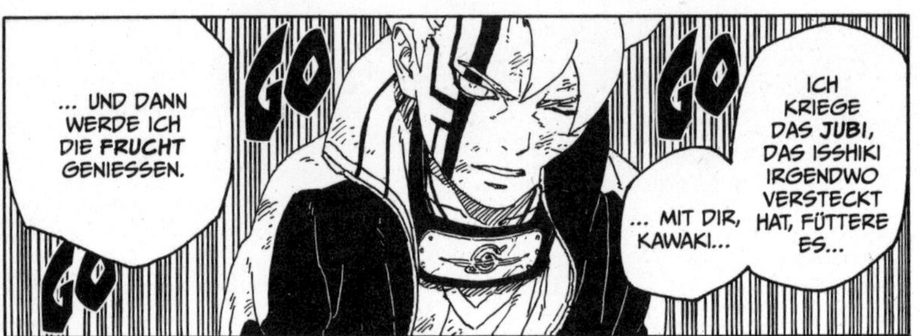


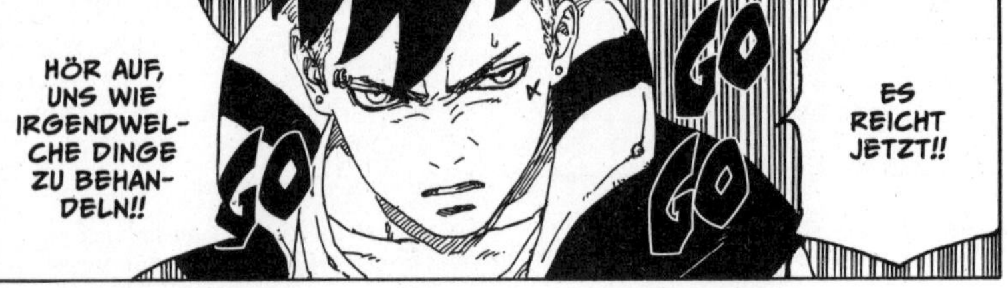


IHR MACHT MICH WAHNSINNIG!!!!

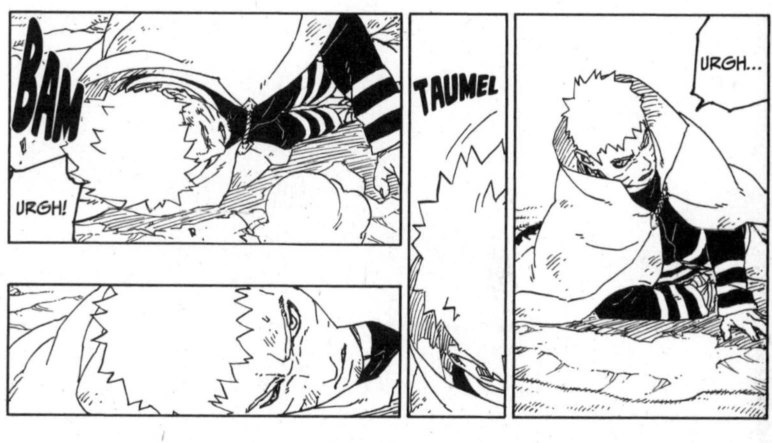
URGH...
TAUMEL
BAM
URGH!

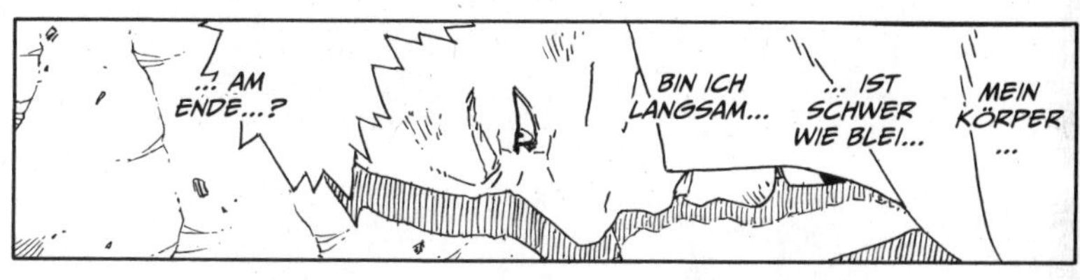
MEIN KÖRPER ...
... IST SCHWER WIE BLEI...
BIN ICH LANGSAM...
... AM ENDE...?

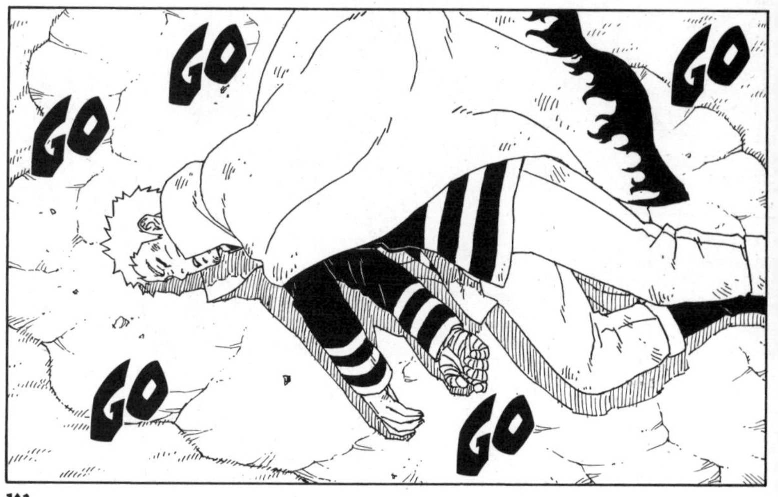
GO
GO
GO
GO
GO

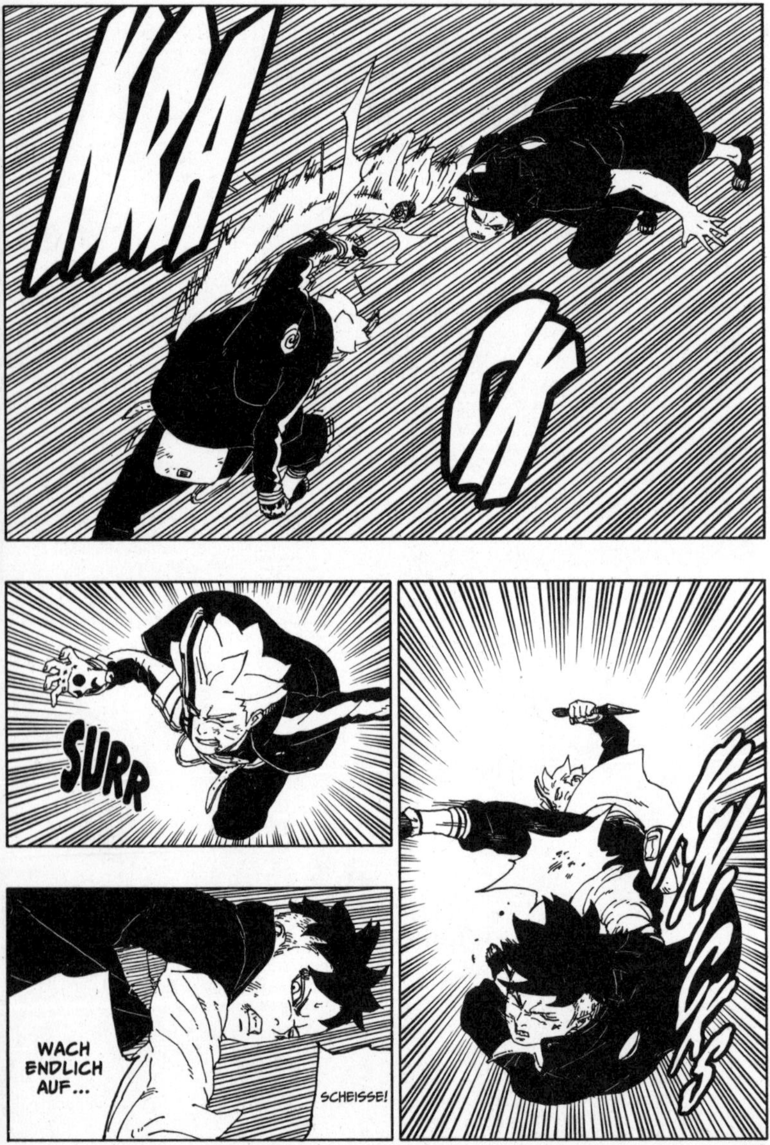

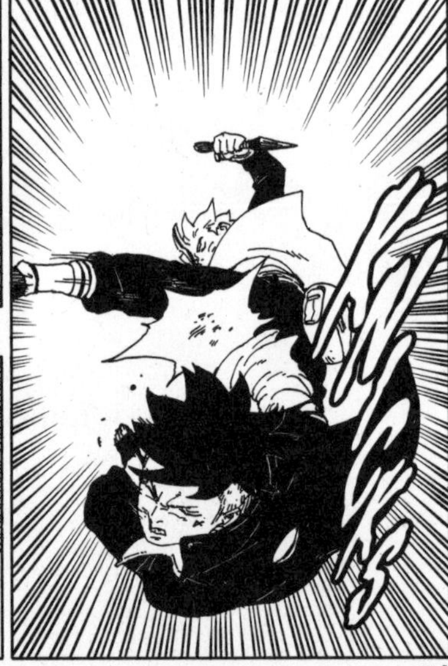

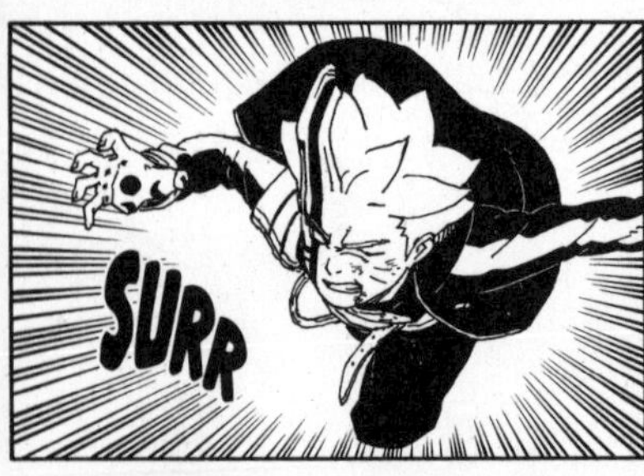
SURR

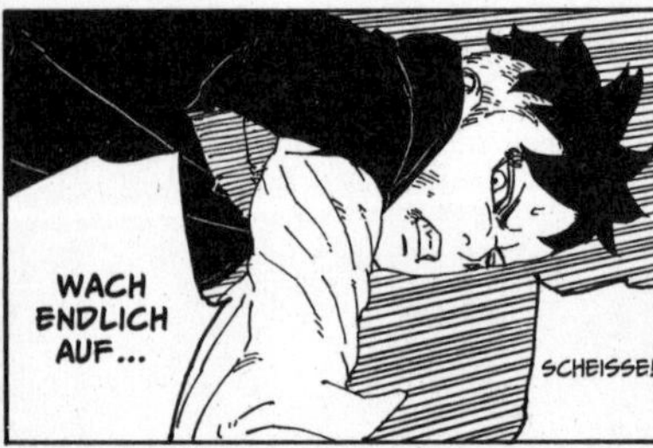
SCHEISSE!
WACH ENDLICH AUF ...

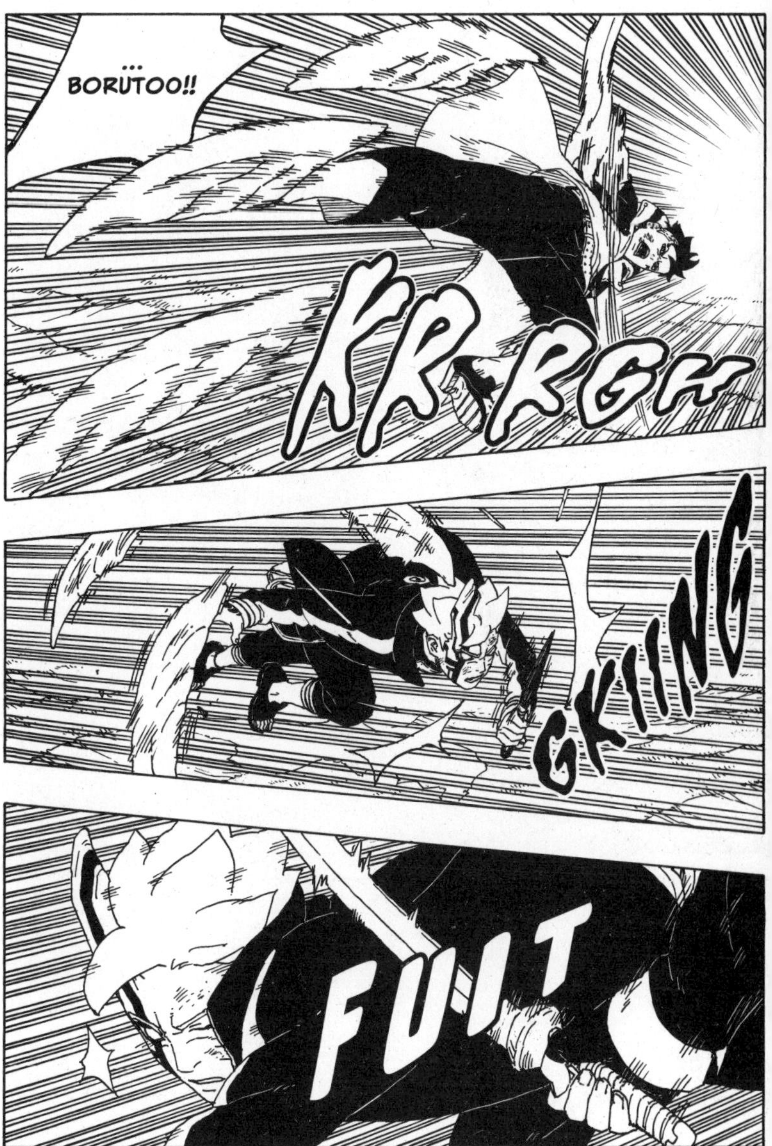
... BORUTOO!!
KRRRGH
GKIING
FU-IT

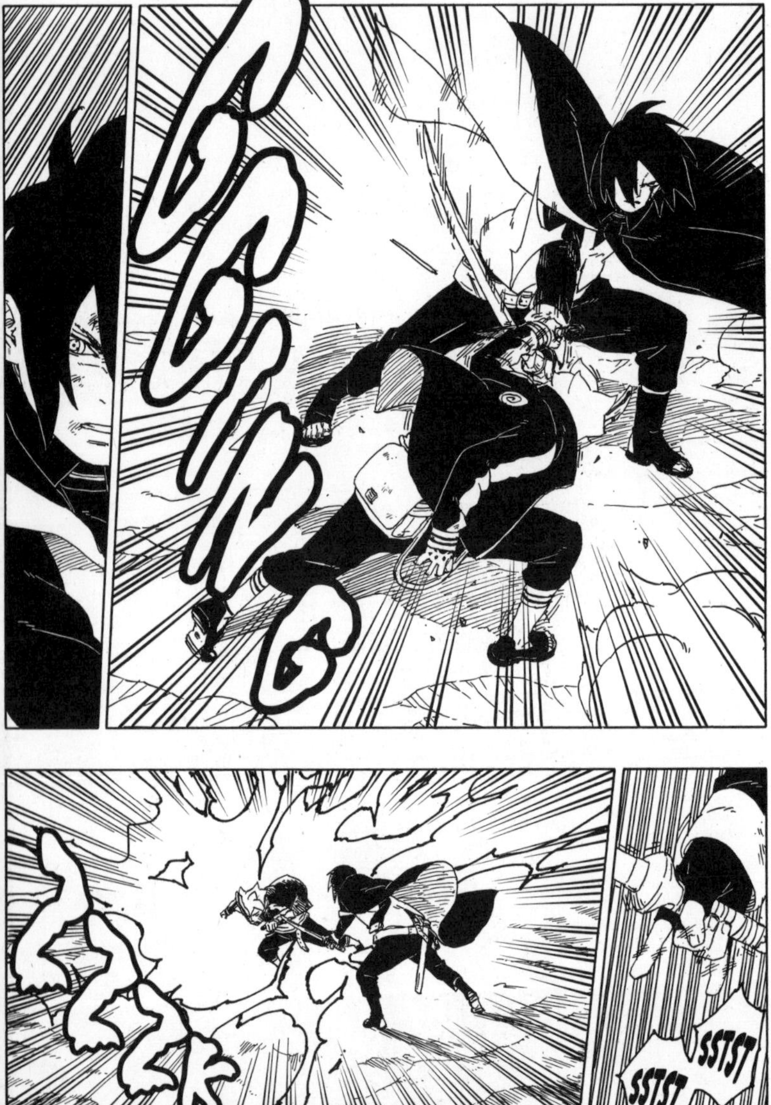

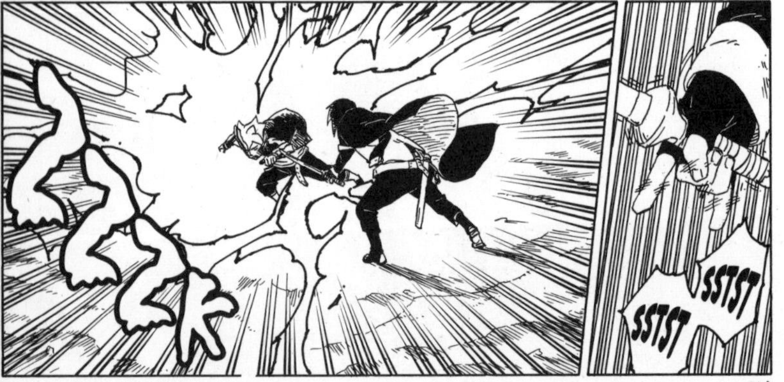
SSTST
SSTST

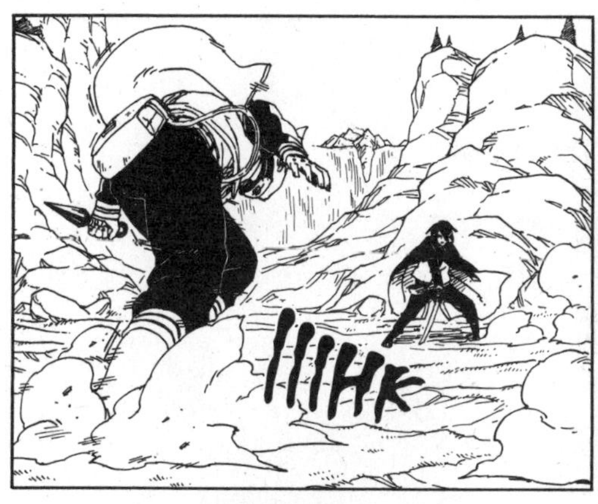
IIIHK
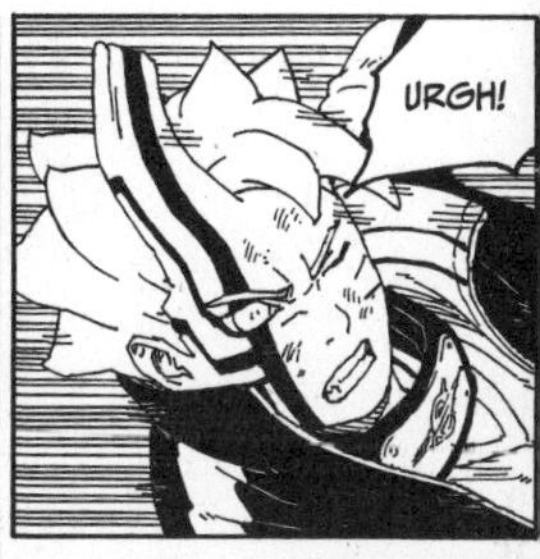
URGH!
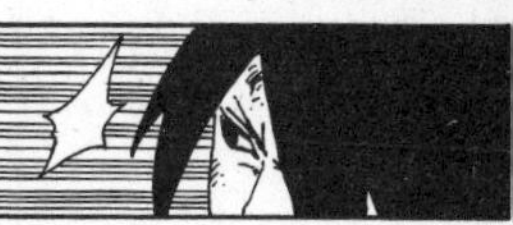
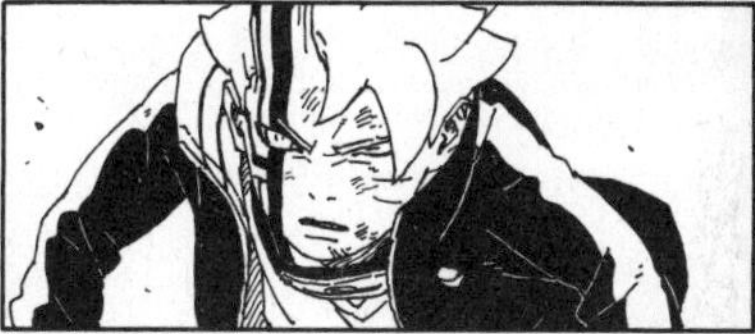
...
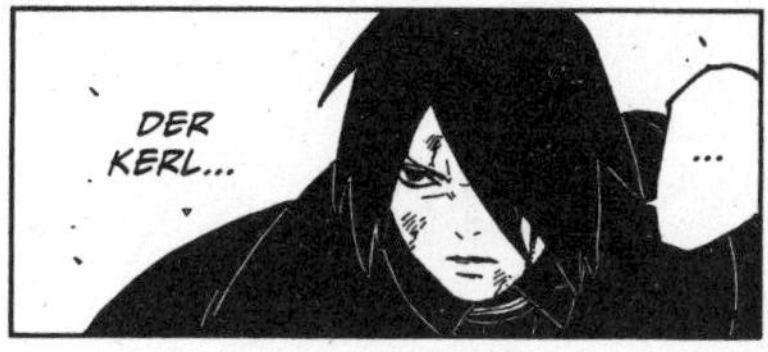
DER KERL...
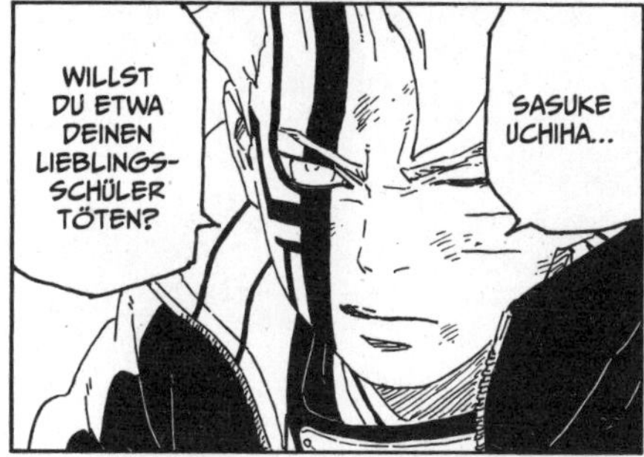
SASUKE UCHIHA...
WILLST DU ETWA DEINEN LIEBLINGS-SCHÜLER TÖTEN?
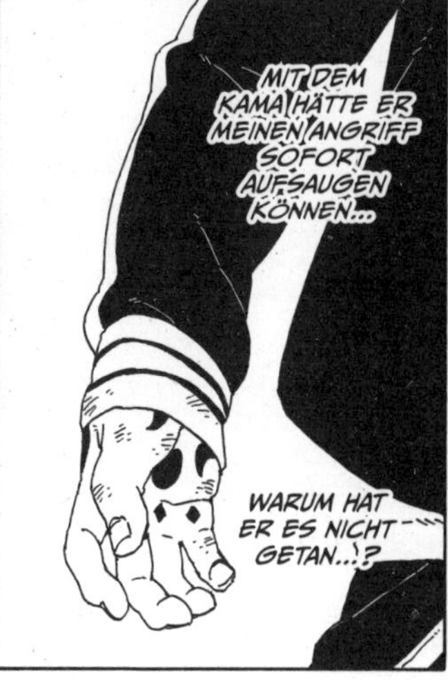
MIT DEM KAMA HÄTTE ER MEINEN ANGRIFF SOFORT AUFSAUGEN KÖNNEN...
WARUM HAT ER ES NICHT GETAN...!?
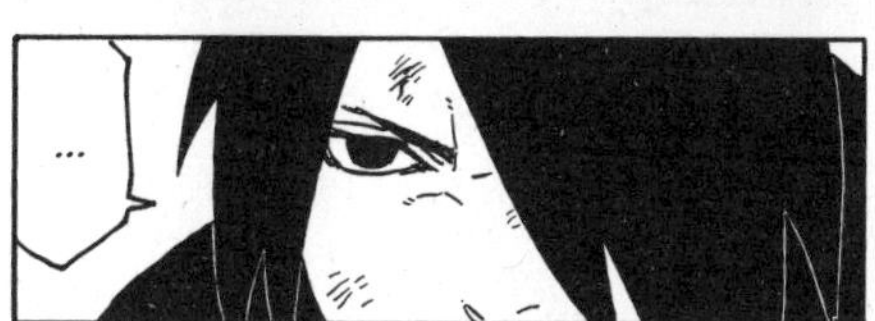
...

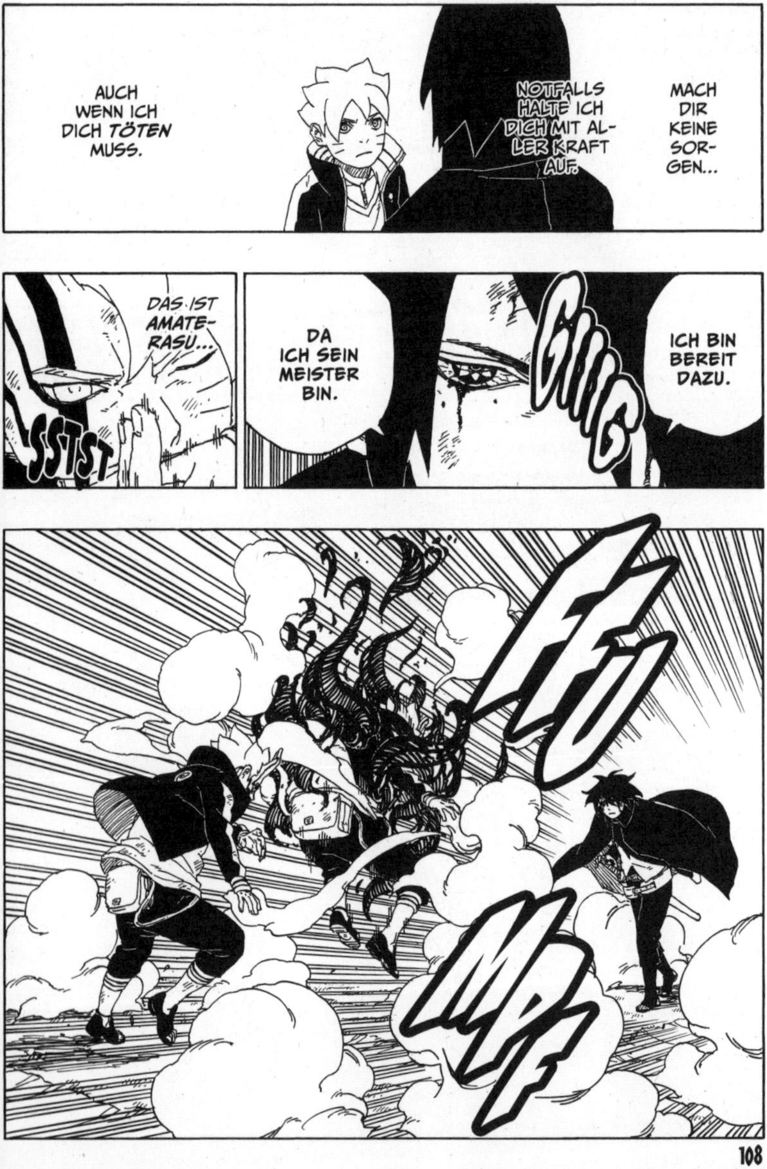

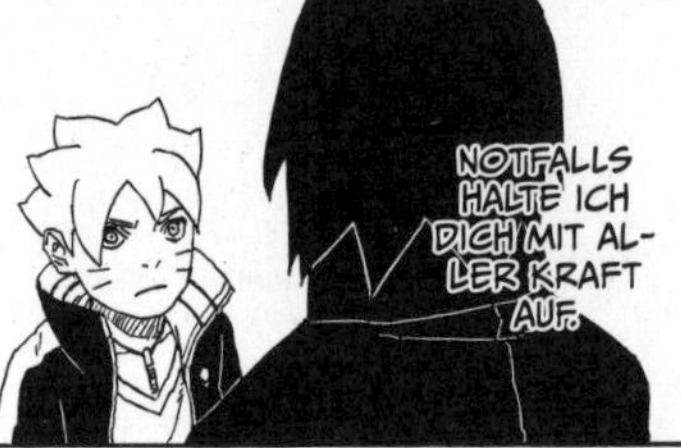
MACH DIR KEINE SOR-GEN...
NOTFALLS HALTE ICH DICH MIT AL-LER KRAFT AUF.

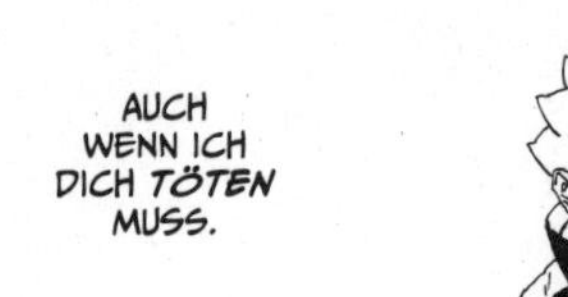
AUCH WENN ICH DICH *TÖTEN* MUSS.

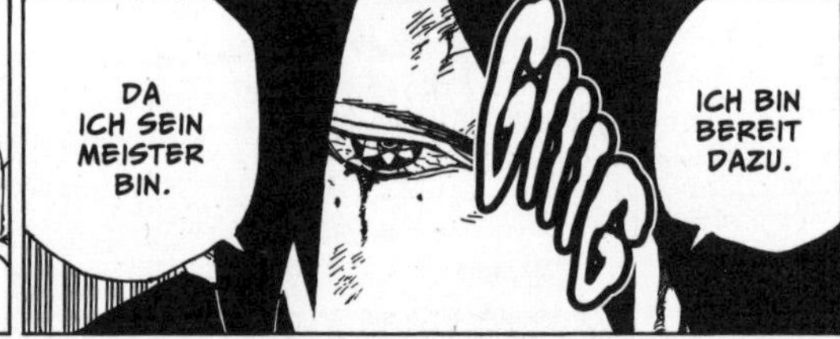
ICH BIN BEREIT DAZU.
GING
DA ICH SEIN MEISTER BIN.

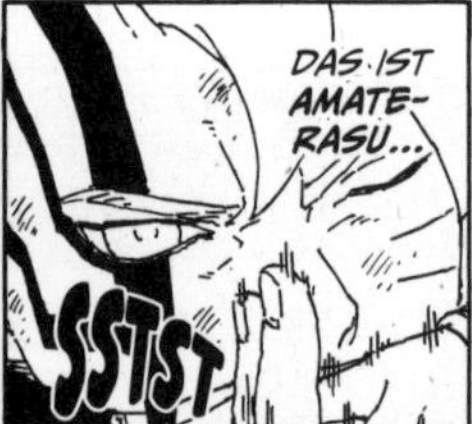
DAS IST AMATE-RASU...
SSTST

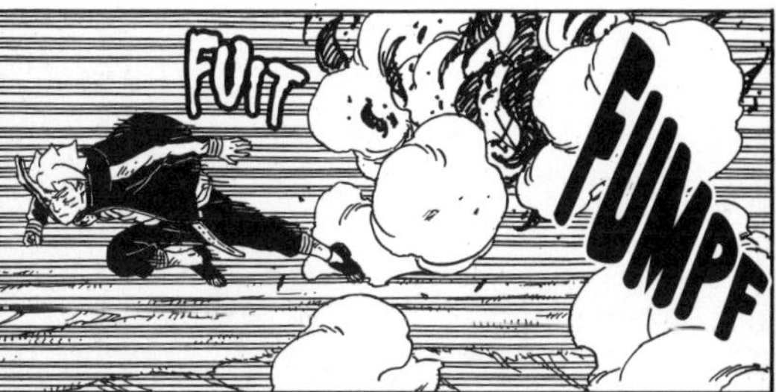
FUMPF
FUIT

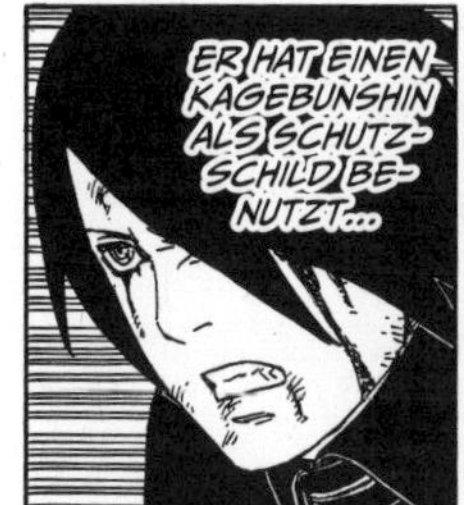
ER HAT EINEN KAGEBUNSHIN ALS SCHUTZ-SCHILD BE-NUTZT...

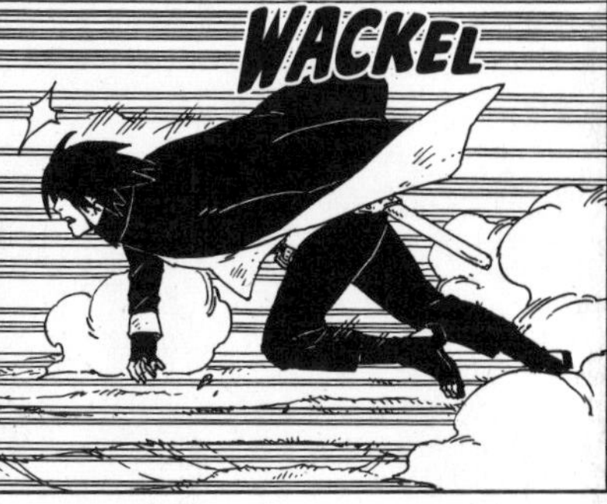
WACKEL

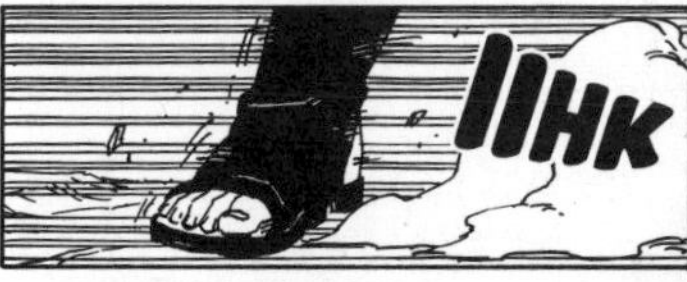
IIHK

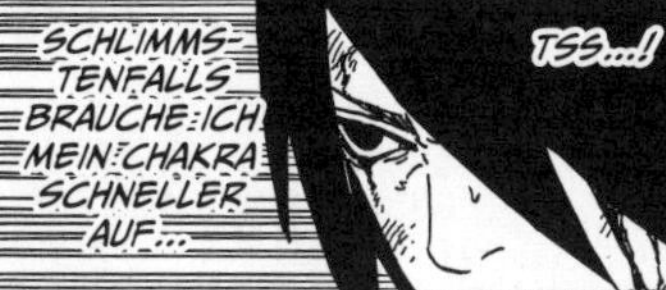
TSS...!
SCHLIMMS-TENFALLS BRAUCHE ICH MEIN CHAKRA SCHNELLER AUF...

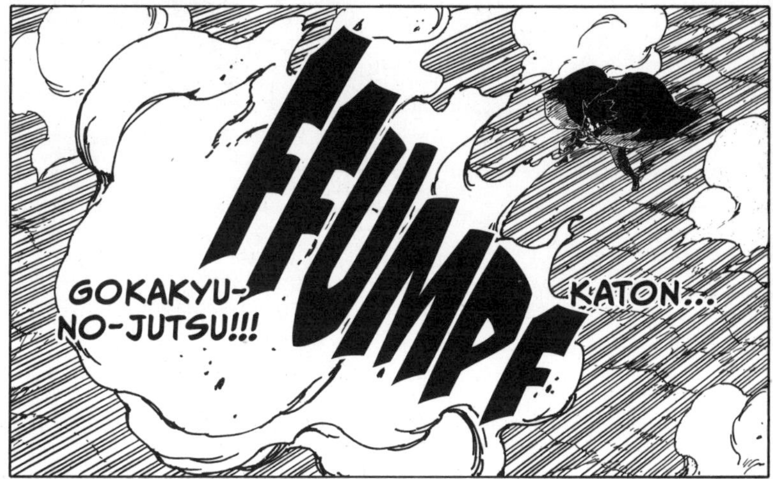
KATON...
FFUMPF
GOKAKYU-NO-JUTSU!!!

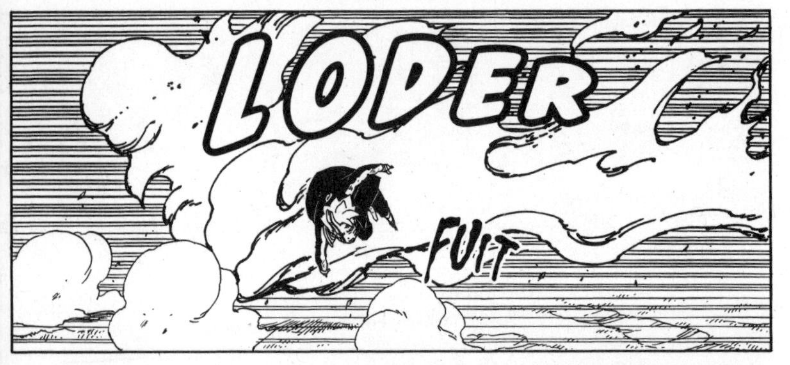
LODER
FUIT

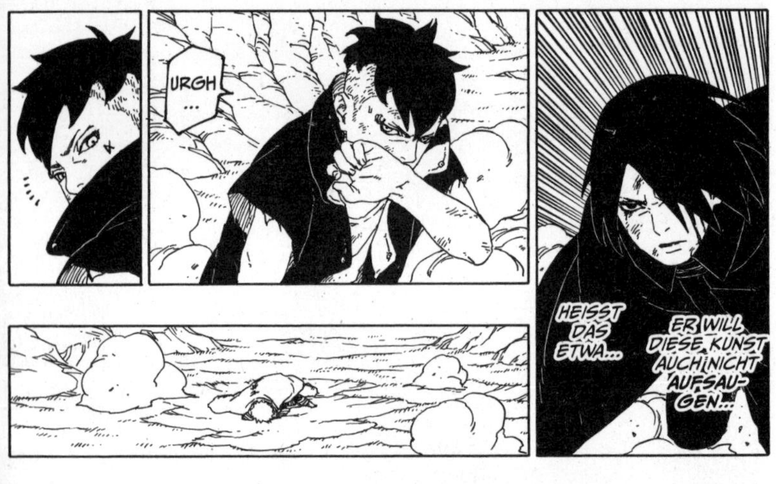
URGH ...
HEISST DAS ETWA...
ER WILL DIESE KUNST AUCH NICHT AUFSAUGEN...

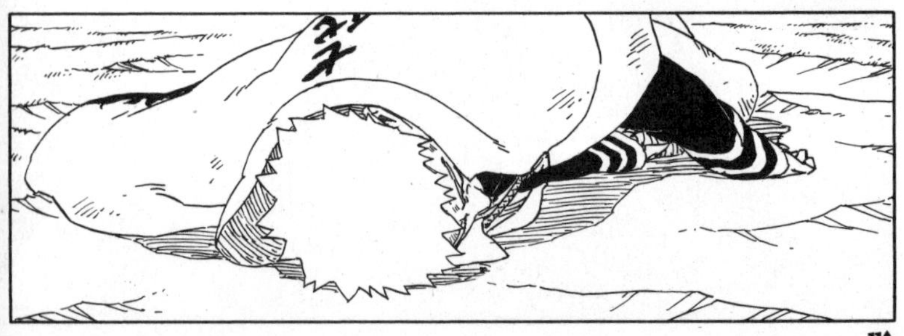

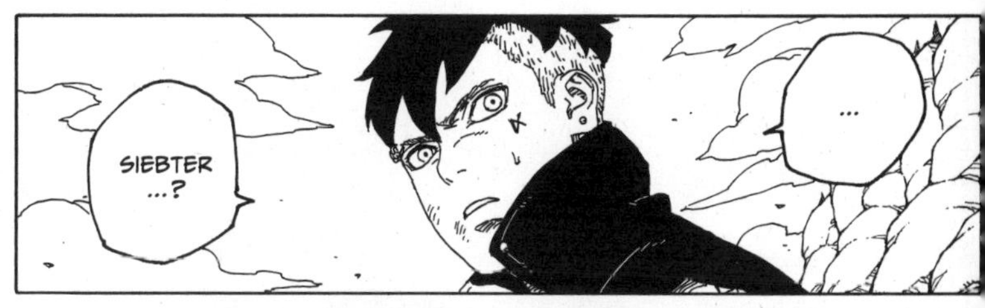
...
SIEBTER ...?

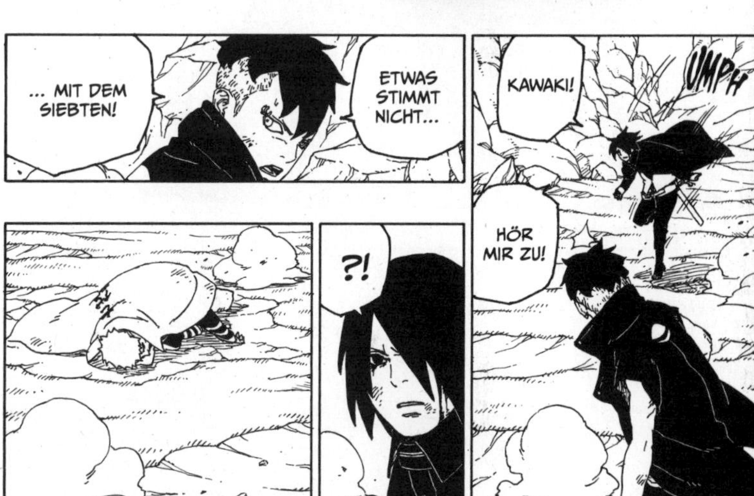
UMPH
KAWAKI!
HÖR MIR ZU!
ETWAS STIMMT NICHT...
... MIT DEM SIEBTEN!
?!

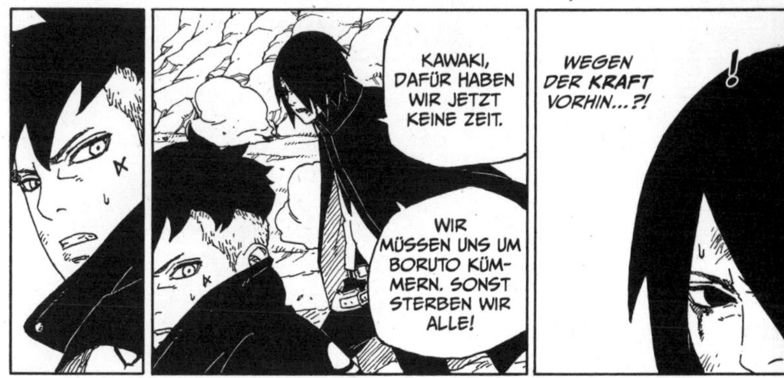
!
WEGEN DER KRAFT VORHIN...?!
KAWAKI, DAFÜR HABEN WIR JETZT KEINE ZEIT.
WIR MÜSSEN UNS UM BORUTO KÜMMERN. SONST STERBEN WIR ALLE!

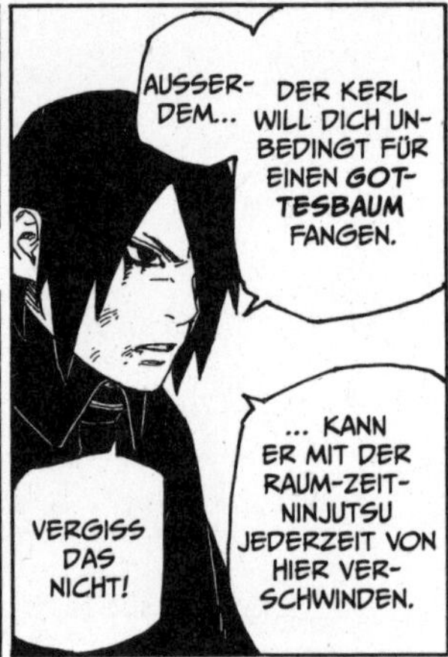
AUSSERDEM...
DER KERL WILL DICH UNBEDINGT FÜR EINEN GOTTESBAUM FANGEN.
... KANN ER MIT DER RAUM-ZEIT-NINJUTSU JEDERZEIT VON HIER VERSCHWINDEN.
VERGISS DAS NICHT!

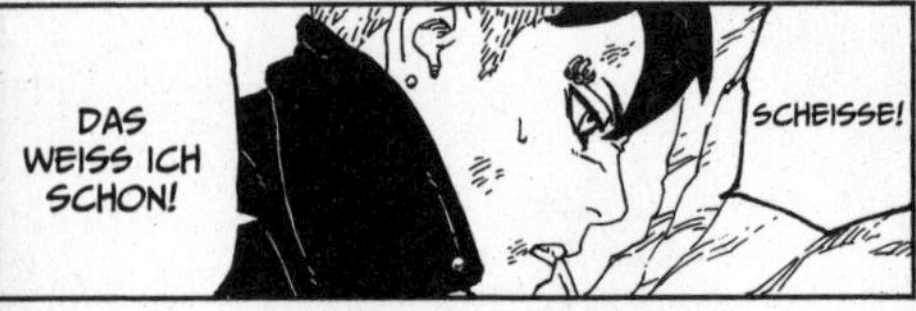
SCHEISSE!
DAS WEISS ICH SCHON!

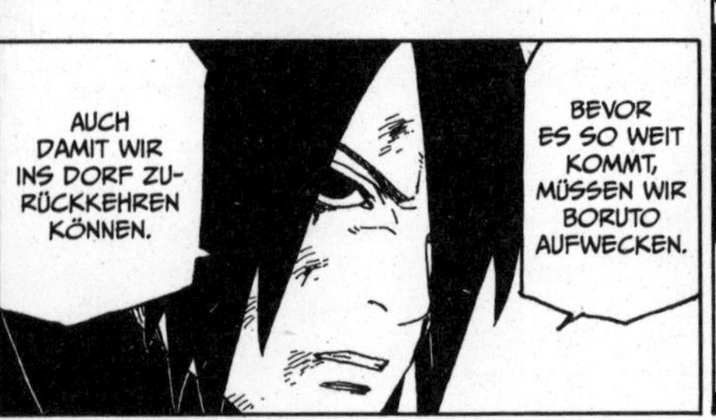
BEVOR ES SO WEIT KOMMT, MÜSSEN WIR BORUTO AUFWECKEN.
AUCH DAMIT WIR INS DORF ZURÜCKKEHREN KÖNNEN.

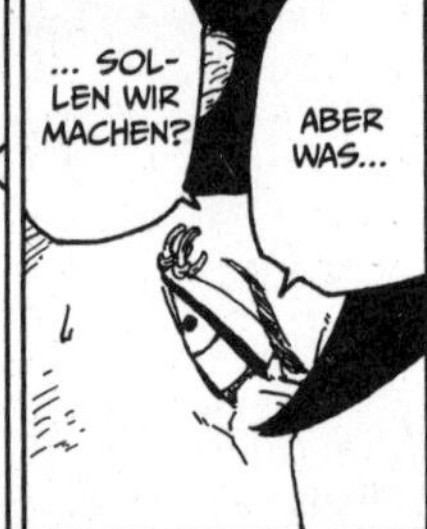
ABER WAS...
... SOLLEN WIR MACHEN?

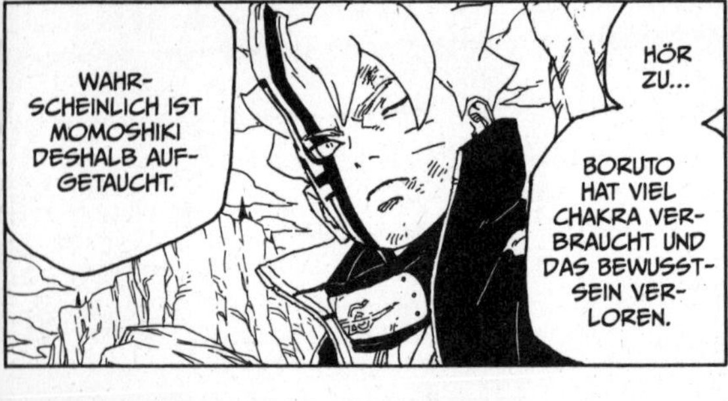
HÖR ZU...
BORUTO HAT VIEL CHAKRA VERBRAUCHT UND DAS BEWUSSTSEIN VERLOREN.
WAHRSCHEINLICH IST MOMOSHIKI DESHALB AUFGETAUCHT.

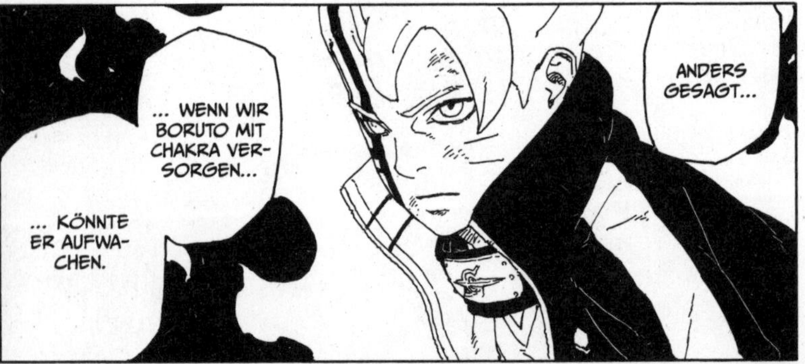
ANDERS GESAGT...
... WENN WIR BORUTO MIT CHAKRA VERSORGEN...
... KÖNNTE ER AUFWACHEN.

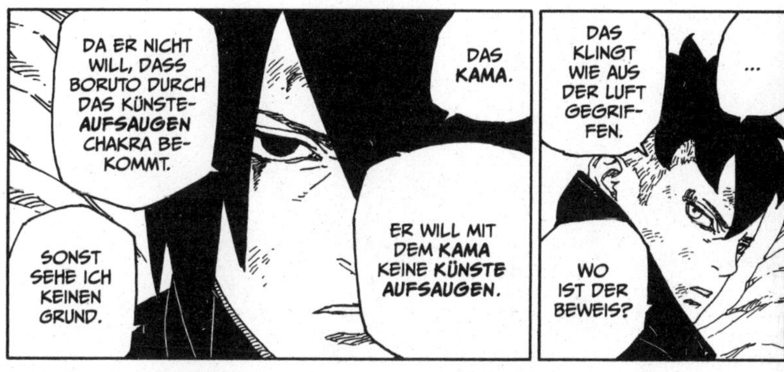
...
DAS KLINGT WIE AUS DER LUFT GEGRIFFEN.
WO IST DER BEWEIS?
DAS KAMA.
ER WILL MIT DEM KAMA KEINE KÜNSTE AUFSAUGEN.
DA ER NICHT WILL, DASS BORUTO DURCH DAS KÜNSTE-AUFSAUGEN CHAKRA BEKOMMT.
SONST SEHE ICH KEINEN GRUND.

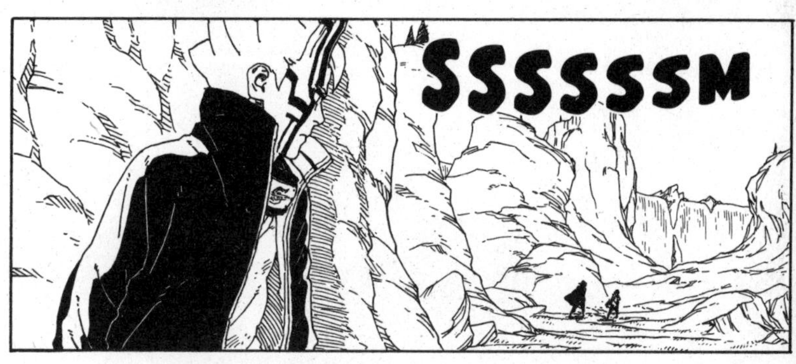
SSSSSSM

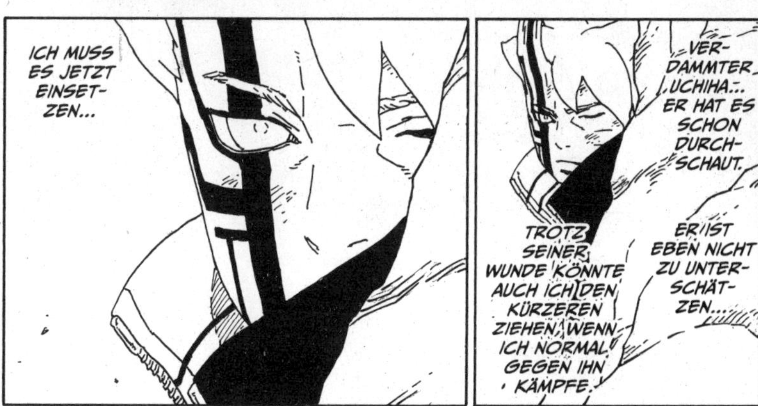
VERDAMMTER UCHIHA... ER HAT ES SCHON DURCHSCHAUT.
ER IST EBEN NICHT ZU UNTERSCHÄTZEN...
TROTZ SEINER WUNDE KÖNNTE AUCH ICH DEN KÜRZEREN ZIEHEN, WENN ICH NORMAL GEGEN IHN KÄMPFE.
ICH MUSS ES JETZT EINSETZEN...

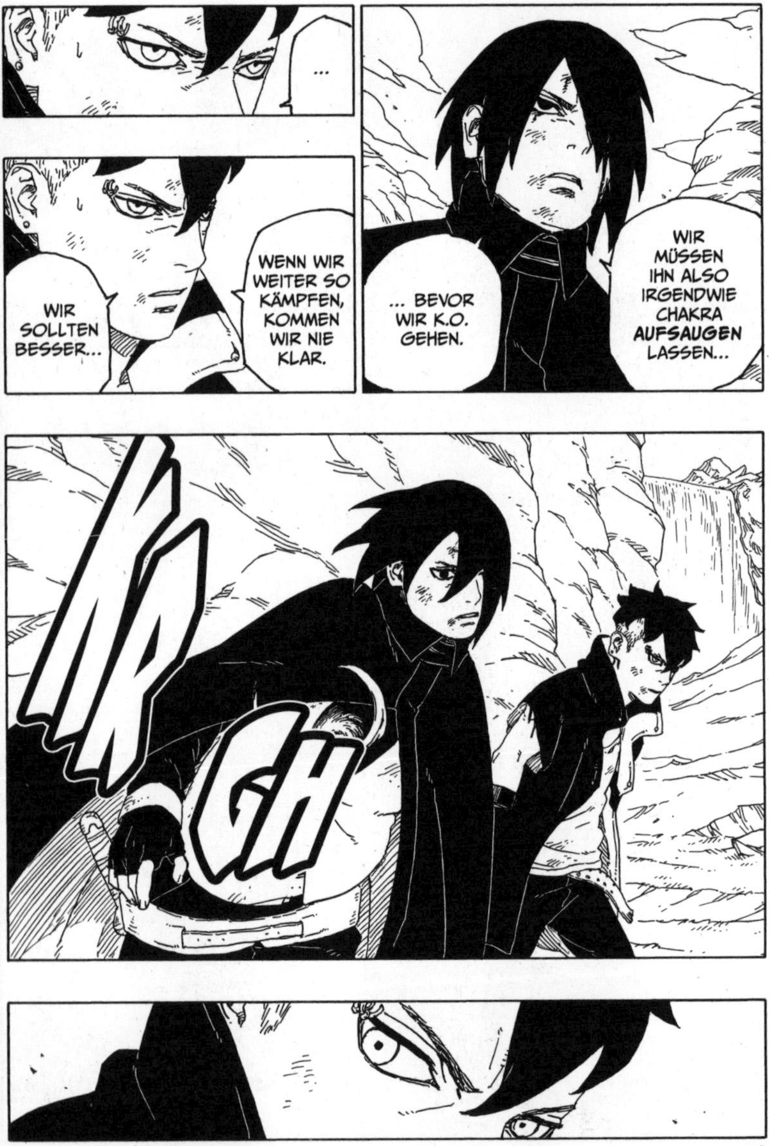

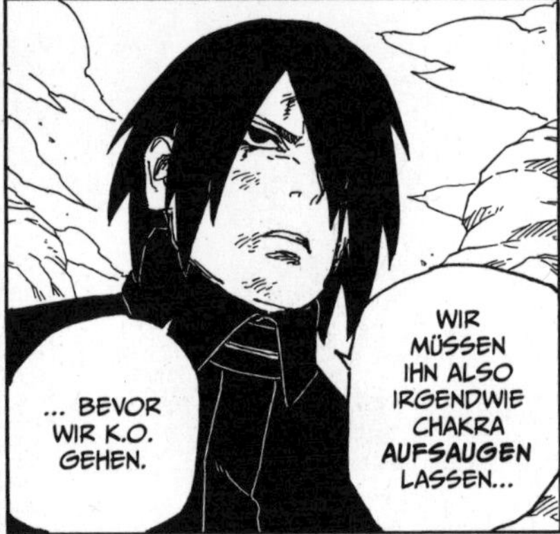
WIR MÜSSEN IHN ALSO IRGENDWIE CHAKRA AUFSAUGEN LASSEN...
... BEVOR WIR K.O. GEHEN.

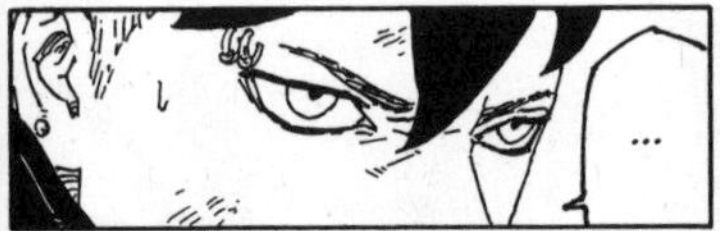
...

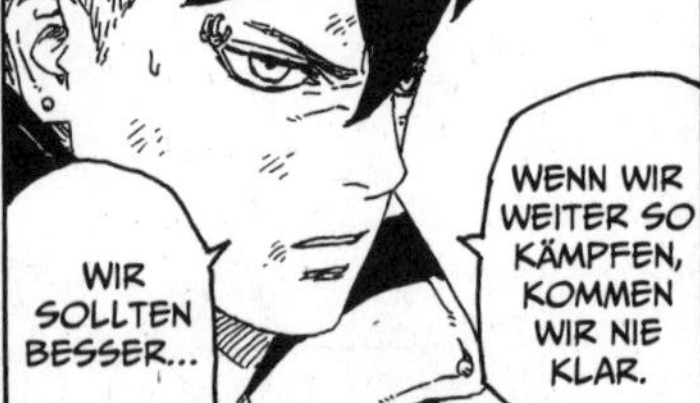
WENN WIR WEITER SO KÄMPFEN, KOMMEN WIR NIE KLAR.
WIR SOLLTEN BESSER...

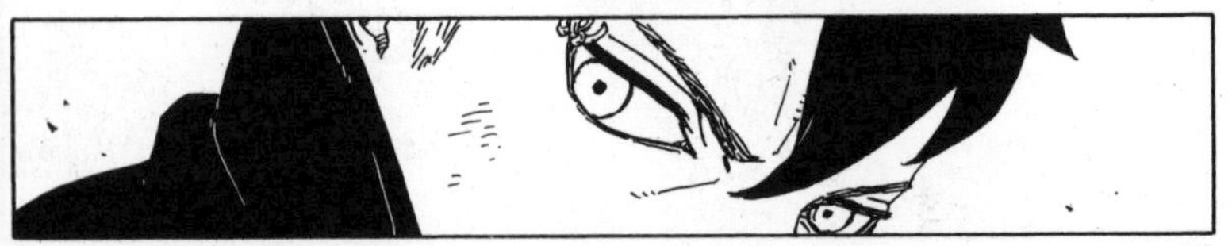

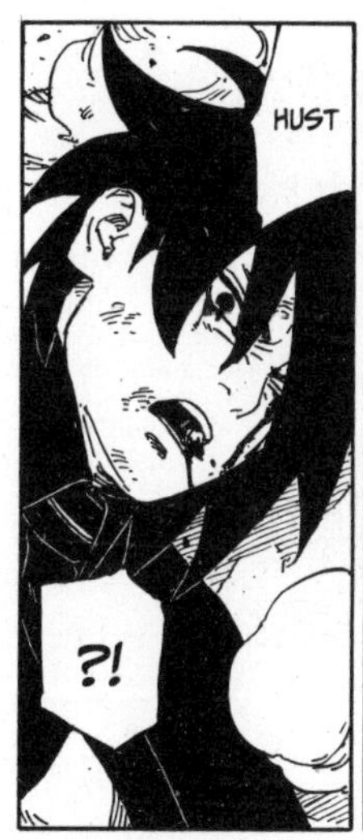
HUST
?!

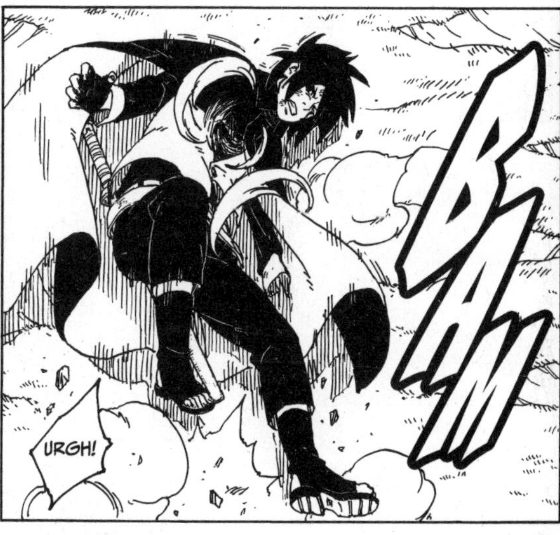
BAM
URGH!

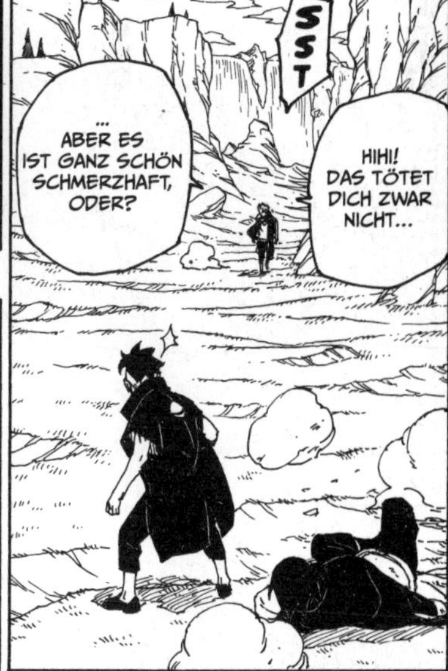
SST
HIHI! DAS TÖTET DICH ZWAR NICHT...
... ABER ES IST GANZ SCHÖN SCHMERZHAFT, ODER?

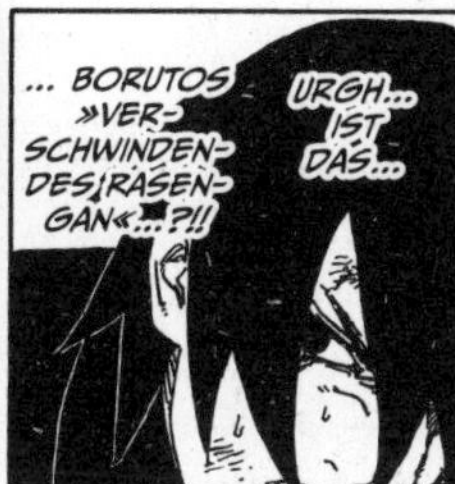
URGH... IST DAS...
... BORUTOS »VERSCHWINDENDES RASENGAN« ...?!

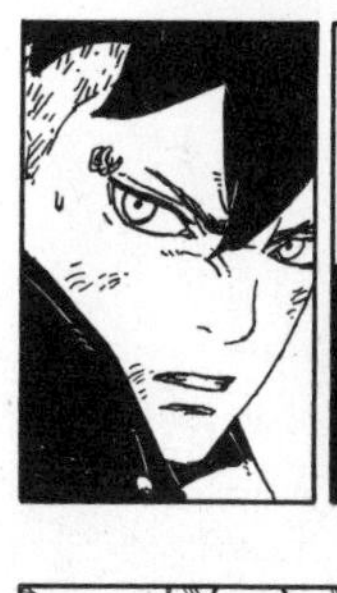

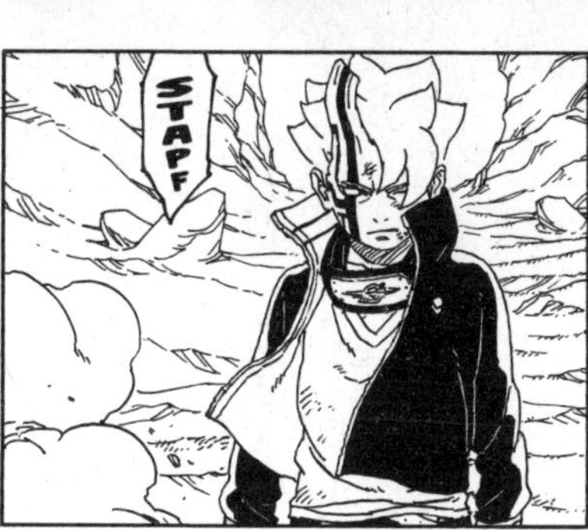
STAPF

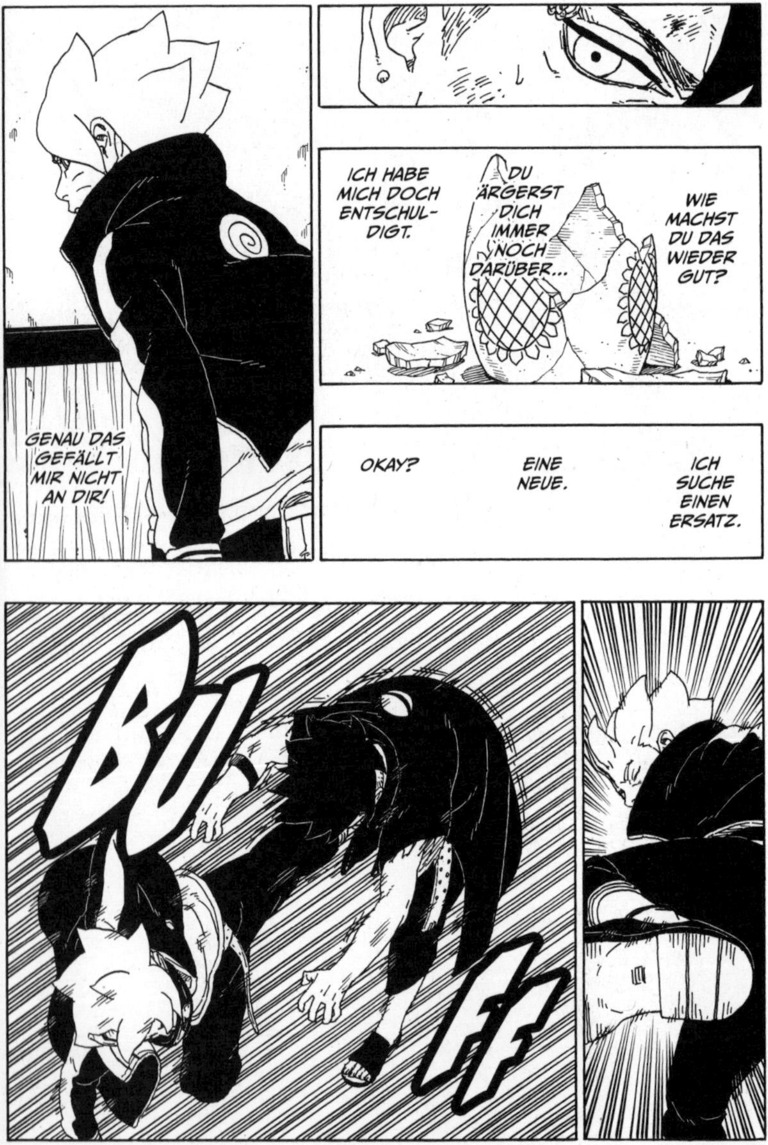

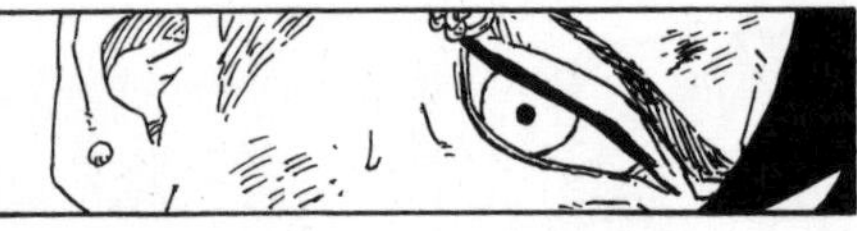

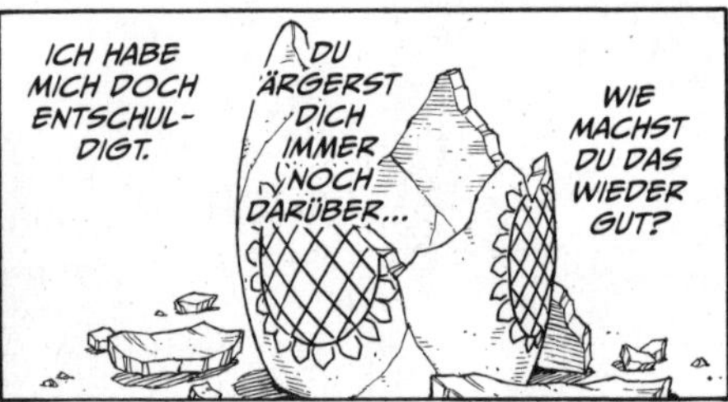


ICH SUCHE EINEN ERSATZ.

EINE NEUE.

OKAY?

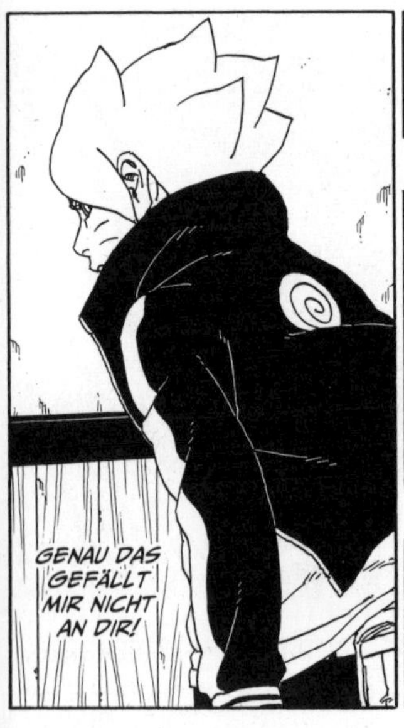


BUFF

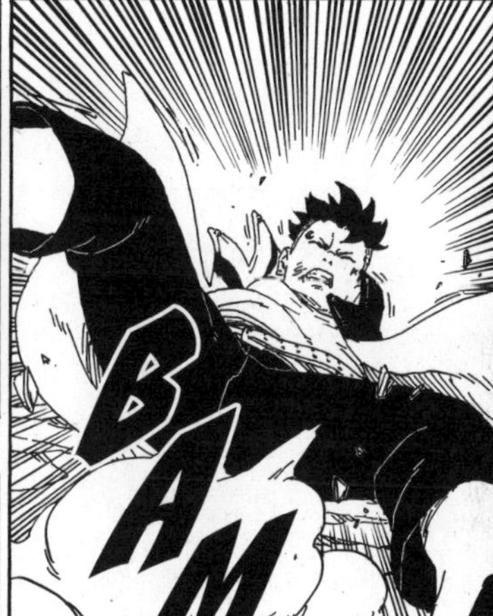
BAM
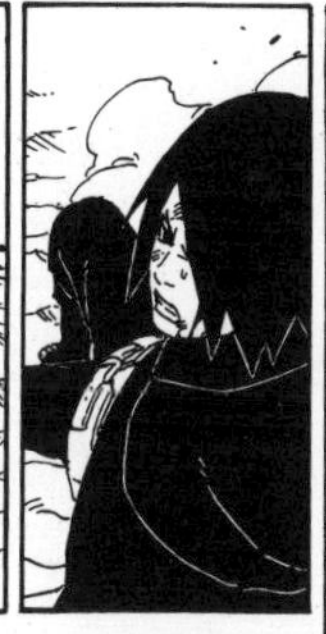
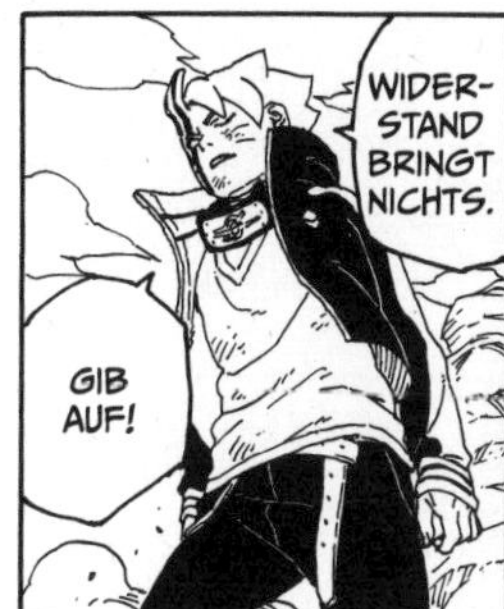
WIDER-
STAND
BRINGT
NICHTS.
GIB
AUF!
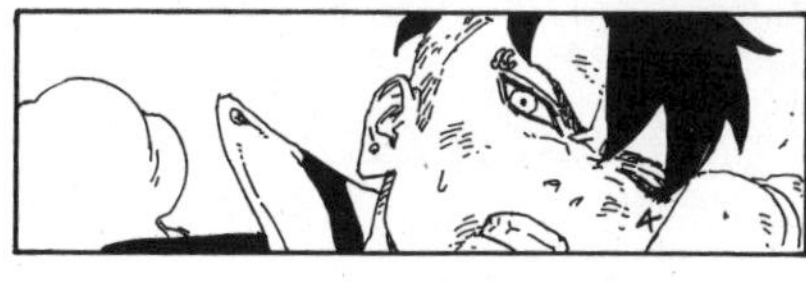
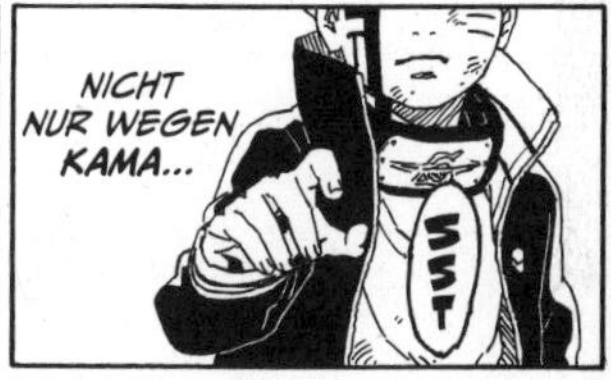
NICHT
NUR WEGEN
KAMA...
SST
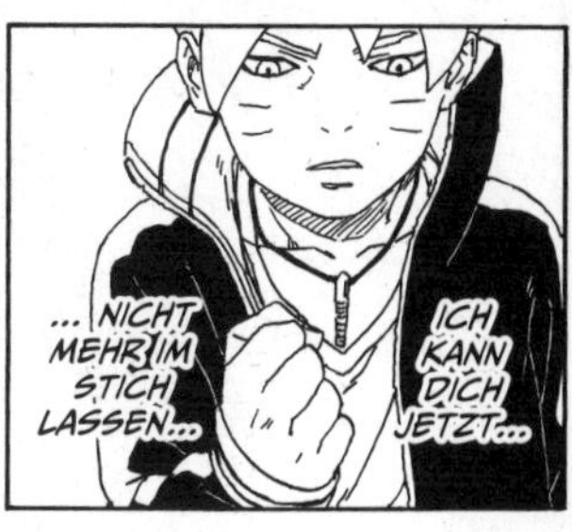
ICH
KANN
DICH
JETZT...
... NICHT
MEHR IM
STICH
LASSEN...
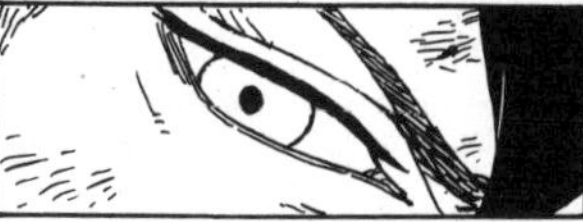
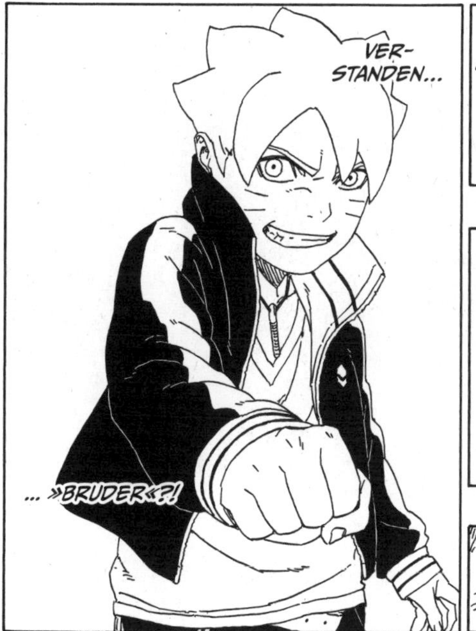
VER-
STANDEN...
... »BRUDER«?!

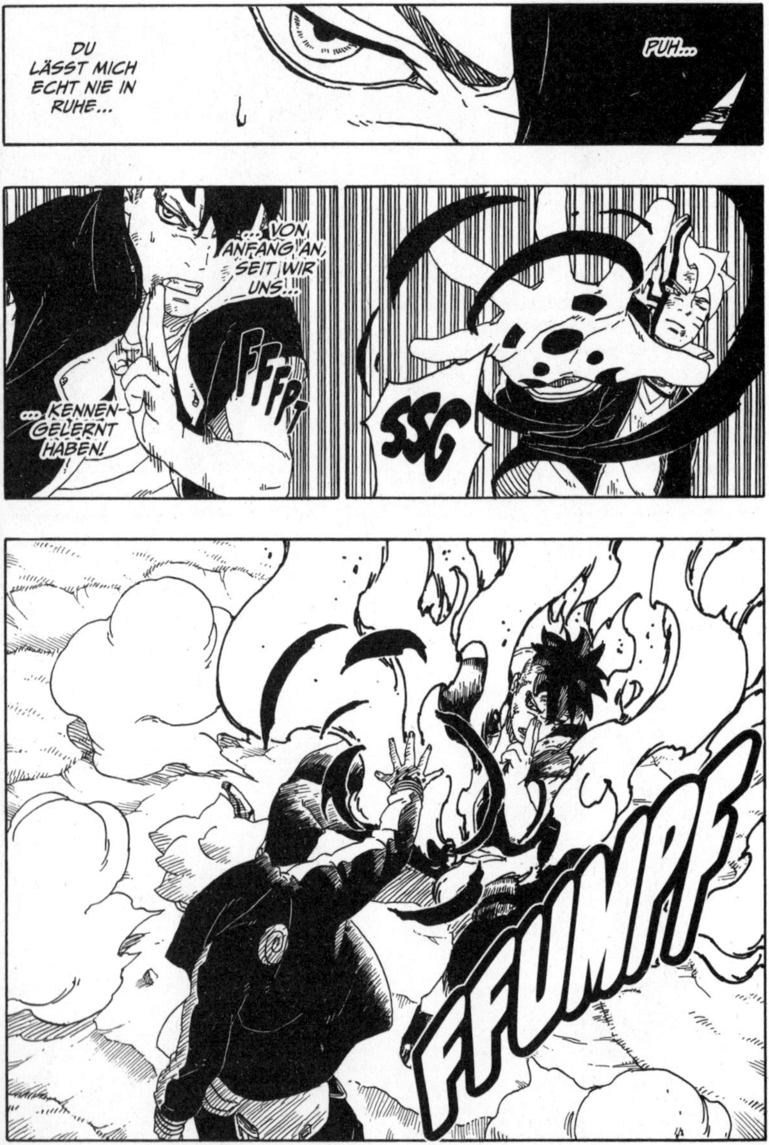

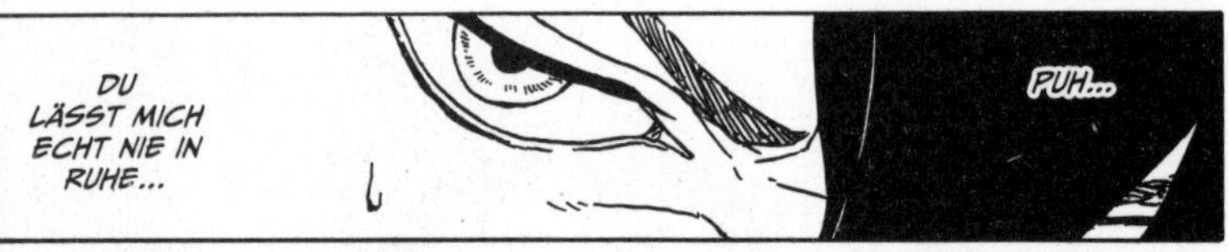
PUH...
DU LÄSST MICH ECHT NIE IN RUHE...

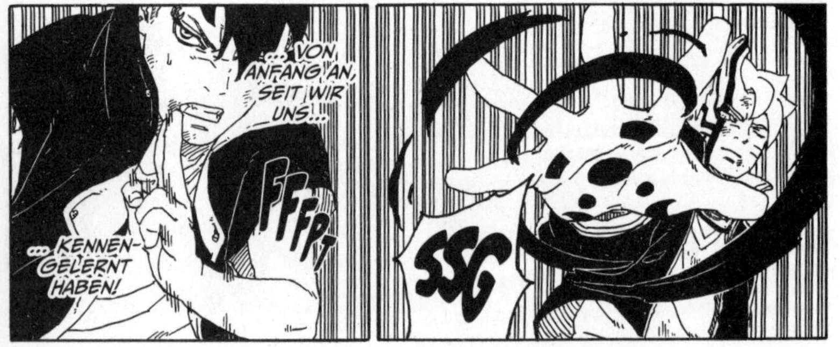
SSG
... VON ANFANG AN, SEIT WIR UNS...
FFFPT
... KENNEN-GELERNT HABEN!

FFUMPF

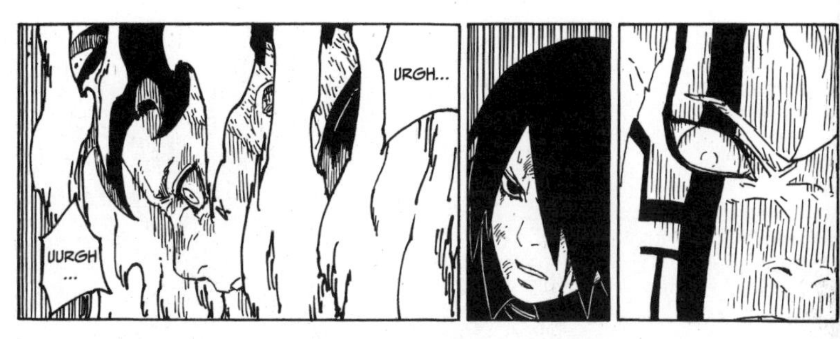
URGH...
UURGH ...
LODER
!!!
WAS ...?!!

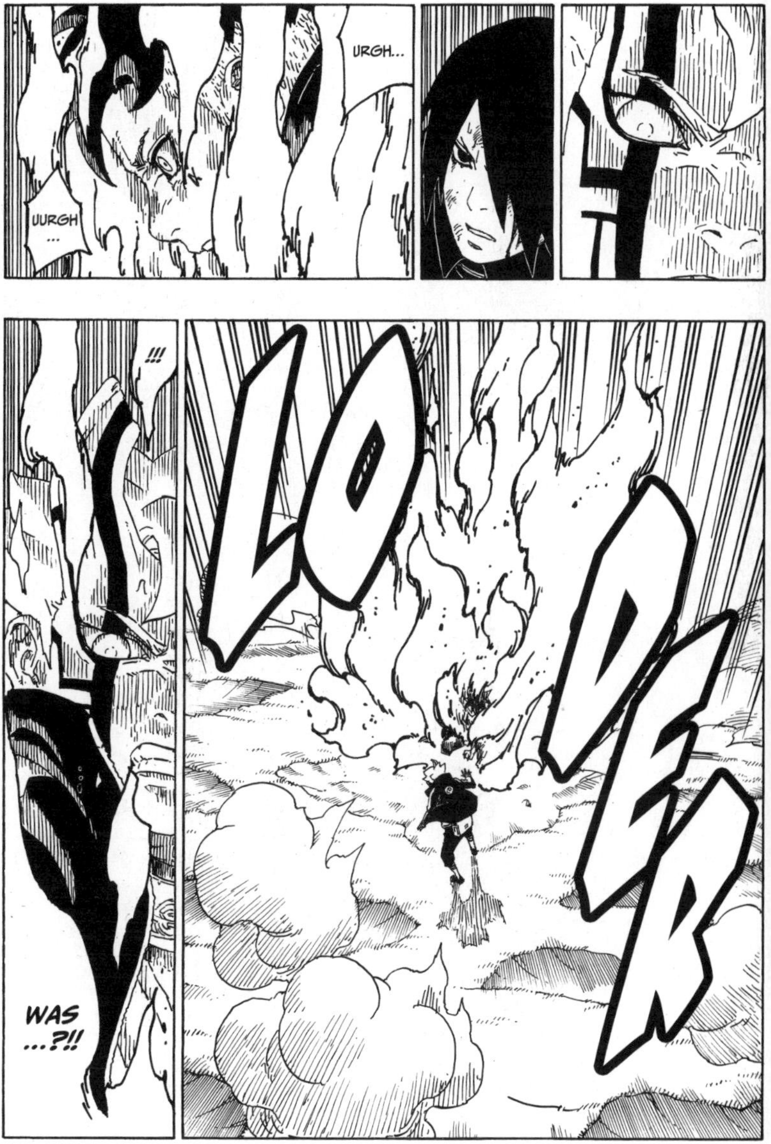

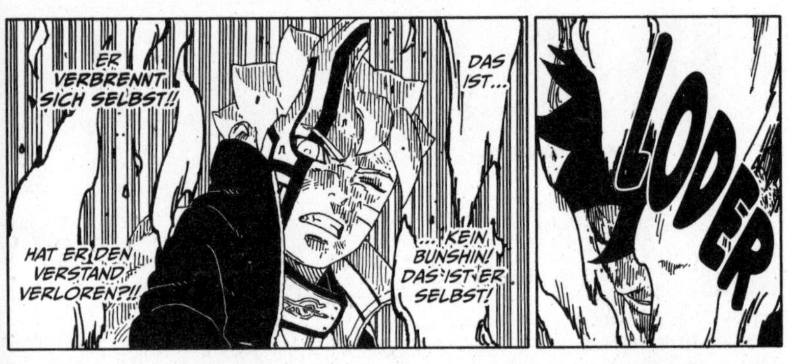
LODER
DAS IST...
...KEIN BUNSHIN! DAS IST ER SELBST!
ER VERBRENNT SICH SELBST!!
HAT ER DEN VERSTAND VERLOREN?!!

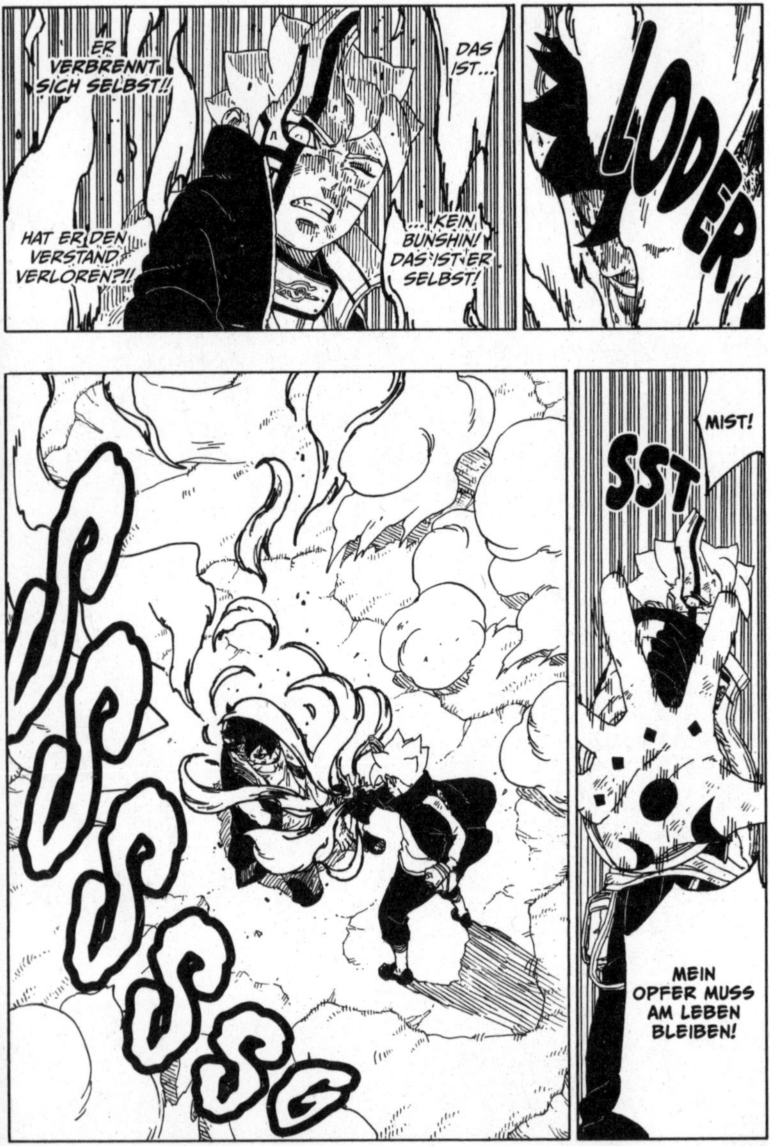

MIST!
SST
MEIN OPFER MUSS AM LEBEN BLEIBEN!

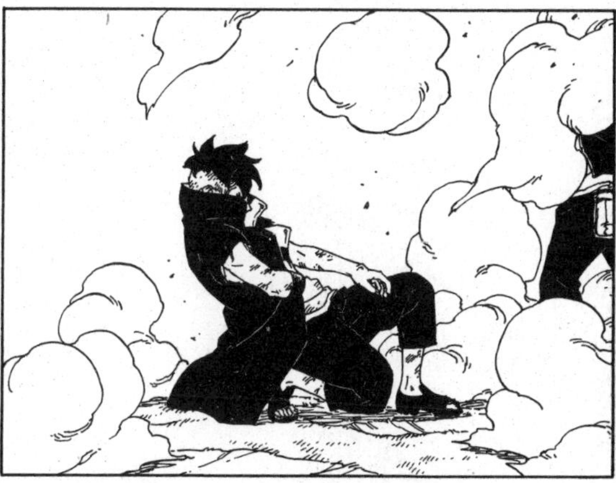

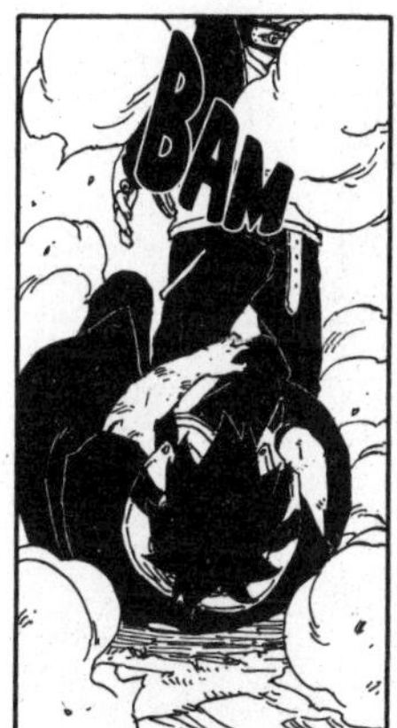
BAM

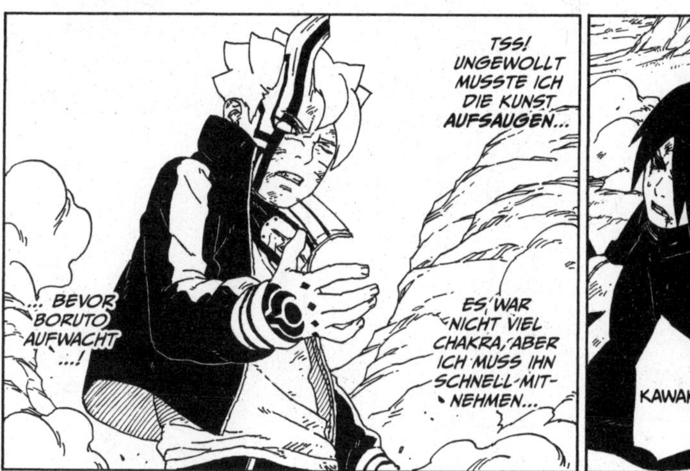
KAWAKI!!
TSS! UNGEWOLLT MUSSTE ICH DIE KUNST AUFSAUGEN...
ES WAR NICHT VIEL CHAKRA, ABER ICH MUSS IHN SCHNELL MITNEHMEN...
... BEVOR BORUTO AUFWACHT ...!

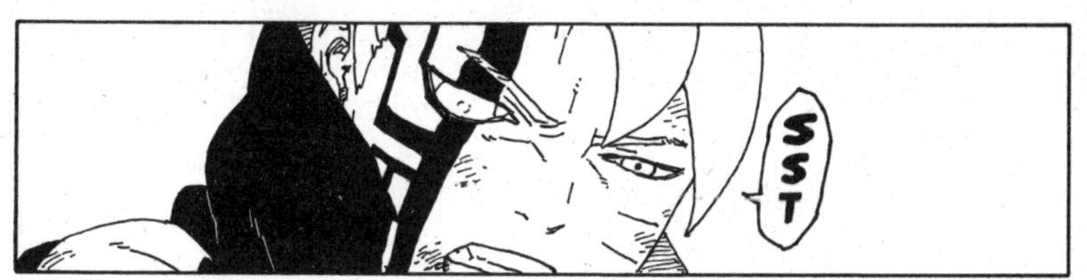
SST

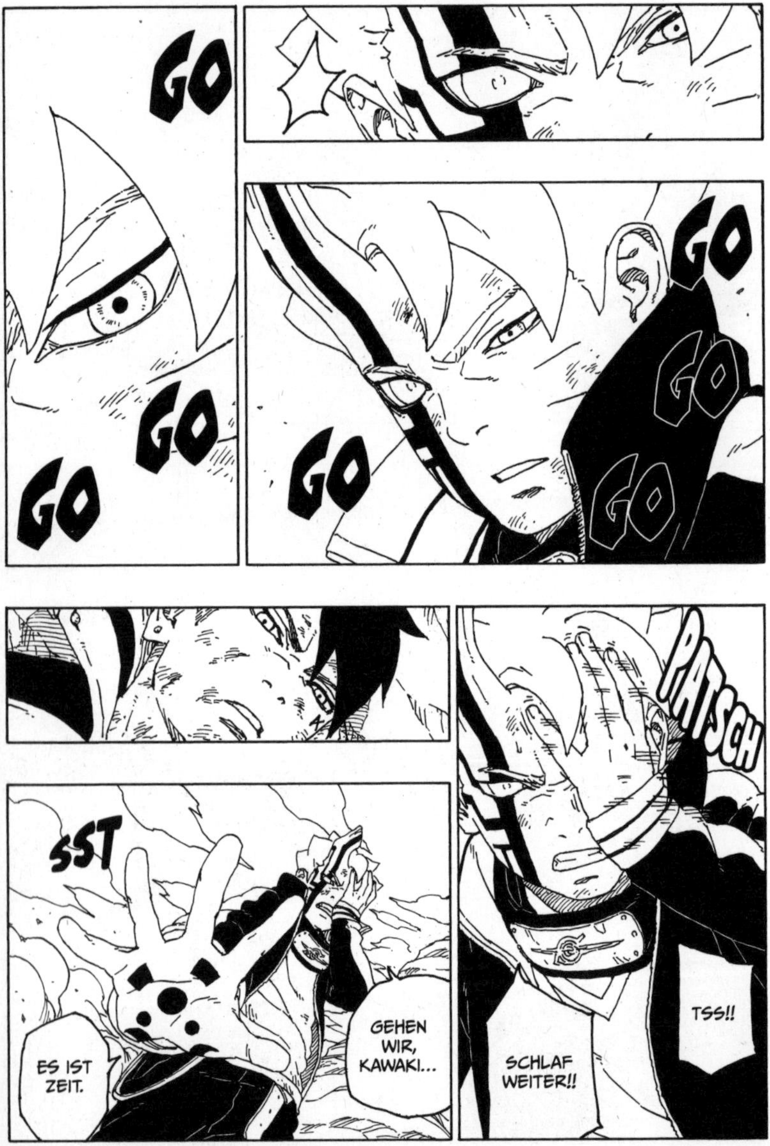

GO
GO
GO
GO
GO
GO
GO
PATSCH
TSS!!
SCHLAF WEITER!!
SST
GEHEN WIR, KAWAKI...
ES IST ZEIT.

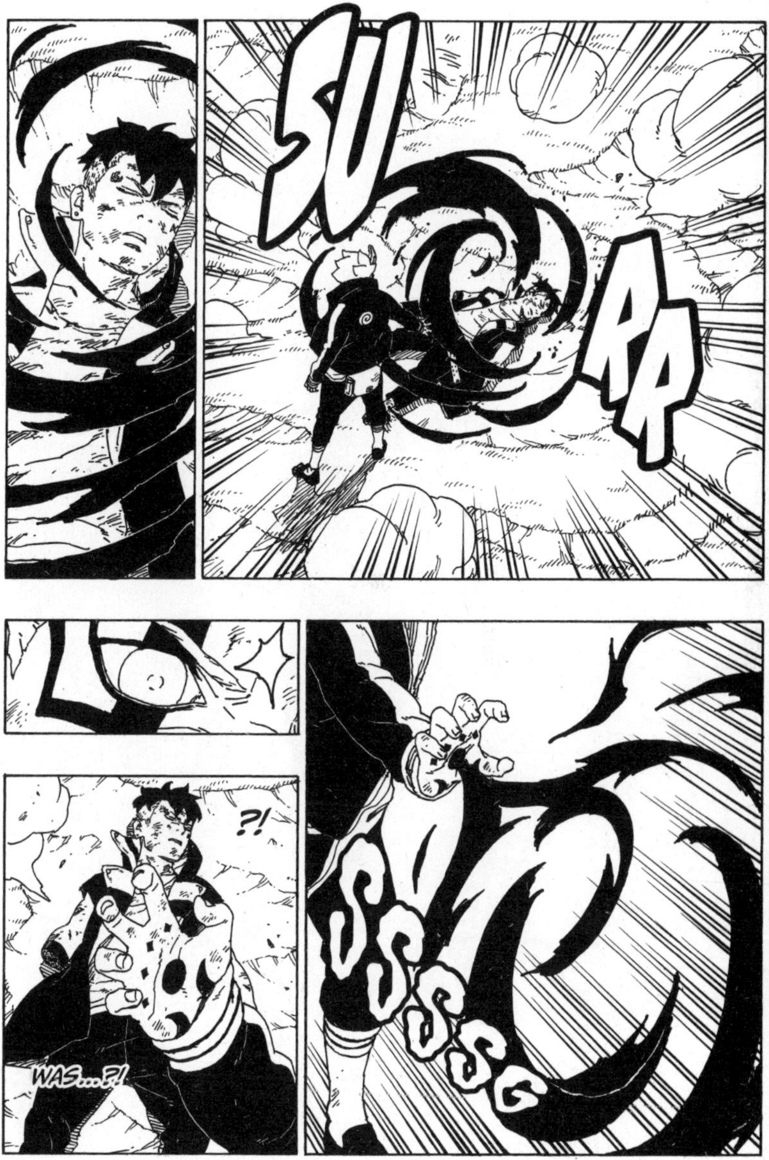

SU
AP

SSSSSG

?!
WAS...?!

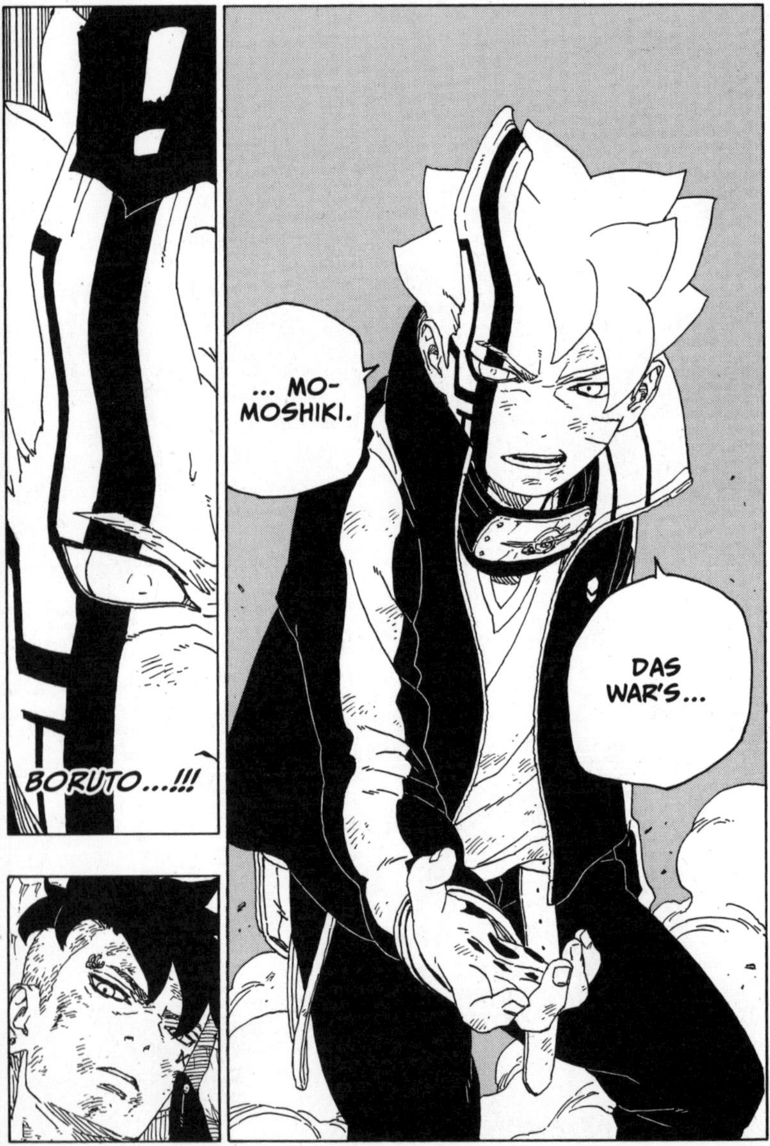

... MO-
MOSHIKI.

DAS
WAR'S...

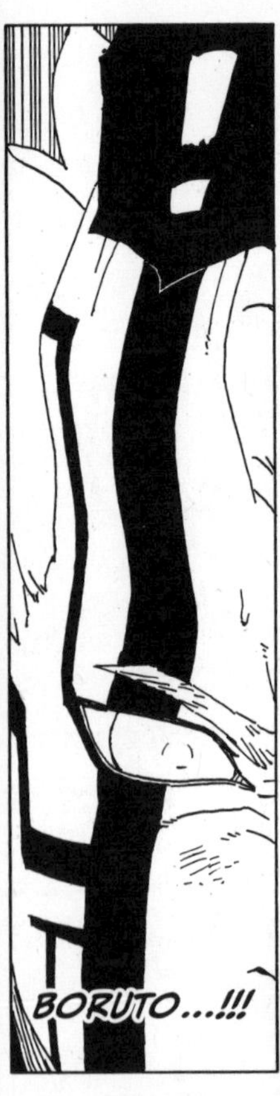


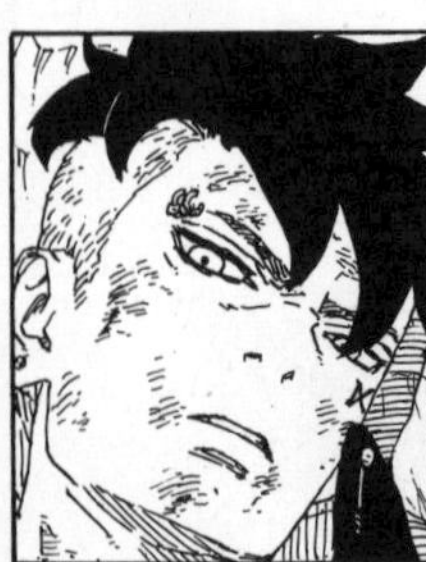

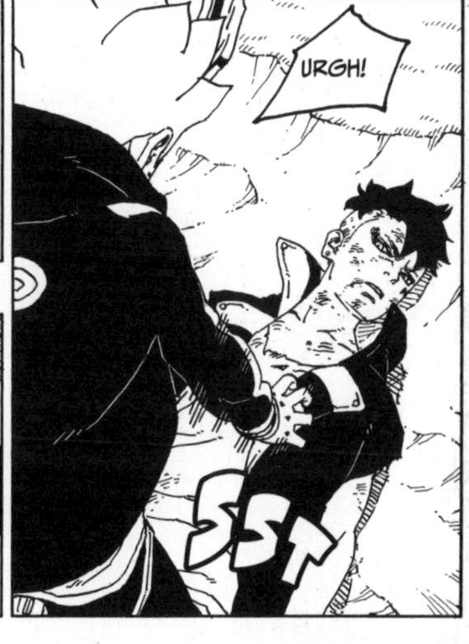
URGH!
SST

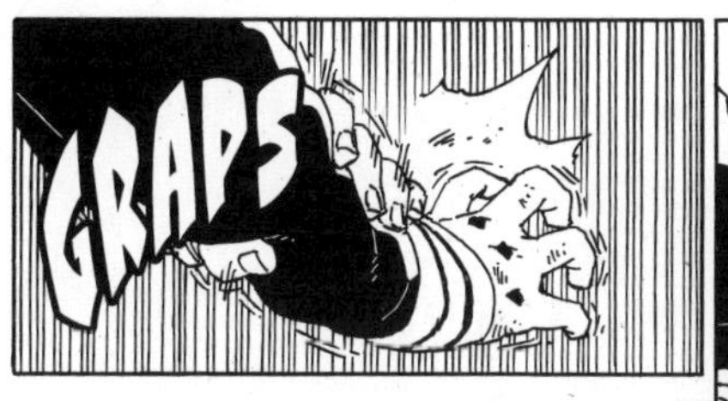
GRAPS

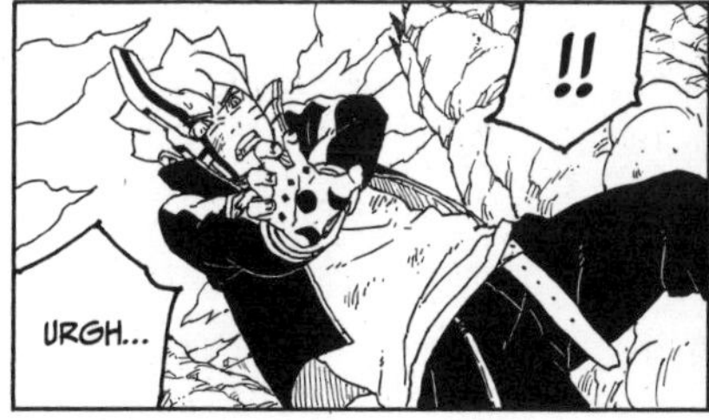
!!
URGH...

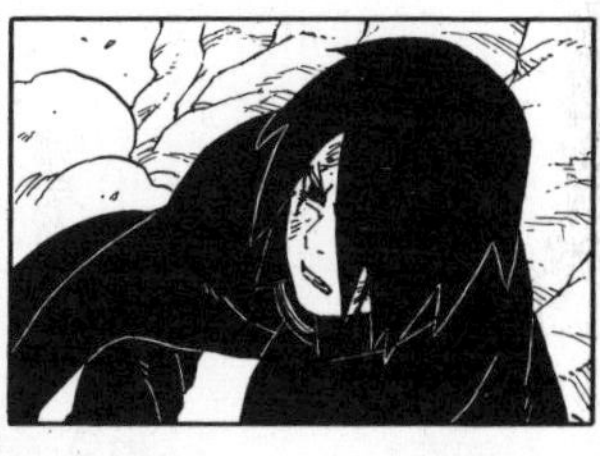

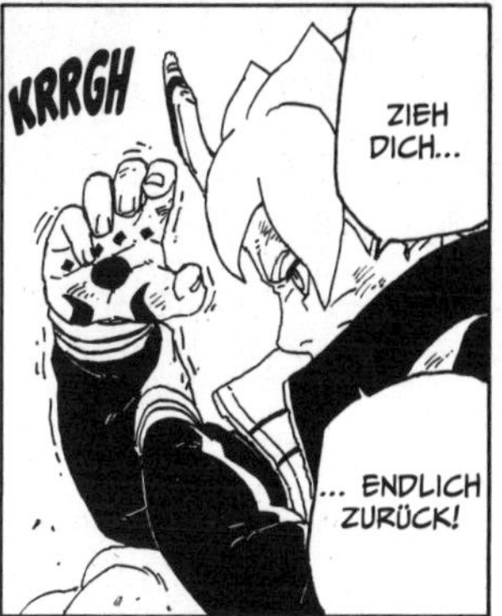
KRRGH
ZIEH DICH...
... ENDLICH ZURÜCK!

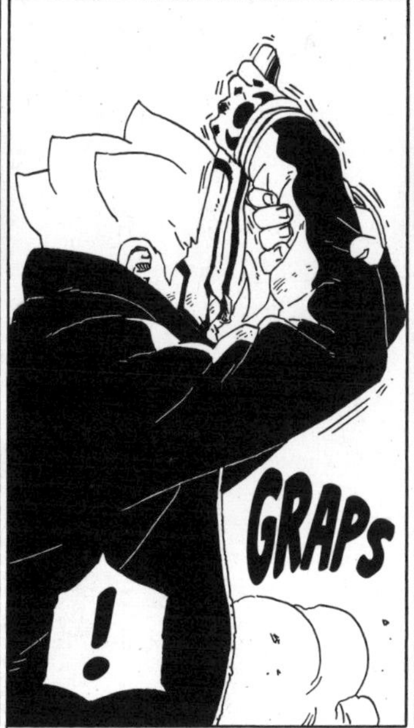
GRAPS
!

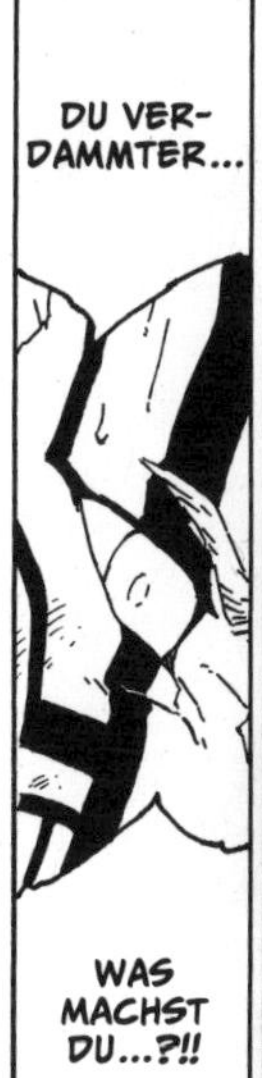
DU VER-DAMMTER...
WAS MACHST DU...?!!

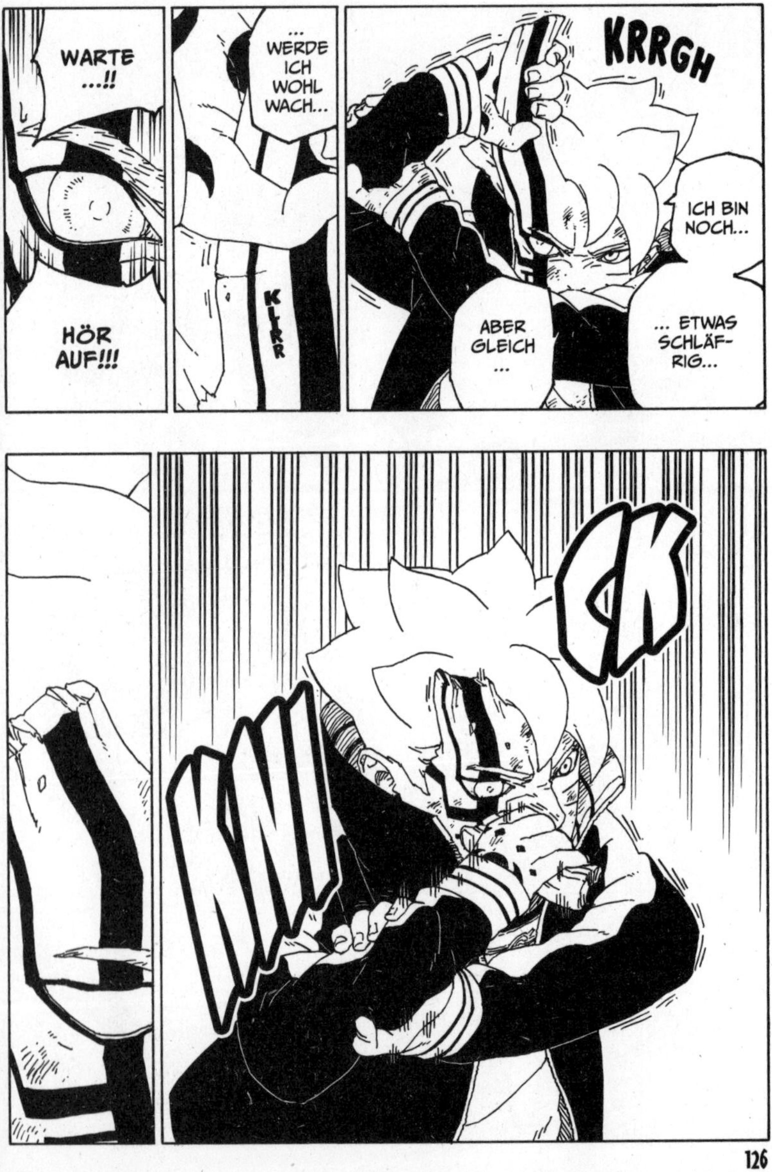

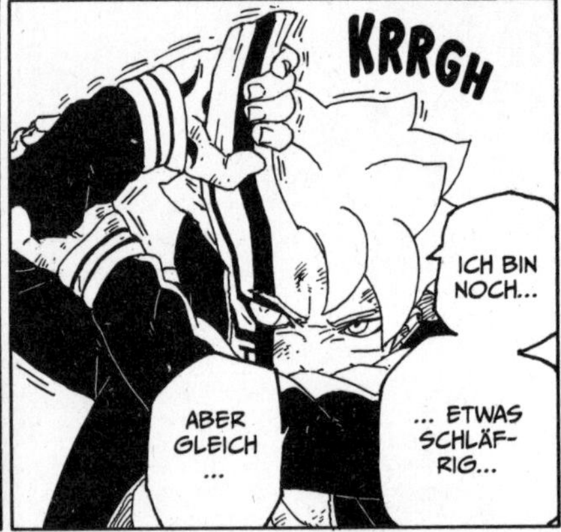
KRRGH
ICH BIN NOCH...
... ETWAS SCHLÄF-RIG...
ABER GLEICH ...

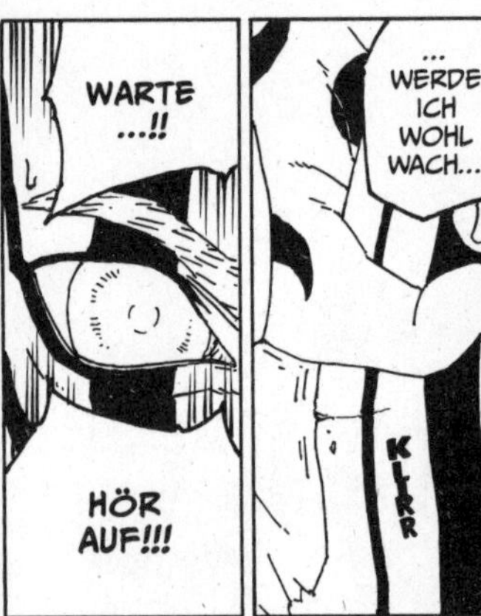
... WERDE ICH WOHL WACH...
KLIRR
WARTE ...!!
HÖR AUF!!!

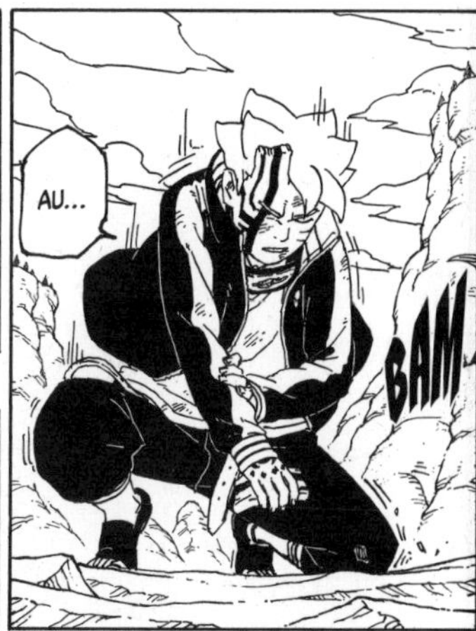
AU...
BAM
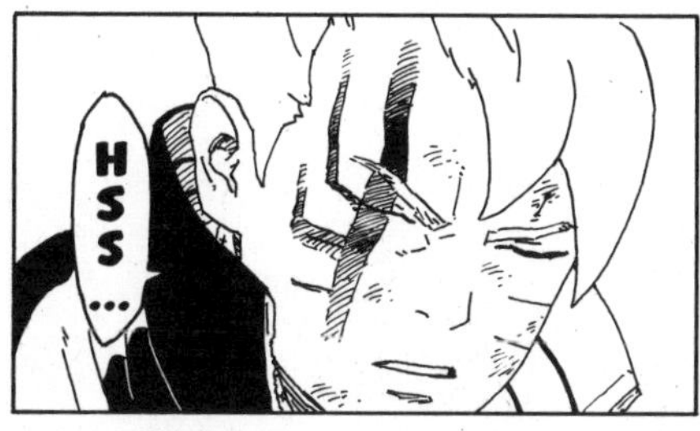
HSS...
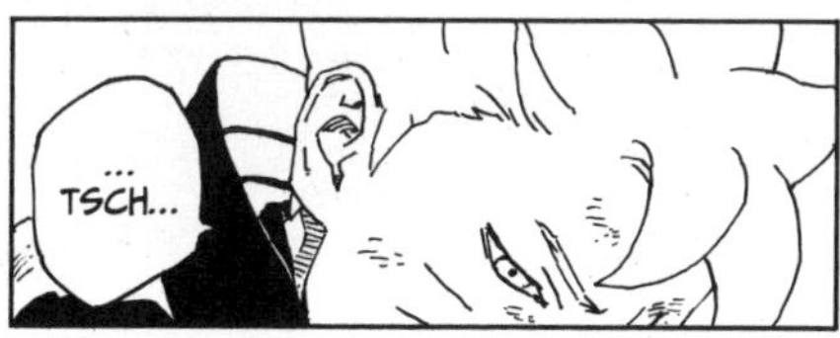
... TSCH...
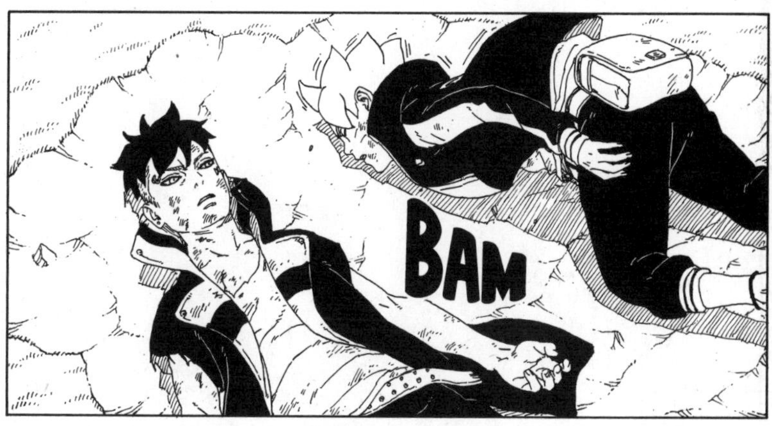
BAM
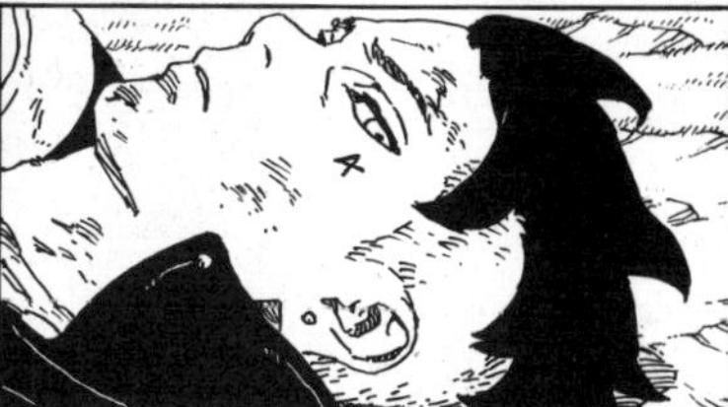
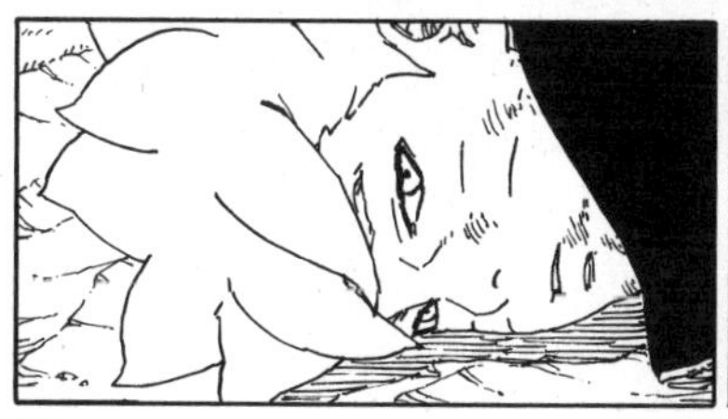

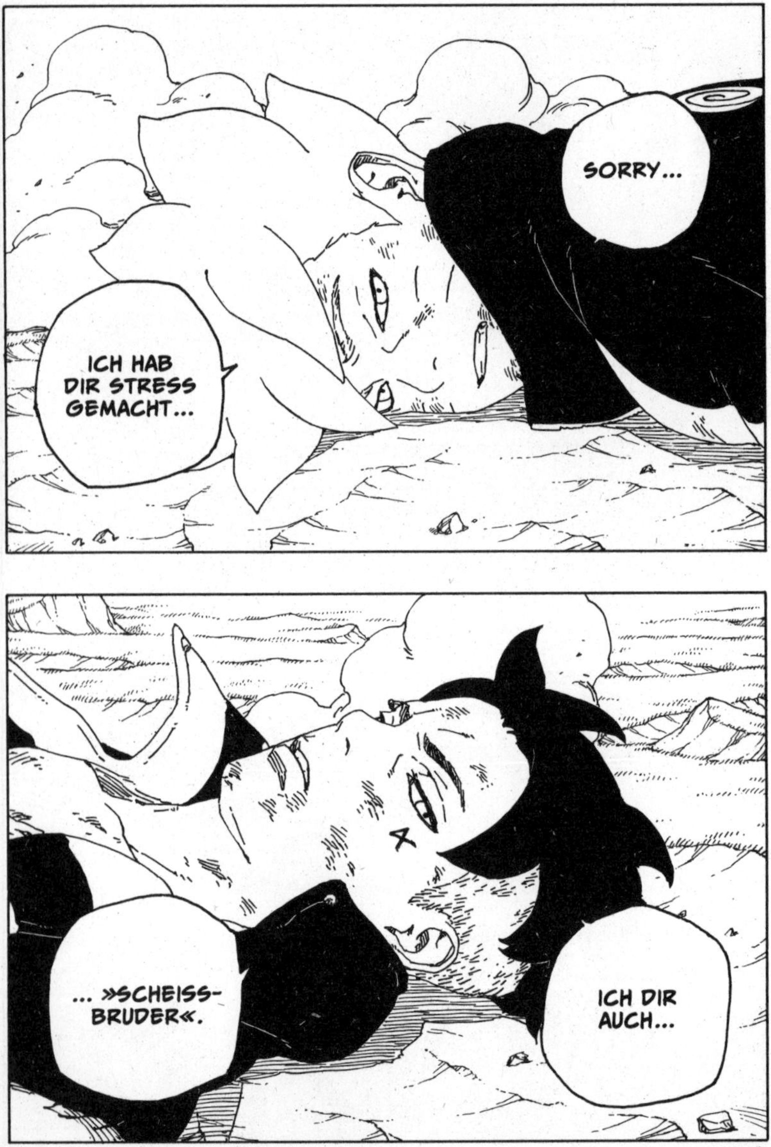

SORRY...

ICH HAB DIR STRESS GEMACHT...

ICH DIR AUCH...

... »SCHEISS-BRUDER«.

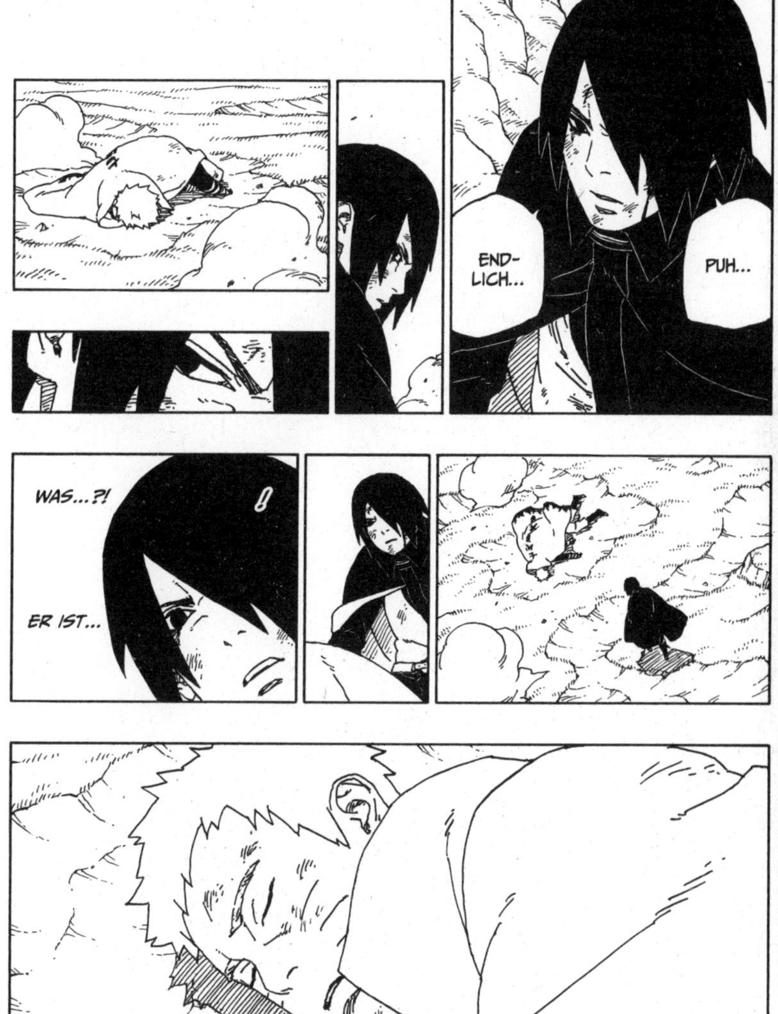
PUH...
END-LICH...
WAS...?!
ER IST...

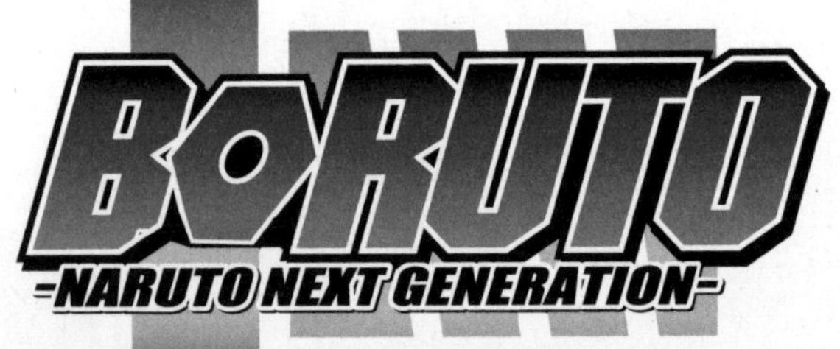
BORUTO
-NARUTO NEXT GENERATION-

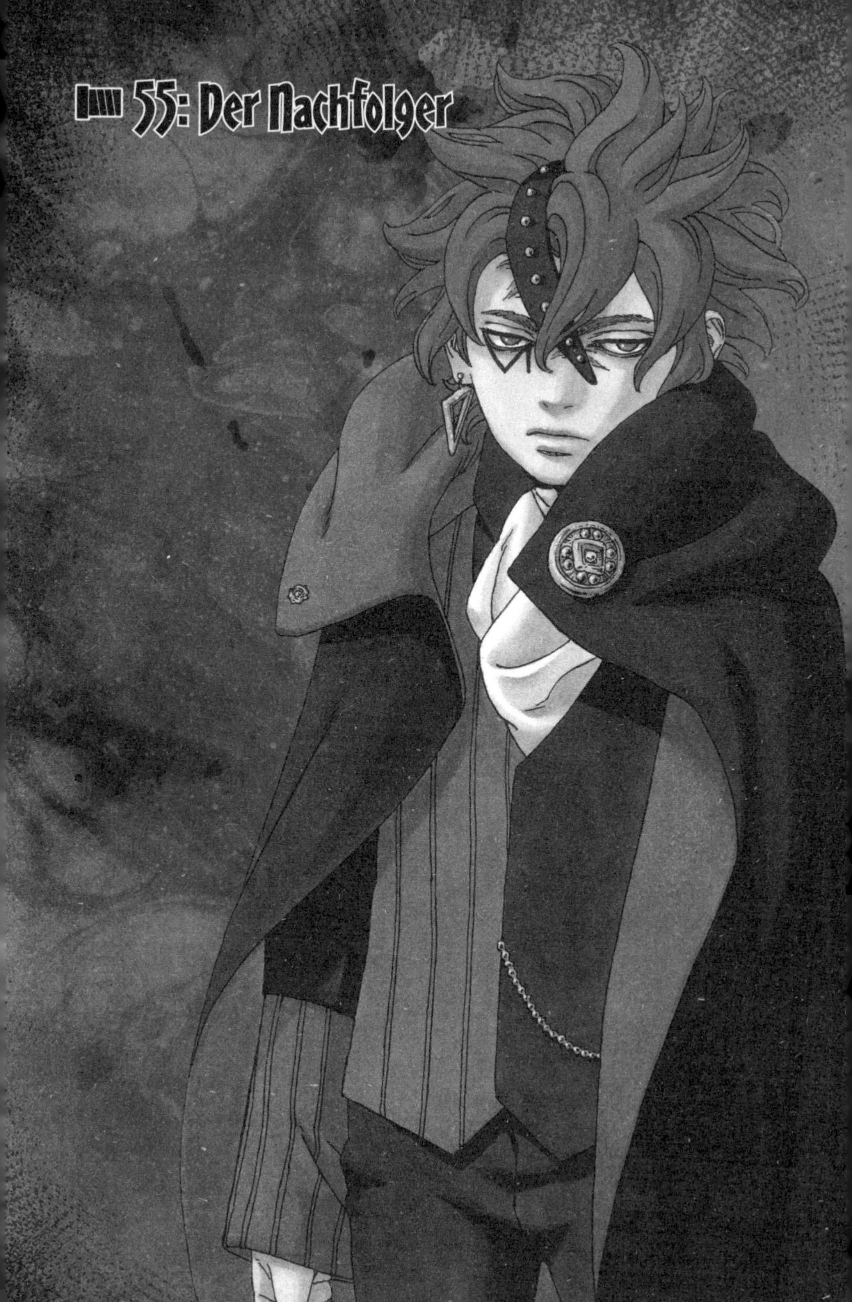
55: Der Nachfolger

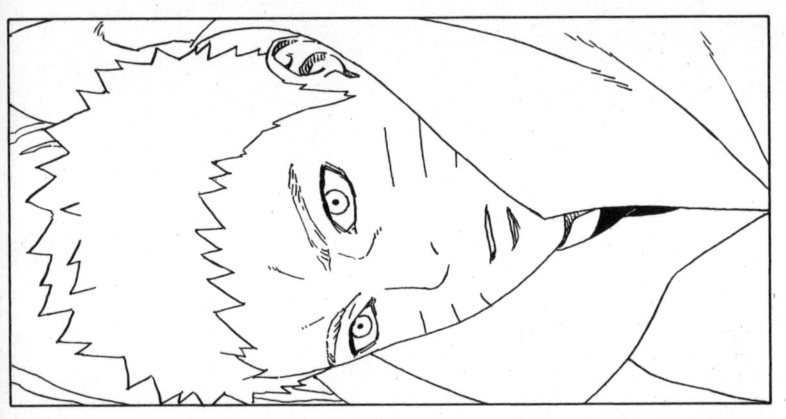

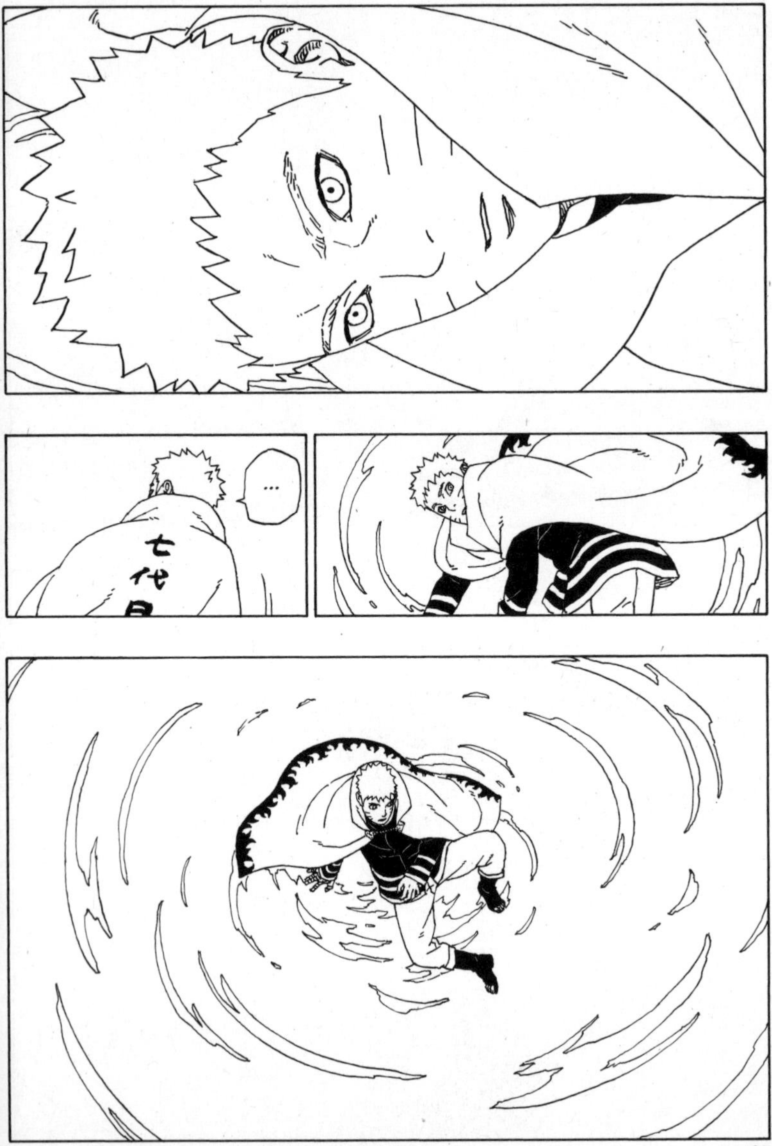

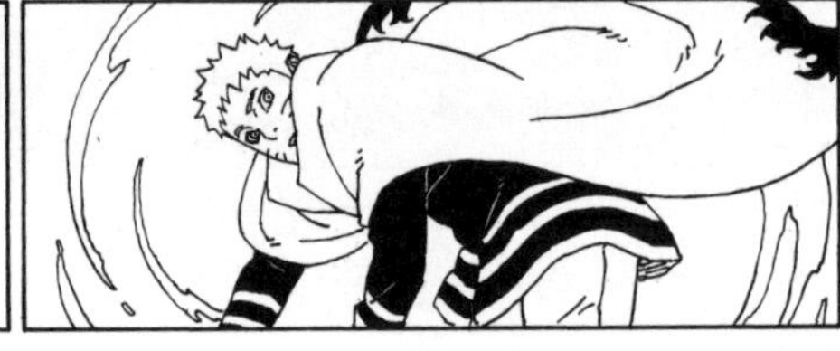

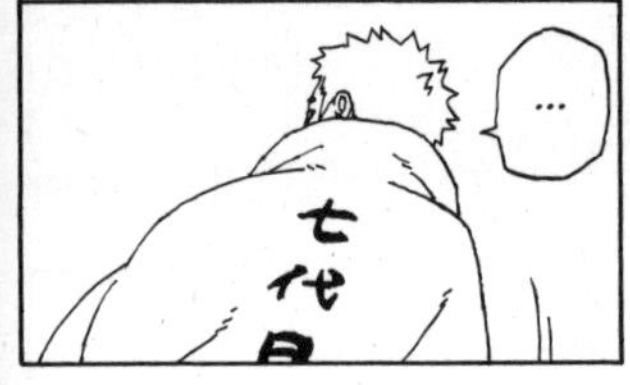
...
七代

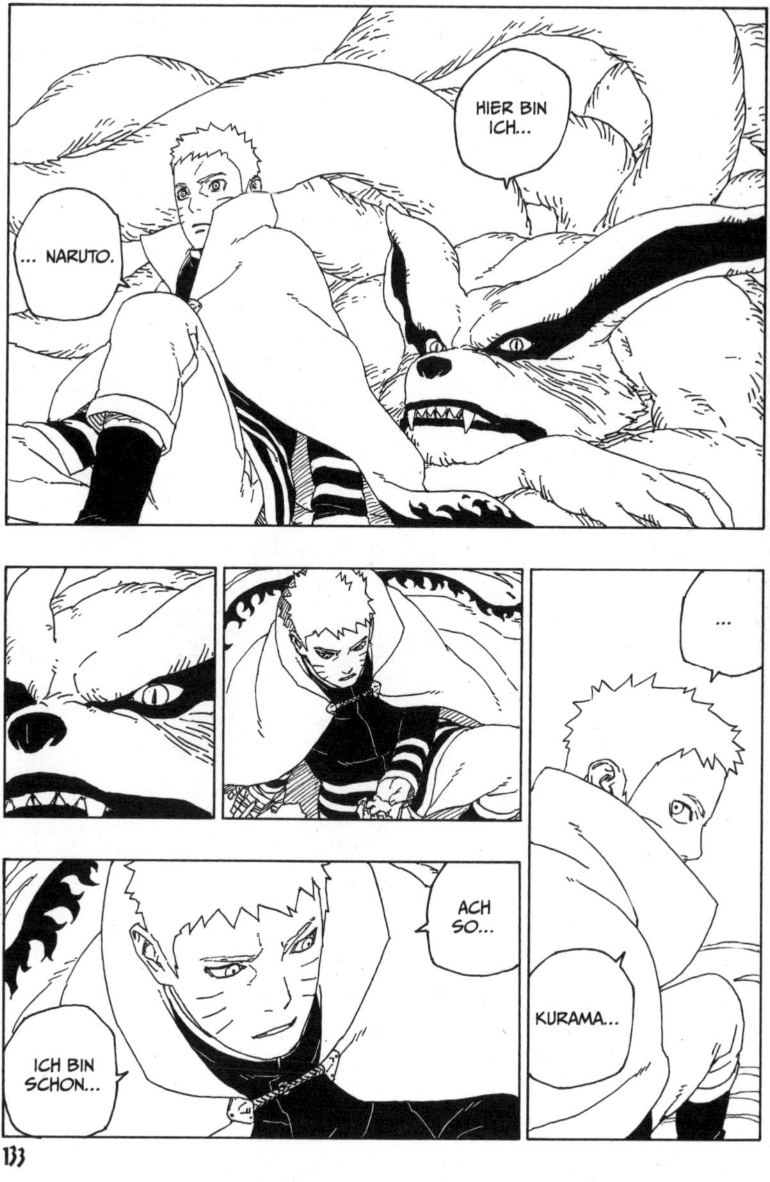

HIER BIN ICH...

... NARUTO.

...

KURAMA...

ACH SO...

ICH BIN SCHON...

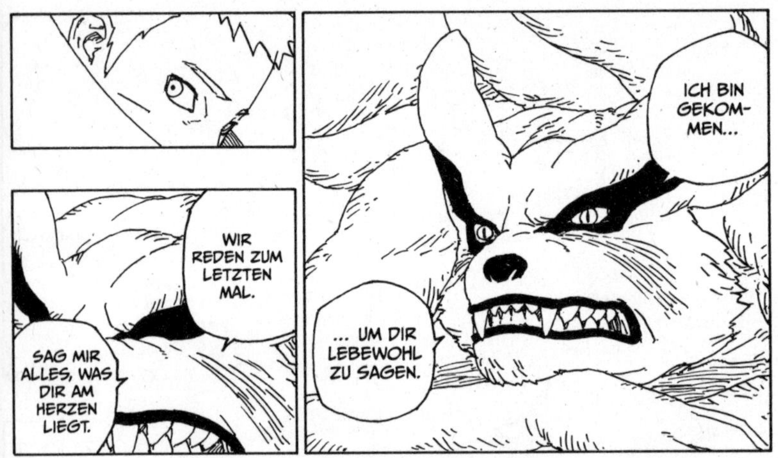
ICH BIN GEKOMMEN...
... UM DIR LEBEWOHL ZU SAGEN.
WIR REDEN ZUM LETZTEN MAL.
SAG MIR ALLES, WAS DIR AM HERZEN LIEGT.

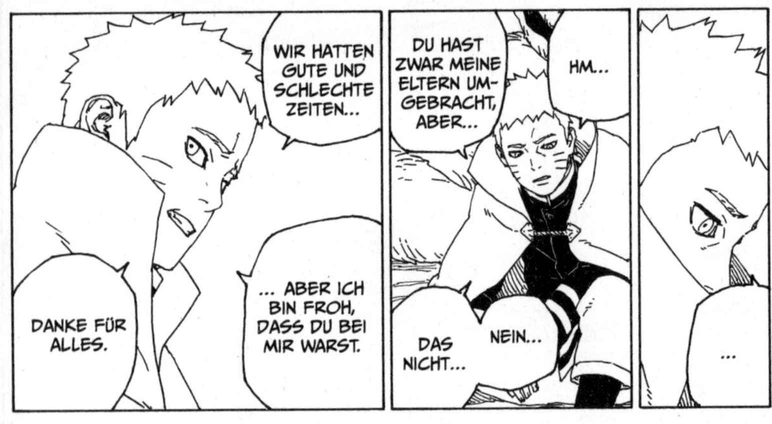
...
HM...
DU HAST ZWAR MEINE ELTERN UMGEBRACHT, ABER...
NEIN...
DAS NICHT...
WIR HATTEN GUTE UND SCHLECHTE ZEITEN...
... ABER ICH BIN FROH, DASS DU BEI MIR WARST.
DANKE FÜR ALLES.

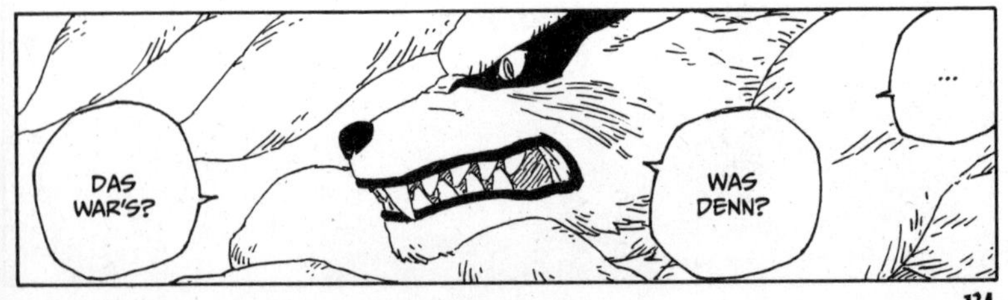
...
WAS DENN?
DAS WAR'S?

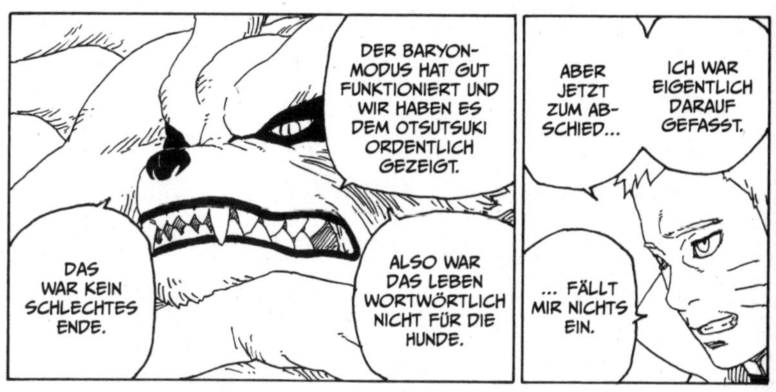
ICH WAR EIGENTLICH DARAUF GEFASST.
ABER JETZT ZUM AB-SCHIED...
... FÄLLT MIR NICHTS EIN.
DER BARYON-MODUS HAT GUT FUNKTIONIERT UND WIR HABEN ES DEM OTSUTSUKI ORDENTLICH GEZEIGT.
ALSO WAR DAS LEBEN WORTWÖRTLICH NICHT FÜR DIE HUNDE.
DAS WAR KEIN SCHLECHTES ENDE.

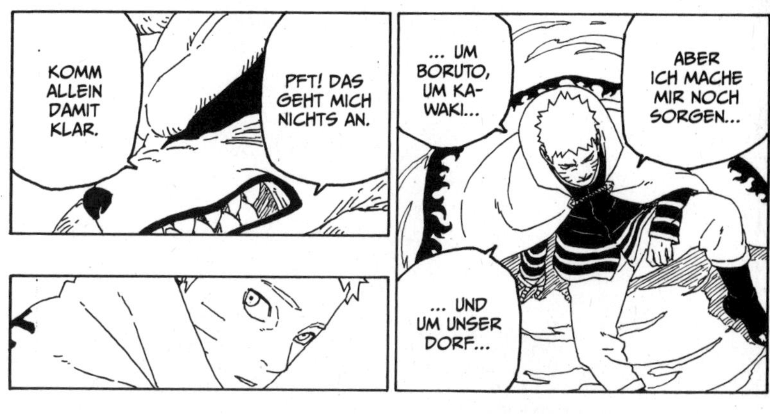
ABER ICH MACHE MIR NOCH SORGEN...
... UM BORUTO, UM KA-WAKI...
... UND UM UNSER DORF...
PFT! DAS GEHT MICH NICHTS AN.
KOMM ALLEIN DAMIT KLAR.

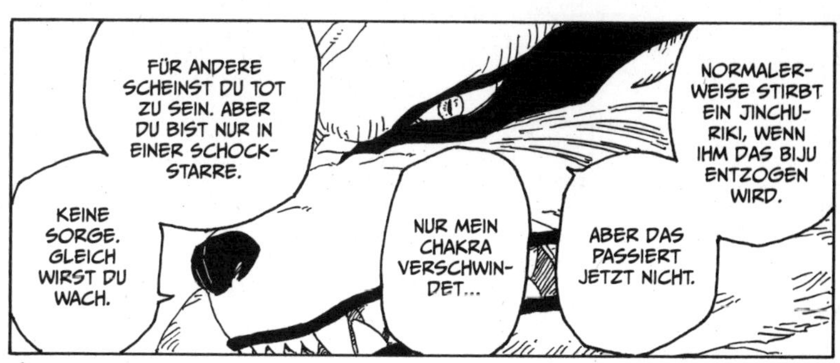
NORMALER-WEISE STIRBT EIN JINCHU-RIKI, WENN IHM DAS BIJU ENTZOGEN WIRD.
ABER DAS PASSIERT JETZT NICHT.
NUR MEIN CHAKRA VERSCHWIND-ET...
FÜR ANDERE SCHEINST DU TOT ZU SEIN. ABER DU BIST NUR IN EINER SCHOCK-STARRE.
KEINE SORGE. GLEICH WIRST DU WACH.

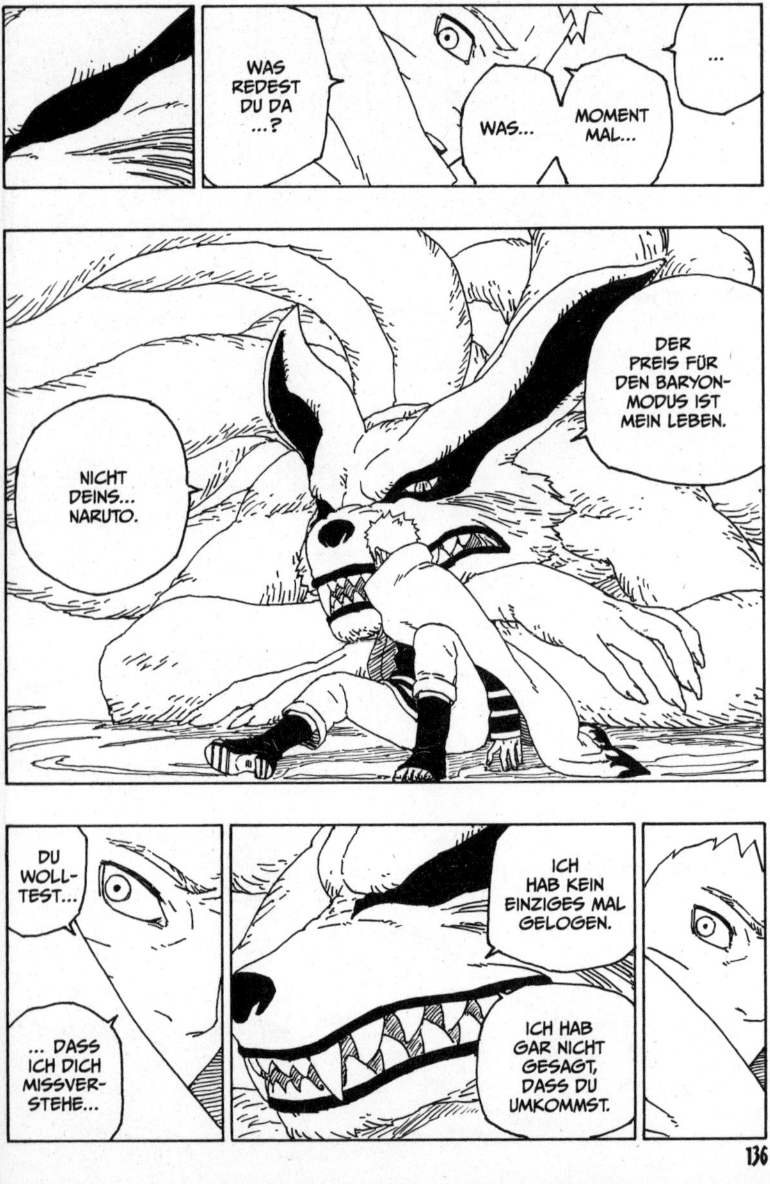

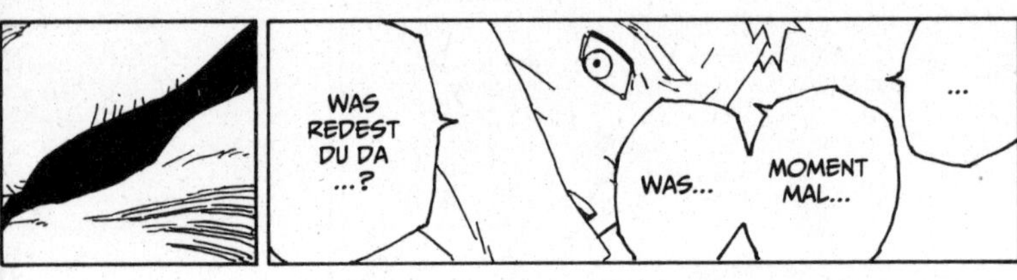
...
MOMENT MAL...
WAS...
WAS REDEST DU DA ...?

DER PREIS FÜR DEN BARYON-MODUS IST MEIN LEBEN.
NICHT DEINS... NARUTO.

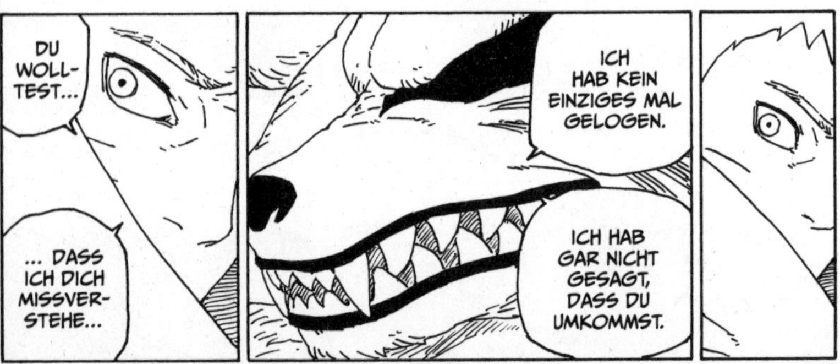
ICH HAB KEIN EINZIGES MAL GELOGEN.
ICH HAB GAR NICHT GESAGT, DASS DU UMKOMMST.
DU WOLL-TEST...
... DASS ICH DICH MISSVER-STEHE...

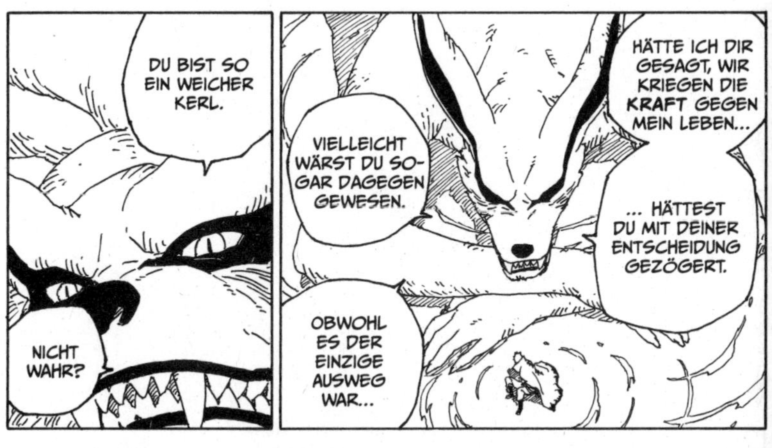

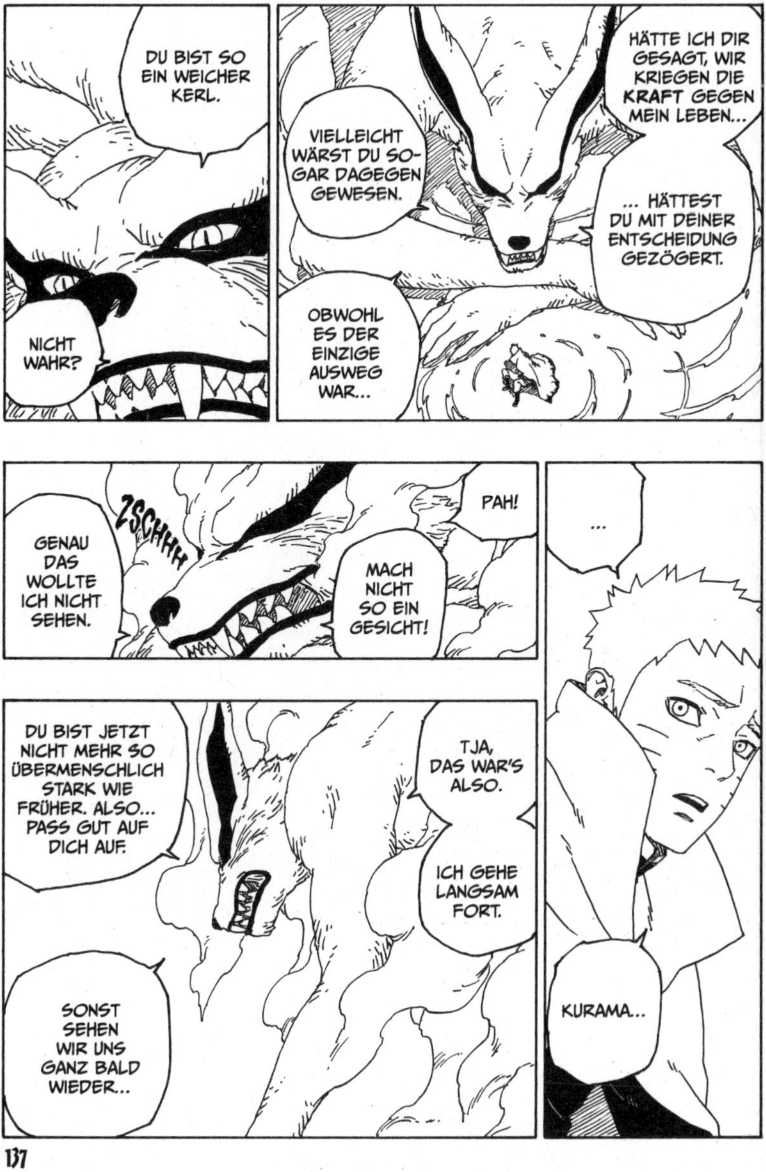

...

PAH!

MACH NICHT SO EIN GESICHT!

ZSCHHH

GENAU DAS WOLLTE ICH NICHT SEHEN.

TJA, DAS WAR'S ALSO.

ICH GEHE LANGSAM FORT.

DU BIST JETZT NICHT MEHR SO ÜBERMENSCHLICH STARK WIE FRÜHER. ALSO... PASS GUT AUF DICH AUF.

SONST SEHEN WIR UNS GANZ BALD WIEDER...

KURAMA...

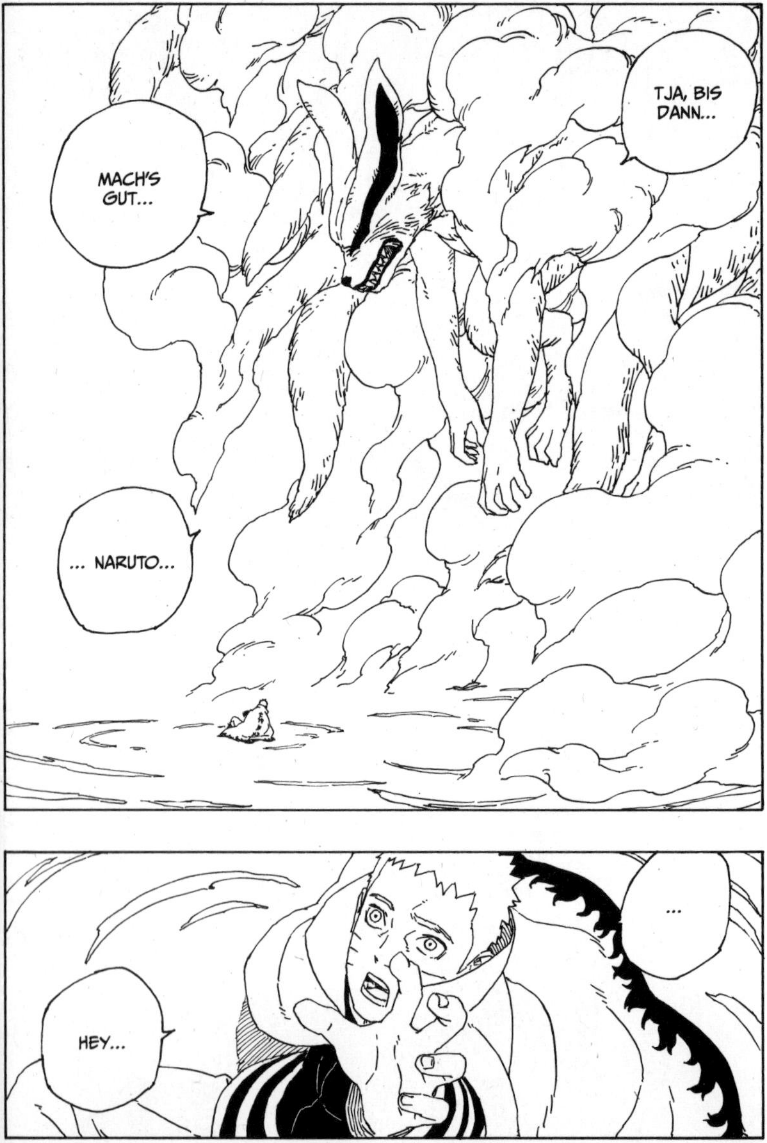

TJA, BIS DANN...

MACH'S GUT...

... NARUTO...

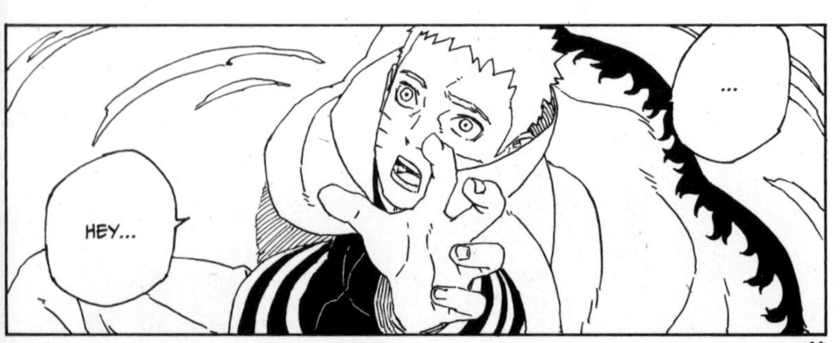

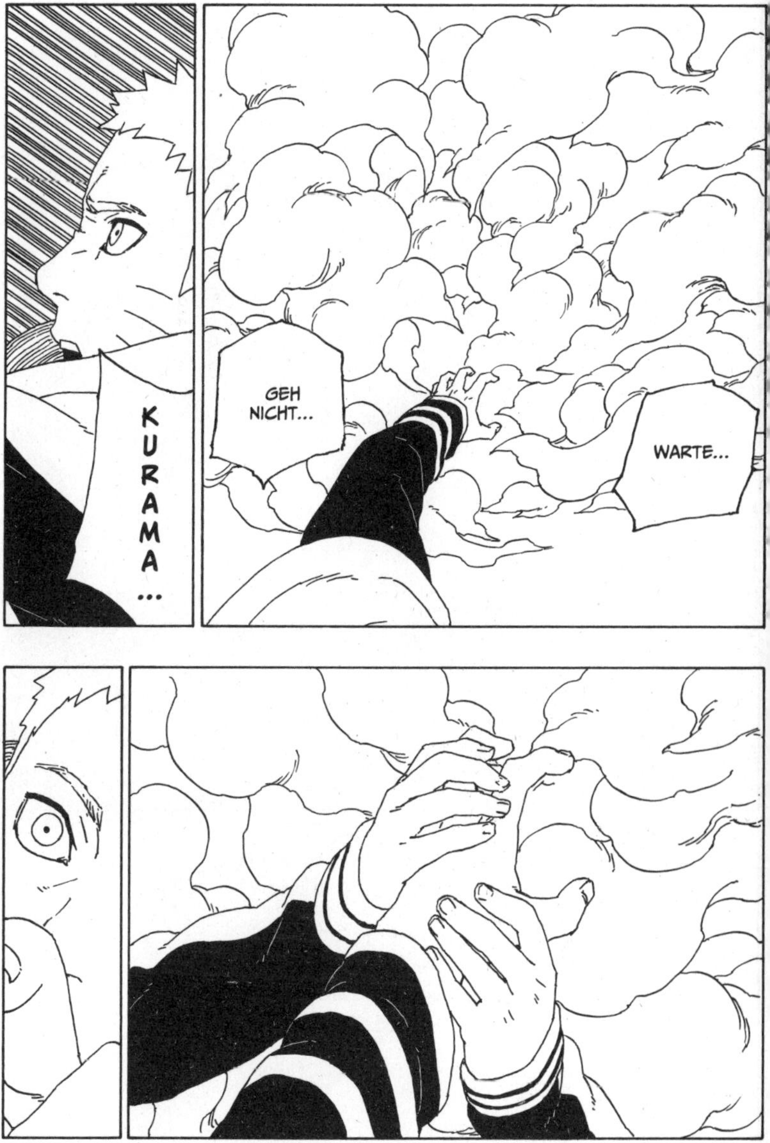

WARTE...

GEH NICHT...

KURAMA...

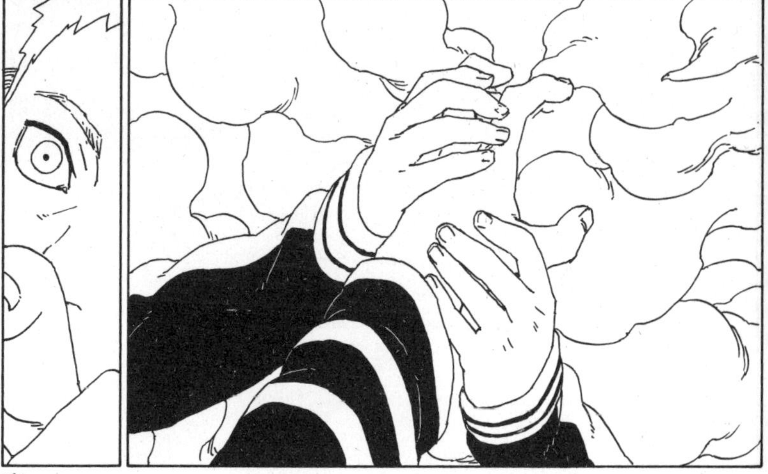

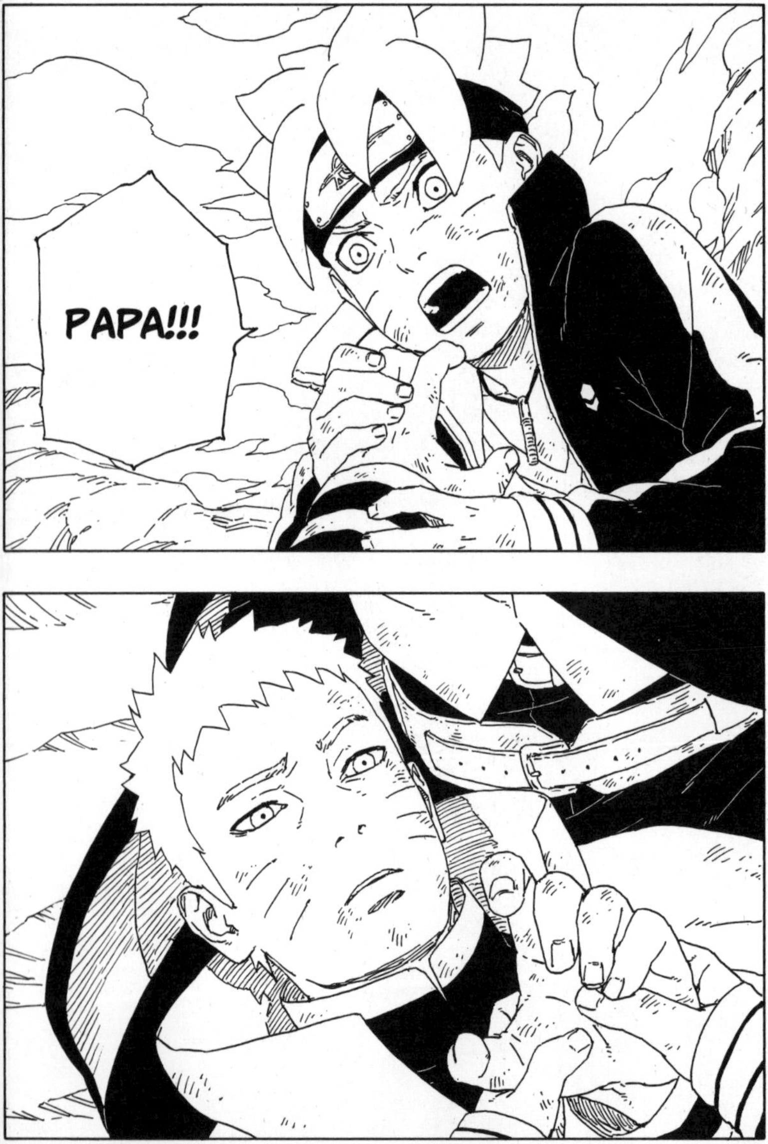

PAPA!!!

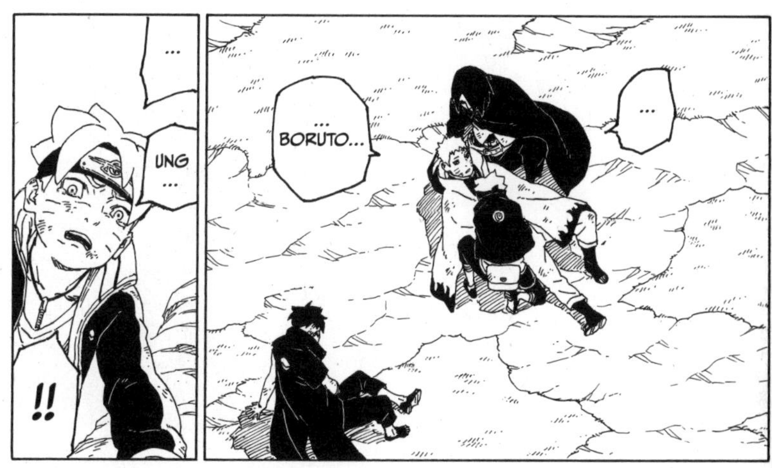

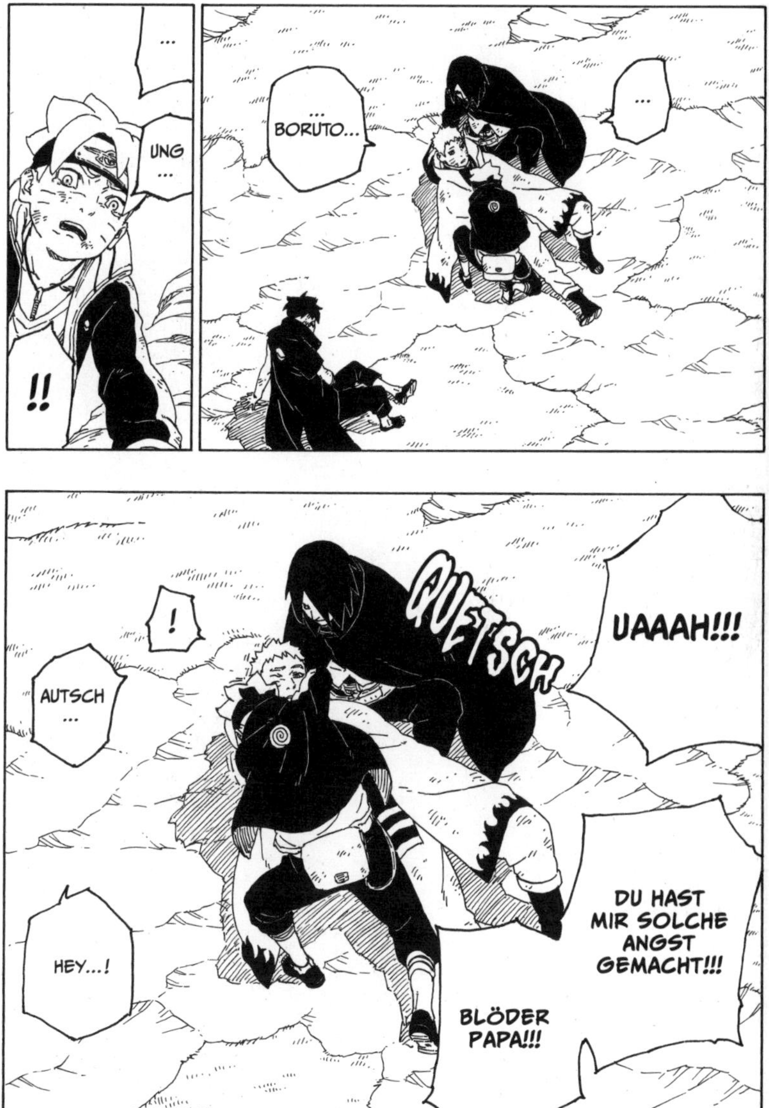

UAAAH!!!
QUETSCH
!
AUTSCH ...
DU HAST MIR SOLCHE ANGST GEMACHT!!!
BLÖDER PAPA!!!
HEY...!

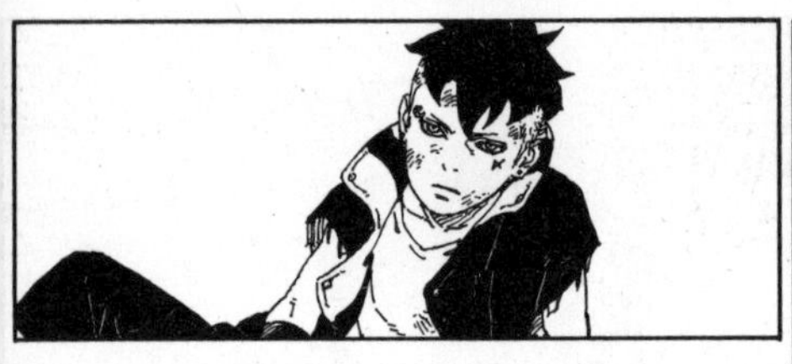

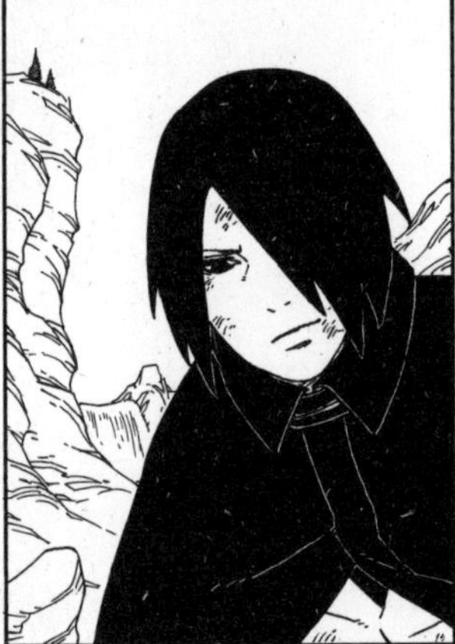

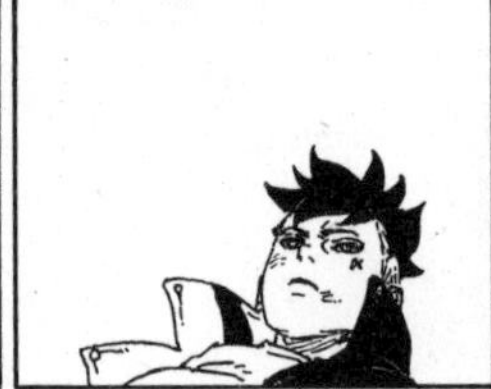

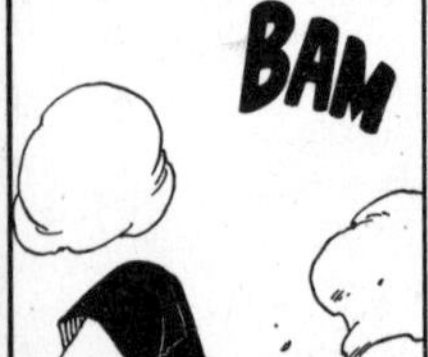
BAM

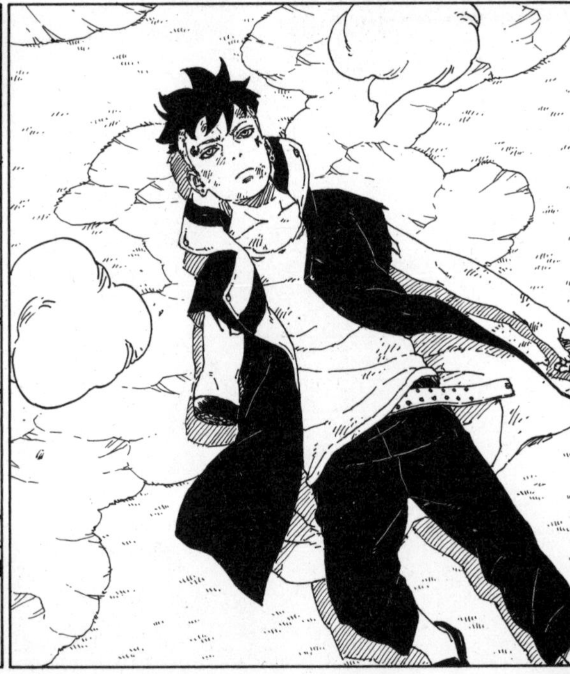

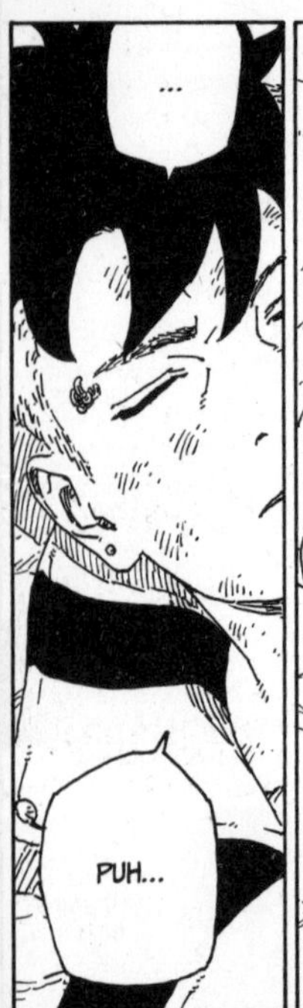
...
PUH...

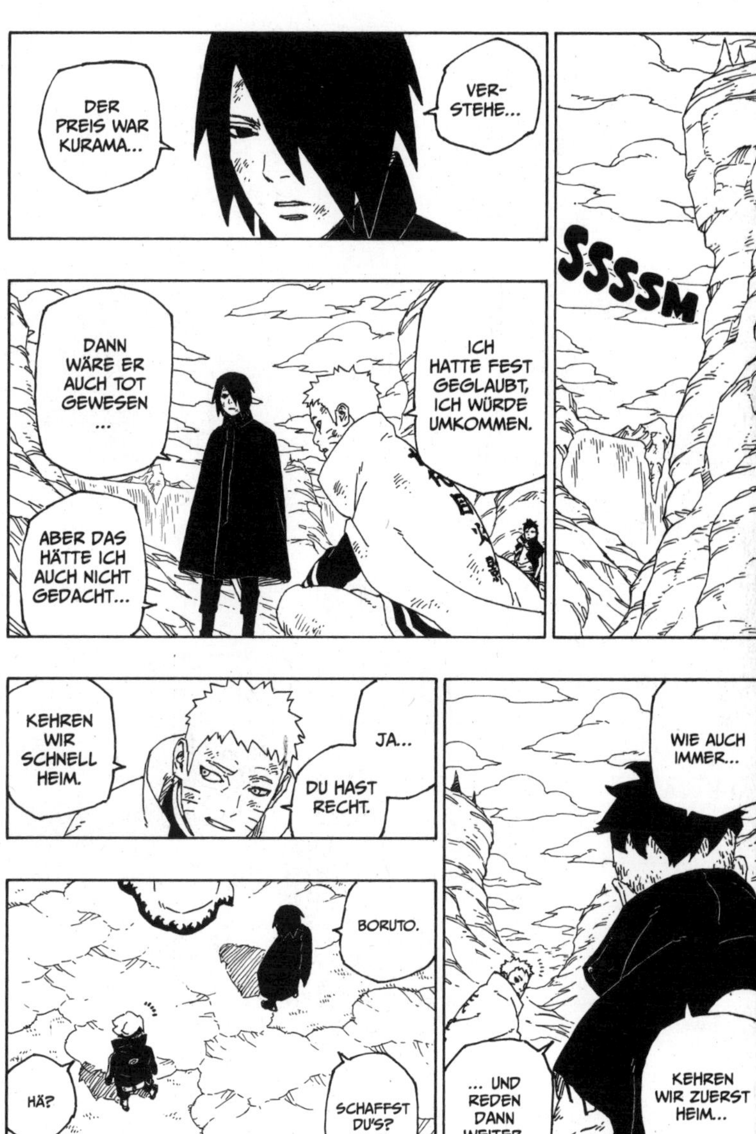
SSSSM
VER-STEHE...
DER PREIS WAR KURAMA...
ICH HATTE FEST GEGLAUBT, ICH WÜRDE UMKOMMEN.
DANN WÄRE ER AUCH TOT GEWESEN ...
ABER DAS HÄTTE ICH AUCH NICHT GEDACHT...
WIE AUCH IMMER...
KEHREN WIR ZUERST HEIM...
... UND REDEN DANN WEITER.
JA...
DU HAST RECHT.
KEHREN WIR SCHNELL HEIM.
BORUTO.
SCHAFFST DU'S?
HÄ?

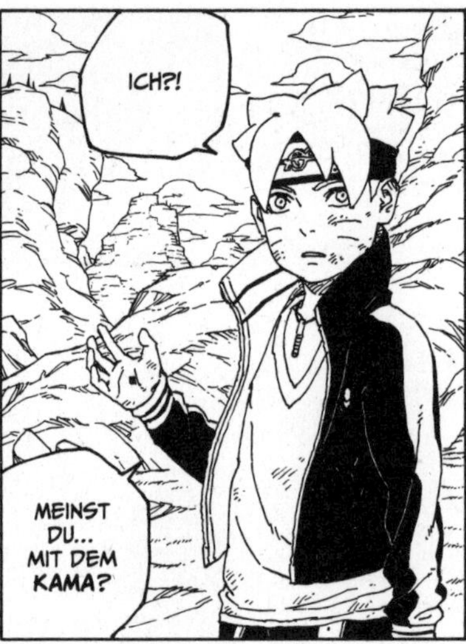
ICH?!
MEINST DU... MIT DEM KAMA?

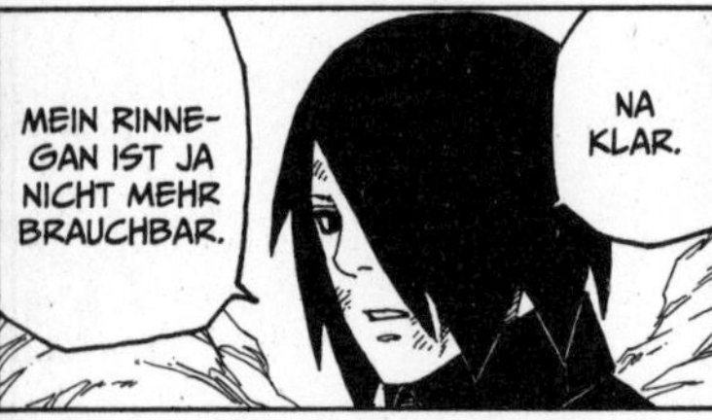
NA KLAR.
MEIN RINNEGAN IST JA NICHT MEHR BRAUCHBAR.

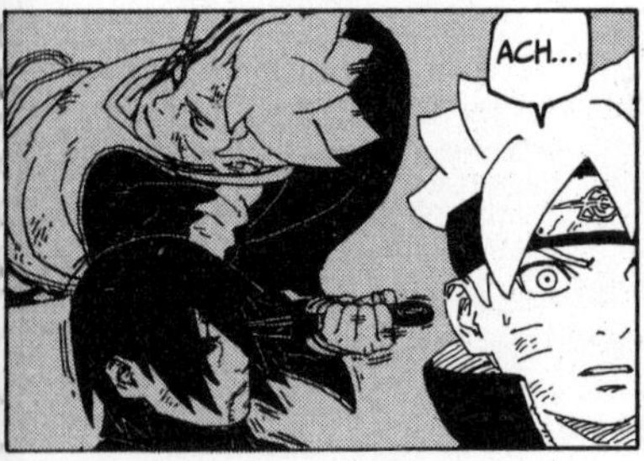
ACH...

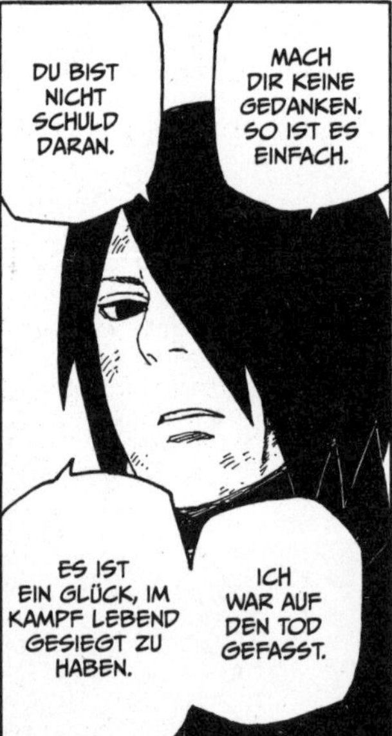
MACH DIR KEINE GEDANKEN. SO IST ES EINFACH.
DU BIST NICHT SCHULD DARAN.
ICH WAR AUF DEN TOD GEFASST.
ES IST EIN GLÜCK, IM KAMPF LEBEND GESIEGT ZU HABEN.

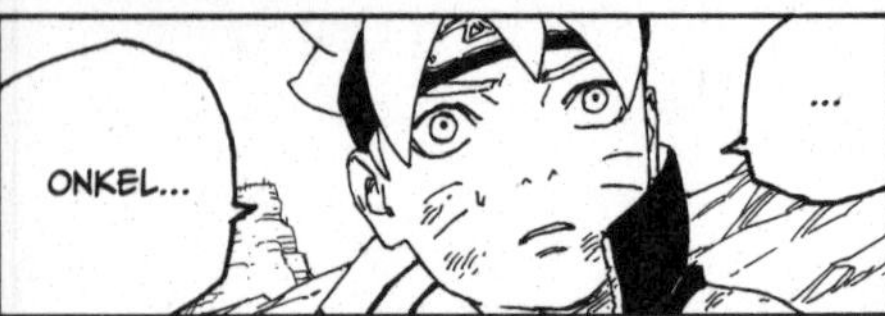
...
ONKEL...

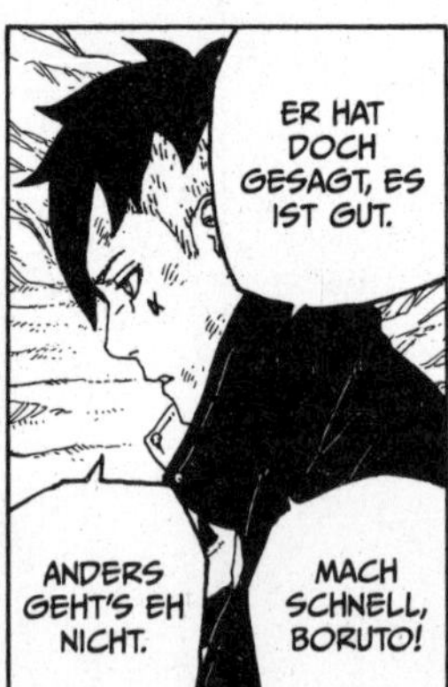
ER HAT DOCH GESAGT, ES IST GUT.
MACH SCHNELL, BORUTO!
ANDERS GEHT'S EH NICHT.

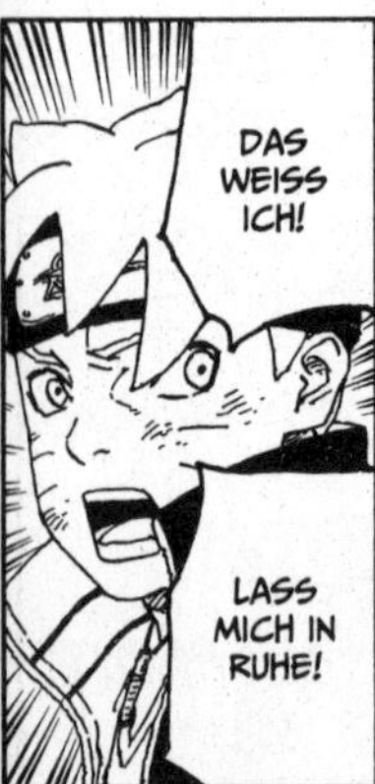
DAS WEISS ICH!
LASS MICH IN RUHE!

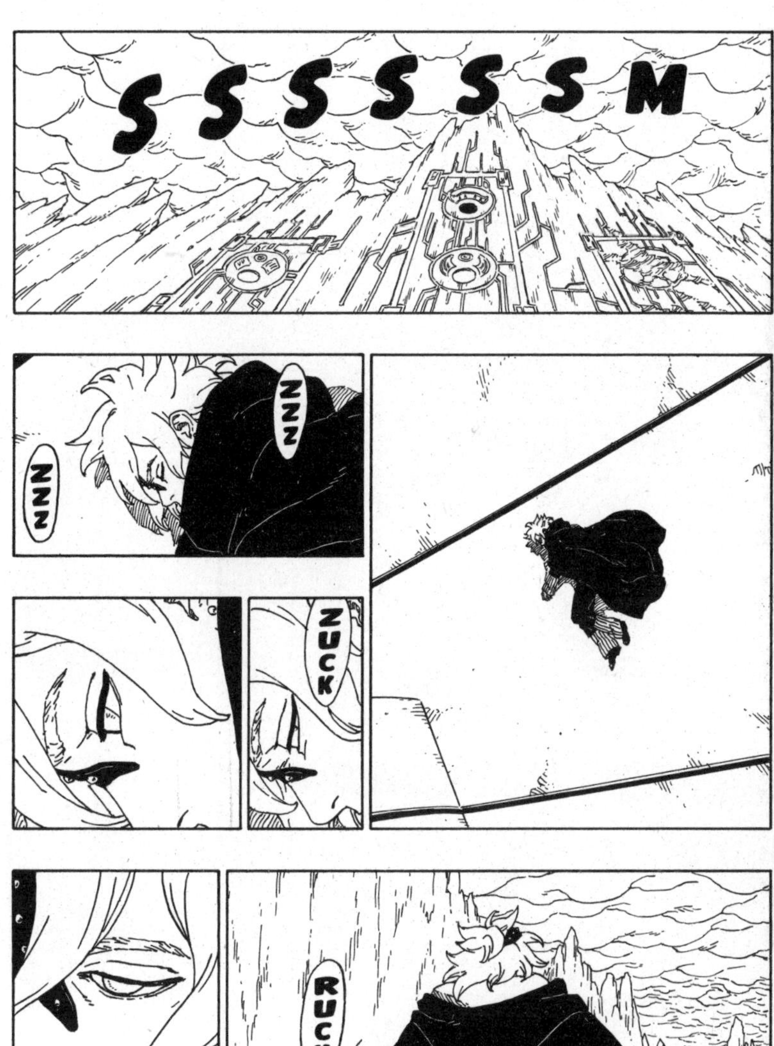
SSSSSSM
ZZZ
ZZZ
ZUCK
RUCK

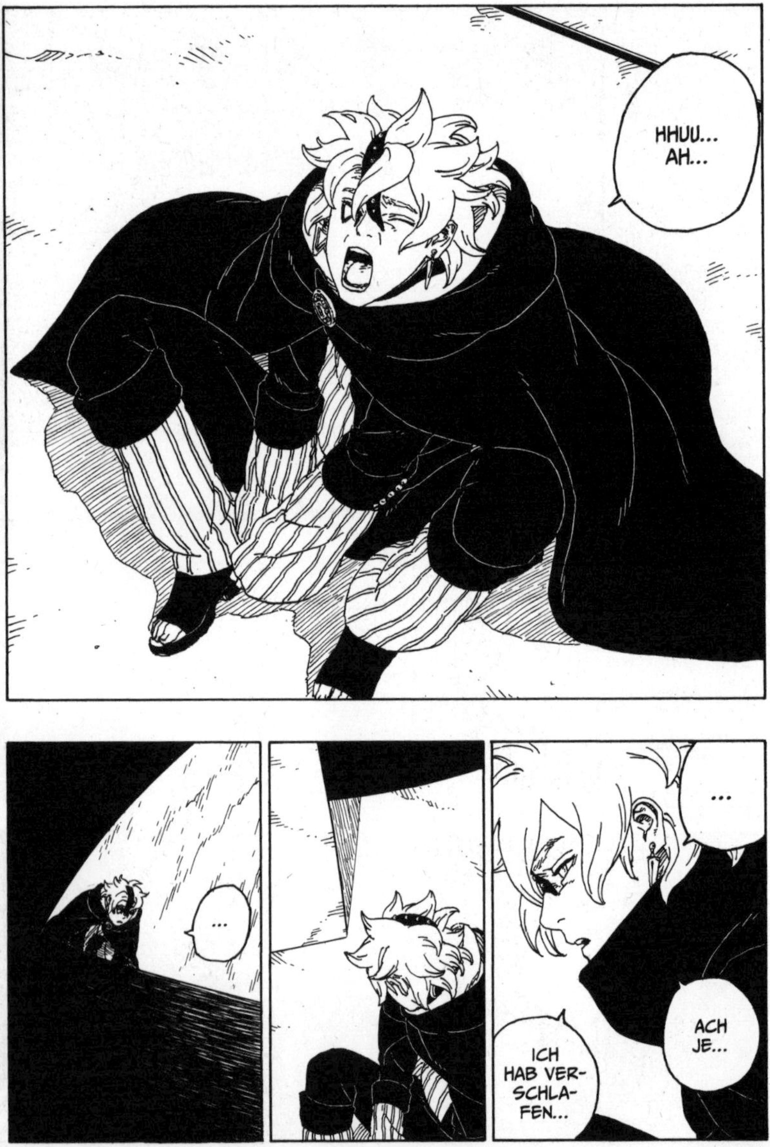

HHUU...
AH...

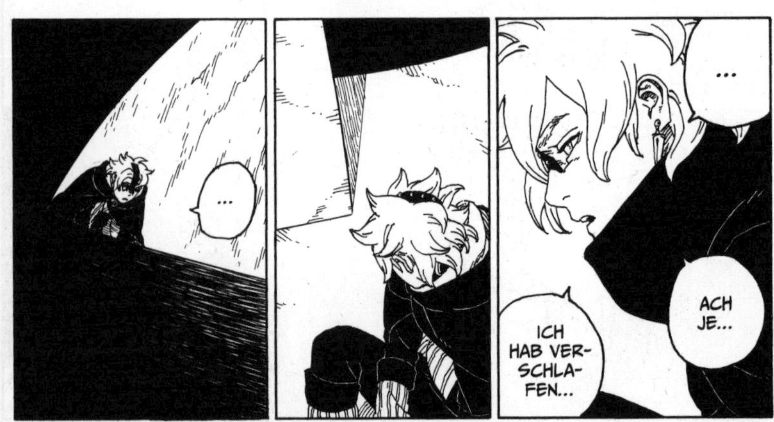

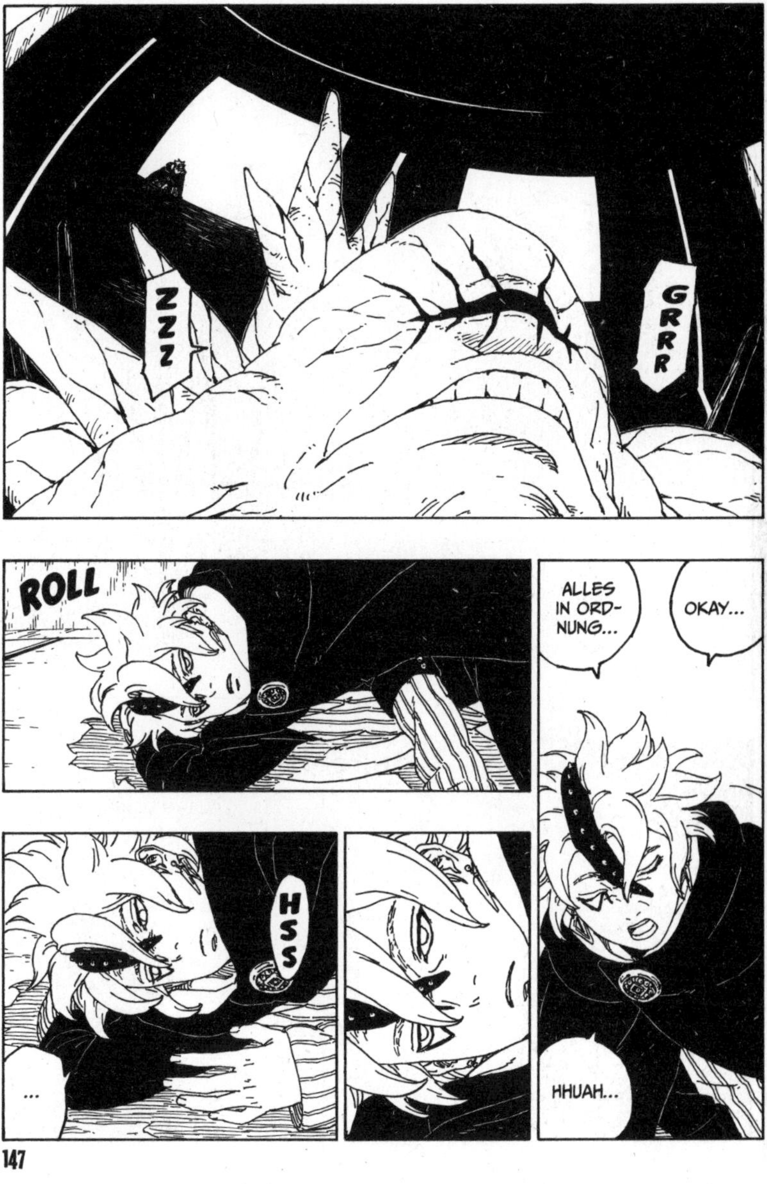

GRRR
ZZZ
OKAY...
ALLES IN ORD-NUNG...
HHUAH...
ROLL
HSS
...

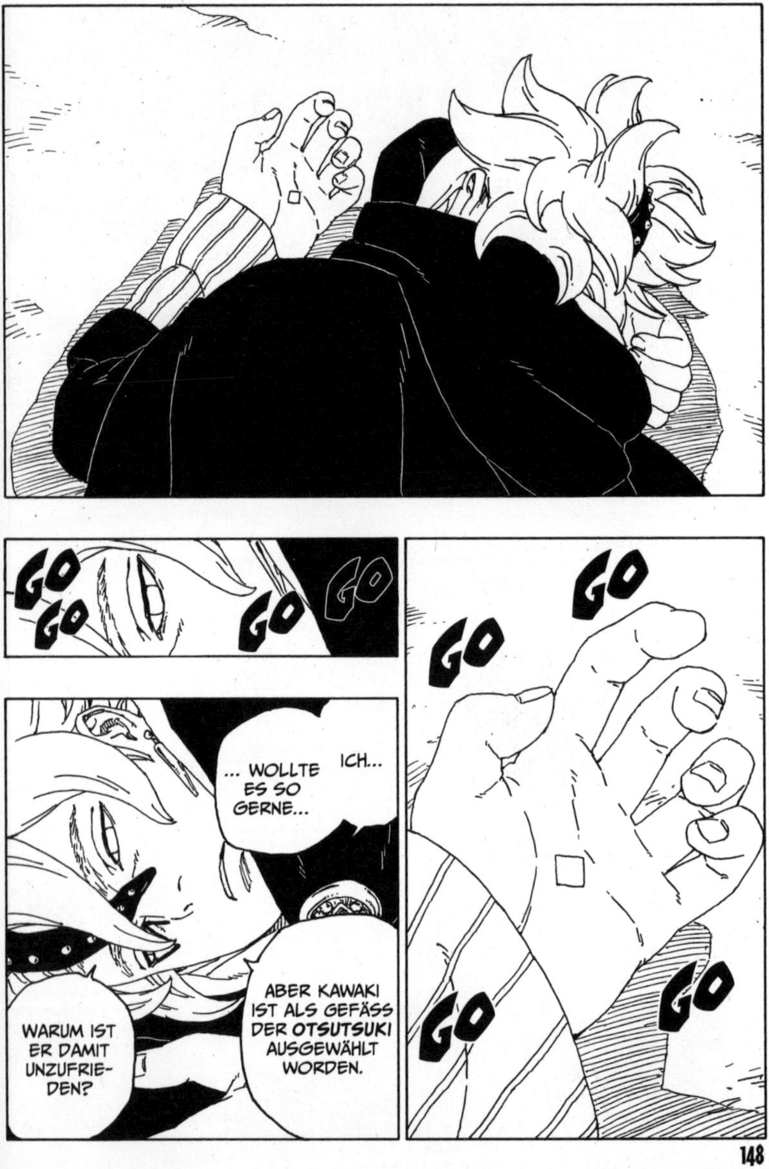

GO
GO
GO
GO

GO
GO
GO
GO

ICH...
... WOLLTE ES SO GERNE...
ABER KAWAKI IST ALS GEFÄSS DER OTSUTSUKI AUSGEWÄHLT WORDEN.
WARUM IST ER DAMIT UNZUFRIE-DEN?

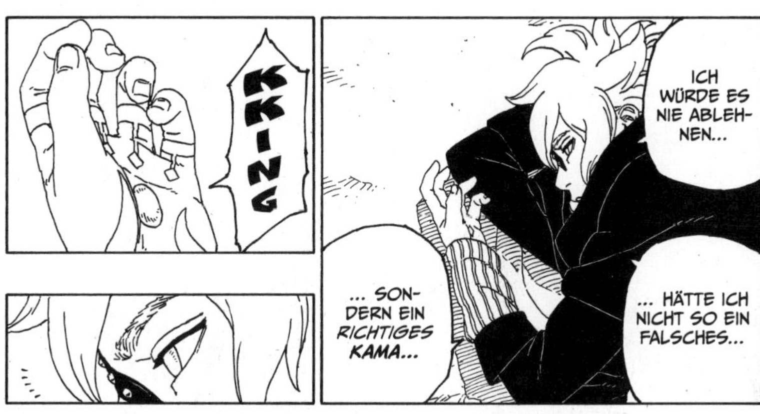
ICH WÜRDE ES NIE ABLEHNEN...
... HÄTTE ICH NICHT SO EIN FALSCHES...
... SONDERN EIN RICHTIGES KAMA...
KKING
FUMP
FFUMP
?!
FFUMP
FUMP
GO
GO
GO
GO

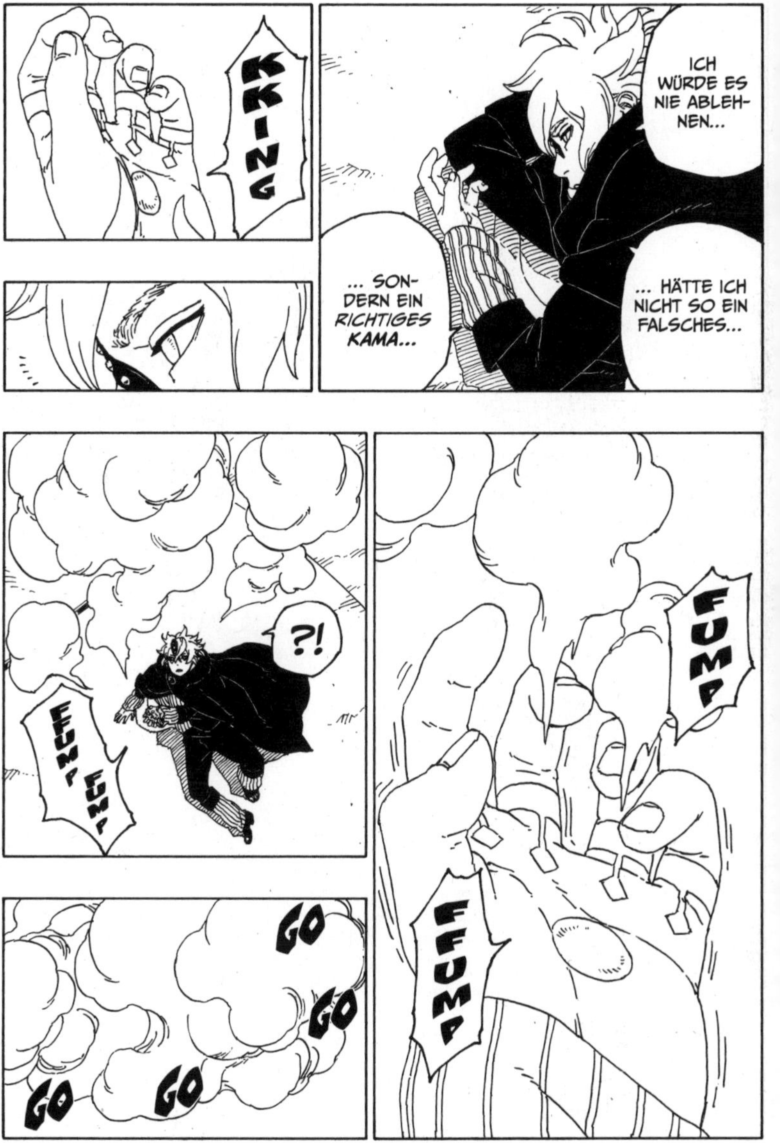

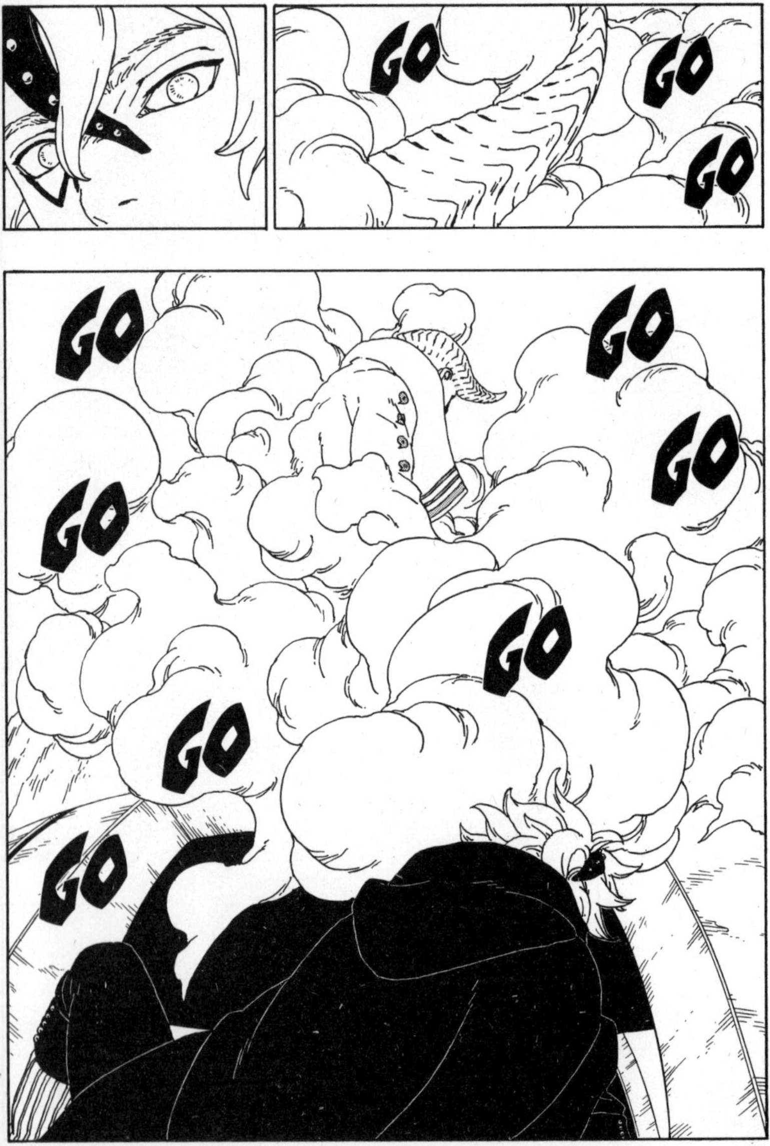

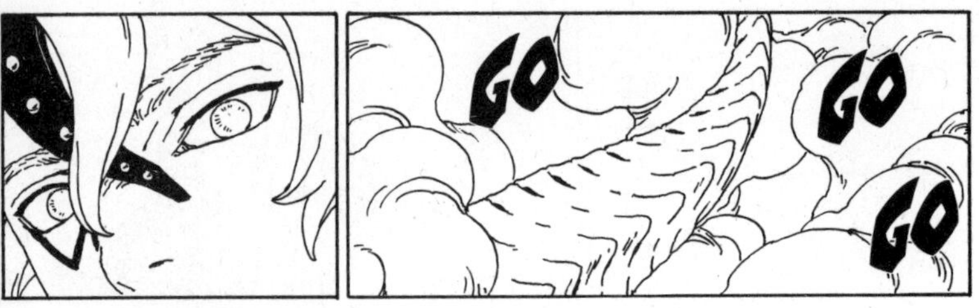
GO
GO
GO
GO
GO
GO
GO
GO
GO
GO
GO

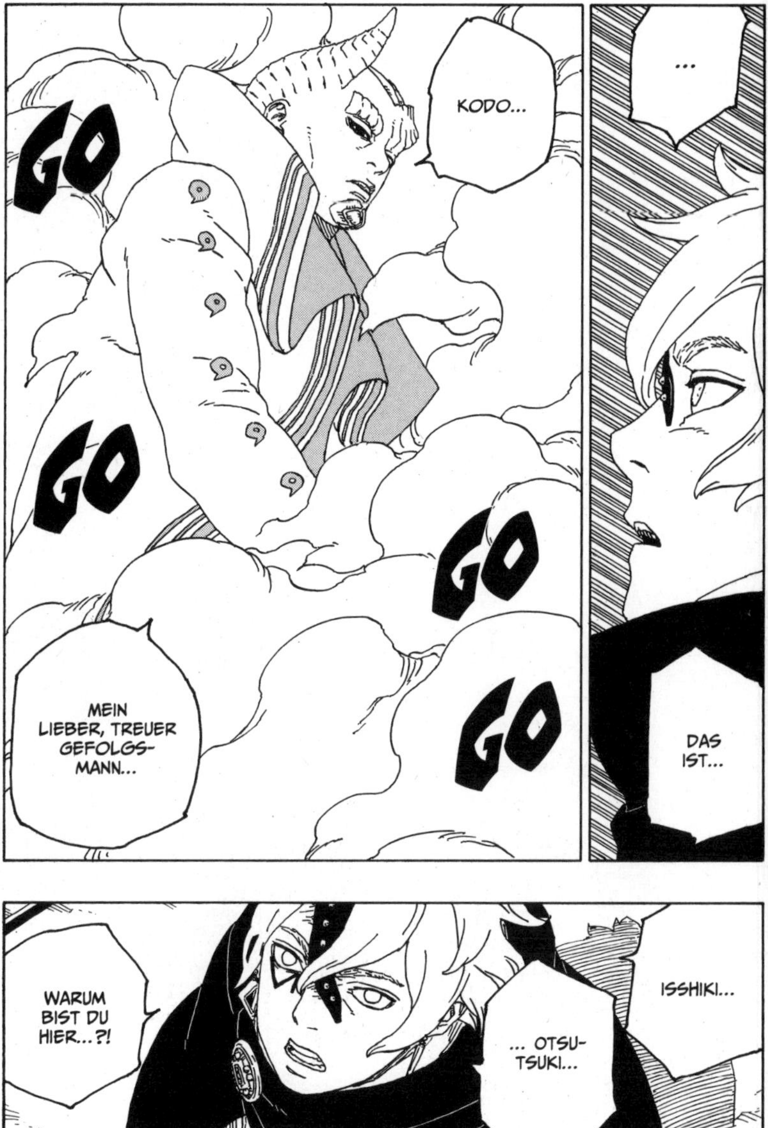

...

DAS IST...

KODO...

GO

GO

GO

GO

MEIN LIEBER, TREUER GEFOLGSMANN...

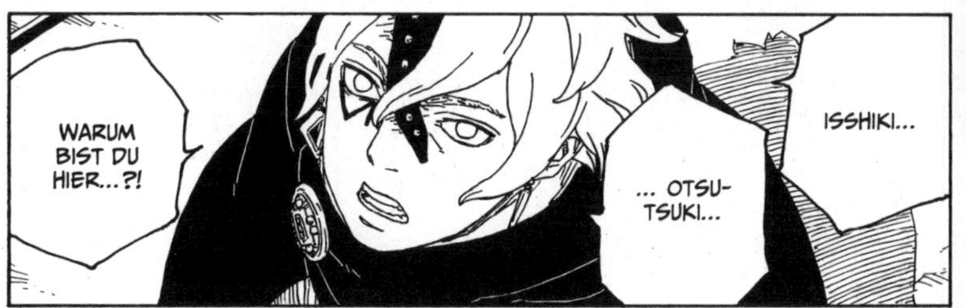

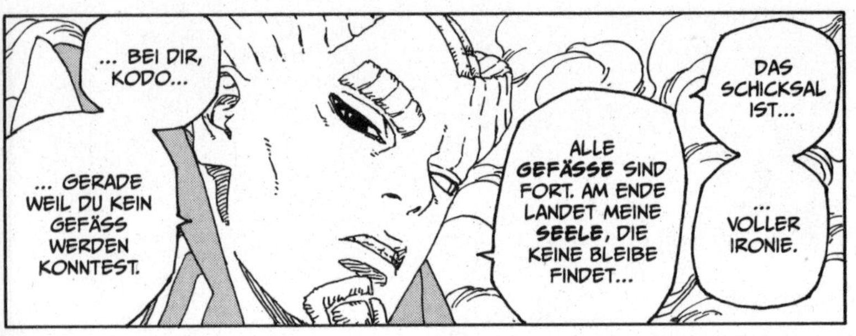
DAS SCHICKSAL IST...
... VOLLER IRONIE.
ALLE GEFÄSSE SIND FORT. AM ENDE LANDET MEINE SEELE, DIE KEINE BLEIBE FINDET...
... BEI DIR, KODO...
... GERADE WEIL DU KEIN GEFÄSS WERDEN KONNTEST.

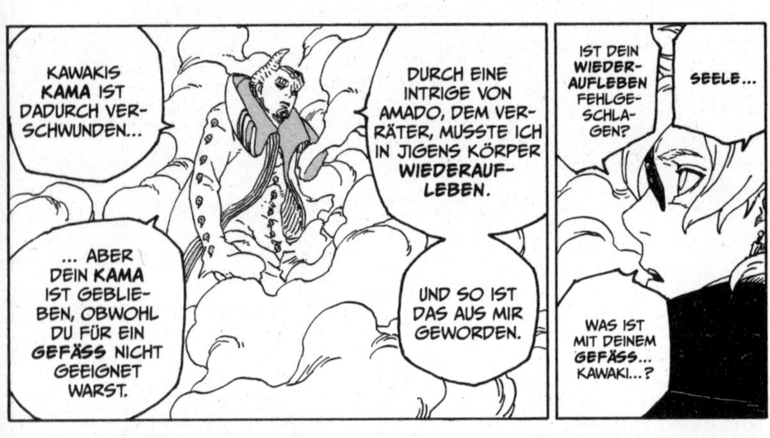
SEELE...
IST DEIN WIEDER-AUFLEBEN FEHLGE-SCHLAGEN?
WAS IST MIT DEINEM GEFÄSS... KAWAKI...?
DURCH EINE INTRIGE VON AMADO, DEM VER-RÄTER, MUSSTE ICH IN JIGENS KÖRPER WIEDERAUF-LEBEN.
UND SO IST DAS AUS MIR GEWORDEN.
KAWAKIS KAMA IST DADURCH VER-SCHWUNDEN...
... ABER DEIN KAMA IST GEBLIE-BEN, OBWOHL DU FÜR EIN GEFÄSS NICHT GEEIGNET WARST.

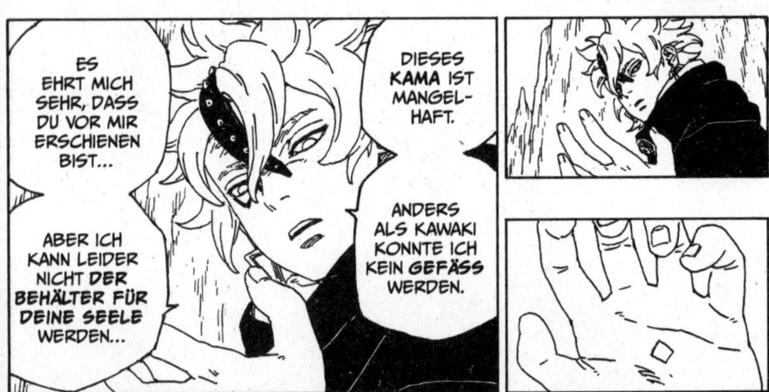
DIESES KAMA IST MANGEL-HAFT.
ANDERS ALS KAWAKI KONNTE ICH KEIN GEFÄSS WERDEN.
ES EHRT MICH SEHR, DASS DU VOR MIR ERSCHIENEN BIST...
ABER ICH KANN LEIDER NICHT DER BEHÄLTER FÜR DEINE SEELE WERDEN...

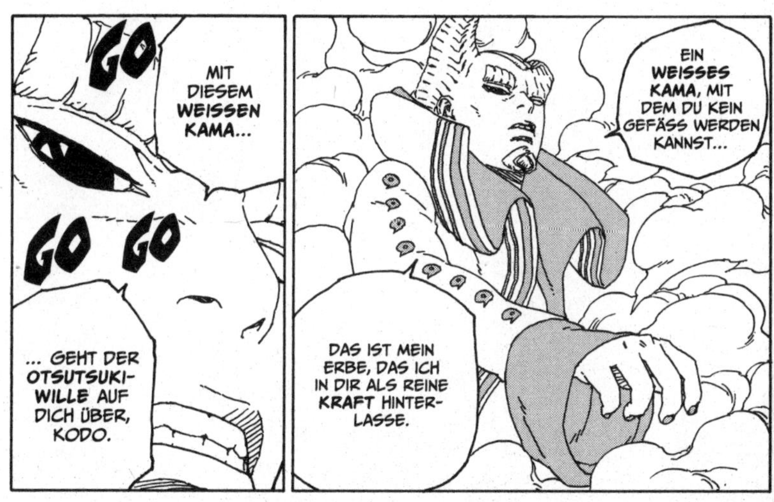

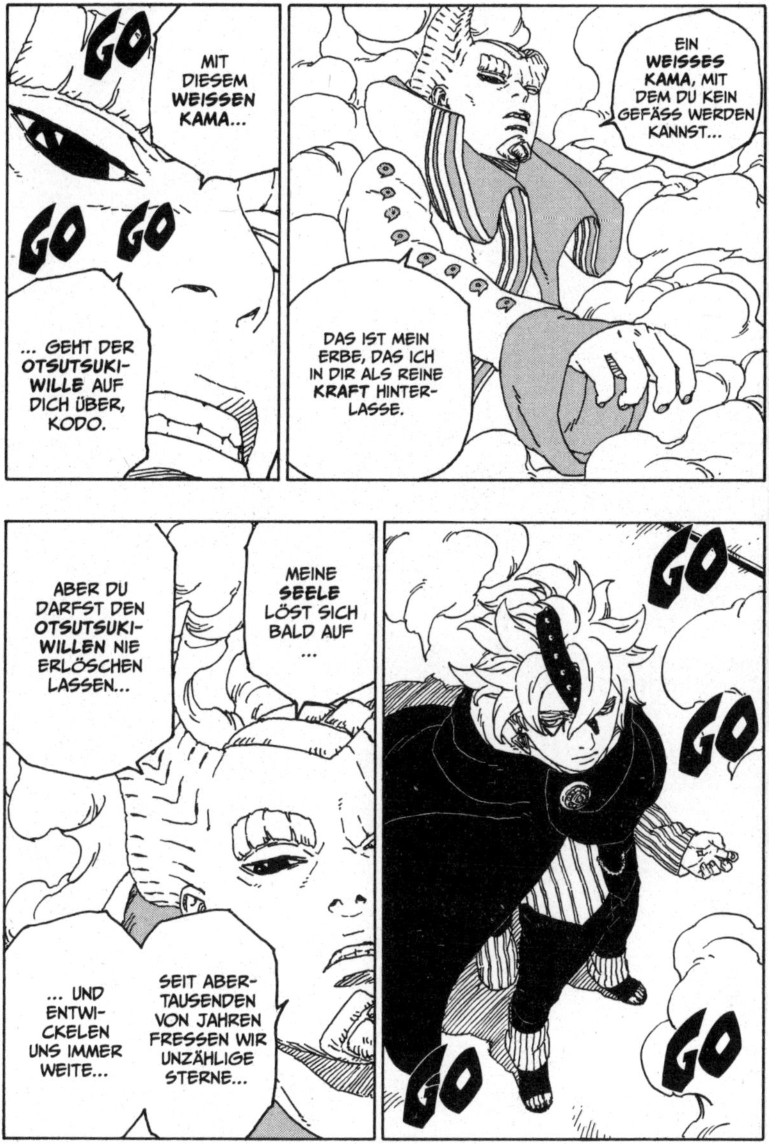

GO

GO

GO

GO

MEINE SEELE LÖST SICH BALD AUF ...

ABER DU DARFST DEN OTSUTSUKI-WILLEN NIE ERLÖSCHEN LASSEN...

SEIT ABERTAUSENDEN VON JAHREN FRESSEN WIR UNZÄHLIGE STERNE...

... UND ENTWICKELEN UNS IMMER WEITE...

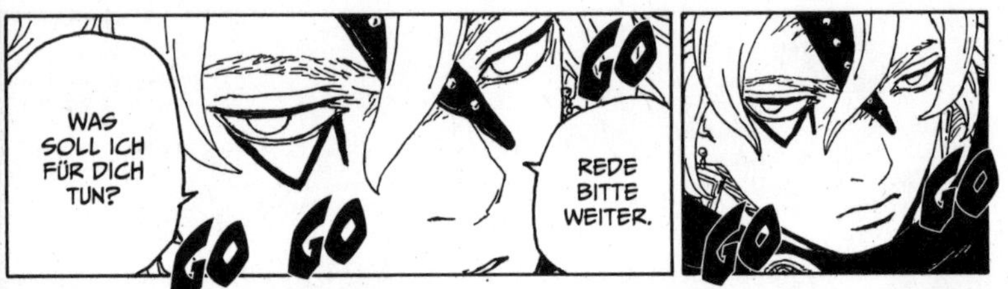

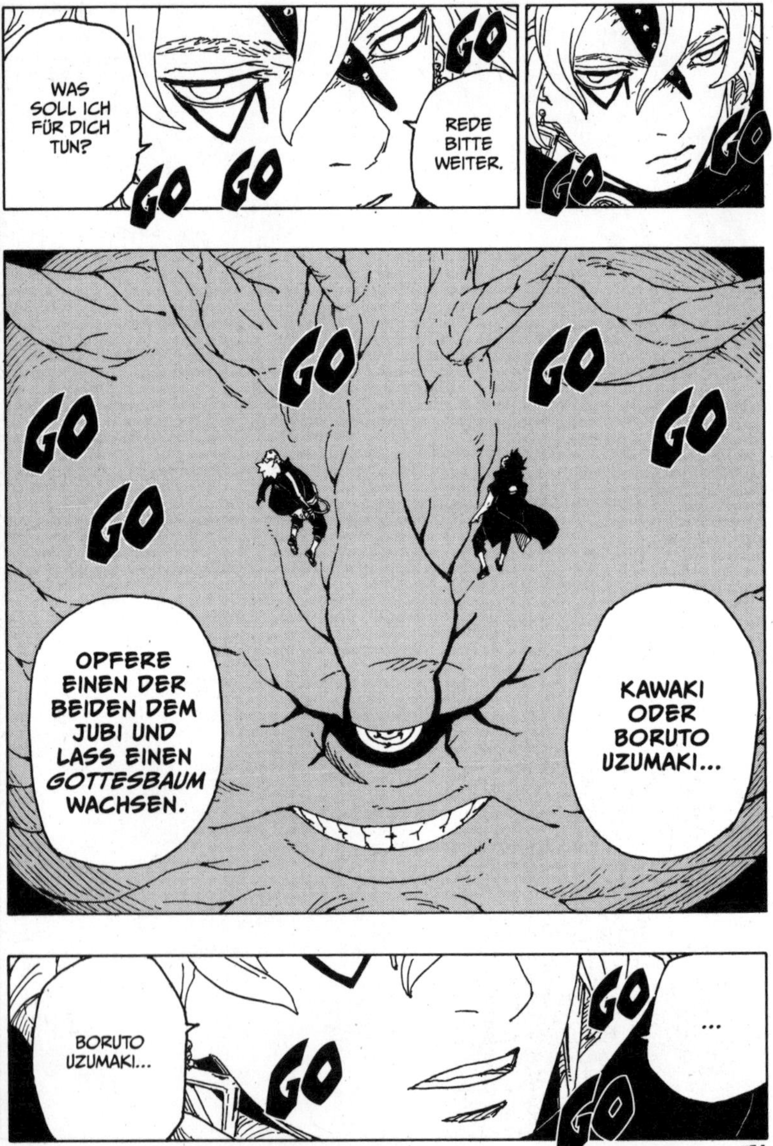

GO GO GO GO GO

KAWAKI ODER BORUTO UZUMAKI...

OPFERE EINEN DER BEIDEN DEM JUBI UND LASS EINEN *GOTTESBAUM* WACHSEN.

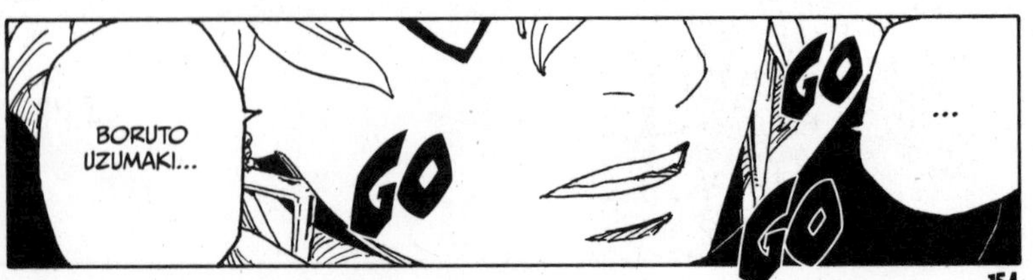

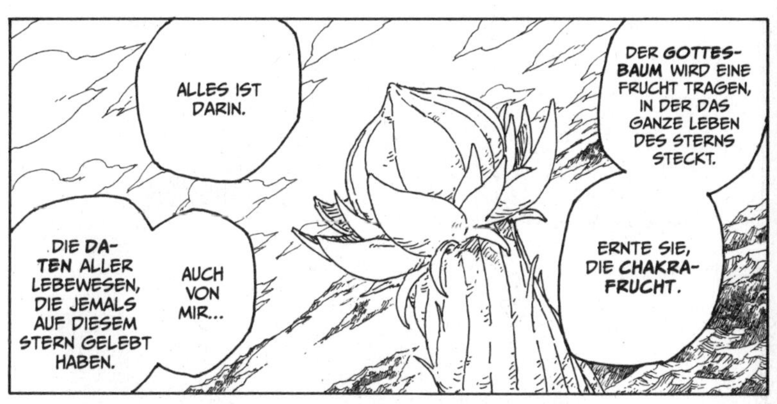

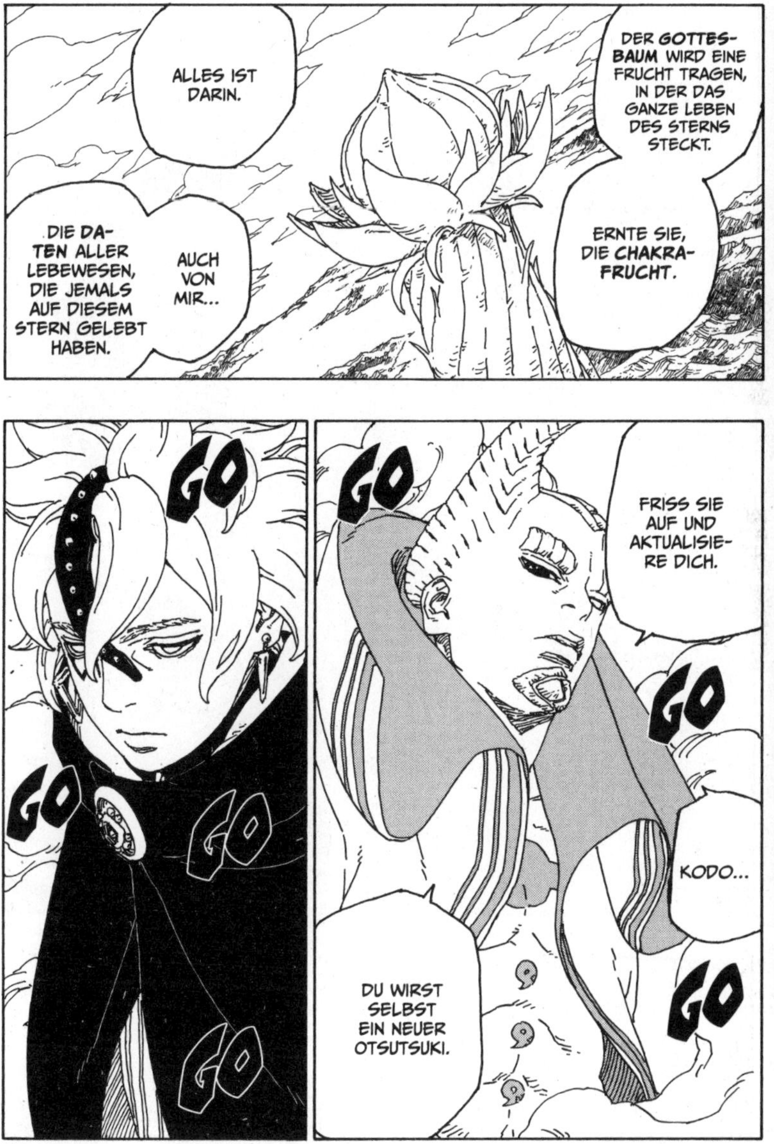

GO
FRISS SIE AUF UND AKTUALISIERE DICH.
GO
KODO...
GO
DU WIRST SELBST EIN NEUER OTSUTSUKI.
GO
GO
GO
GO

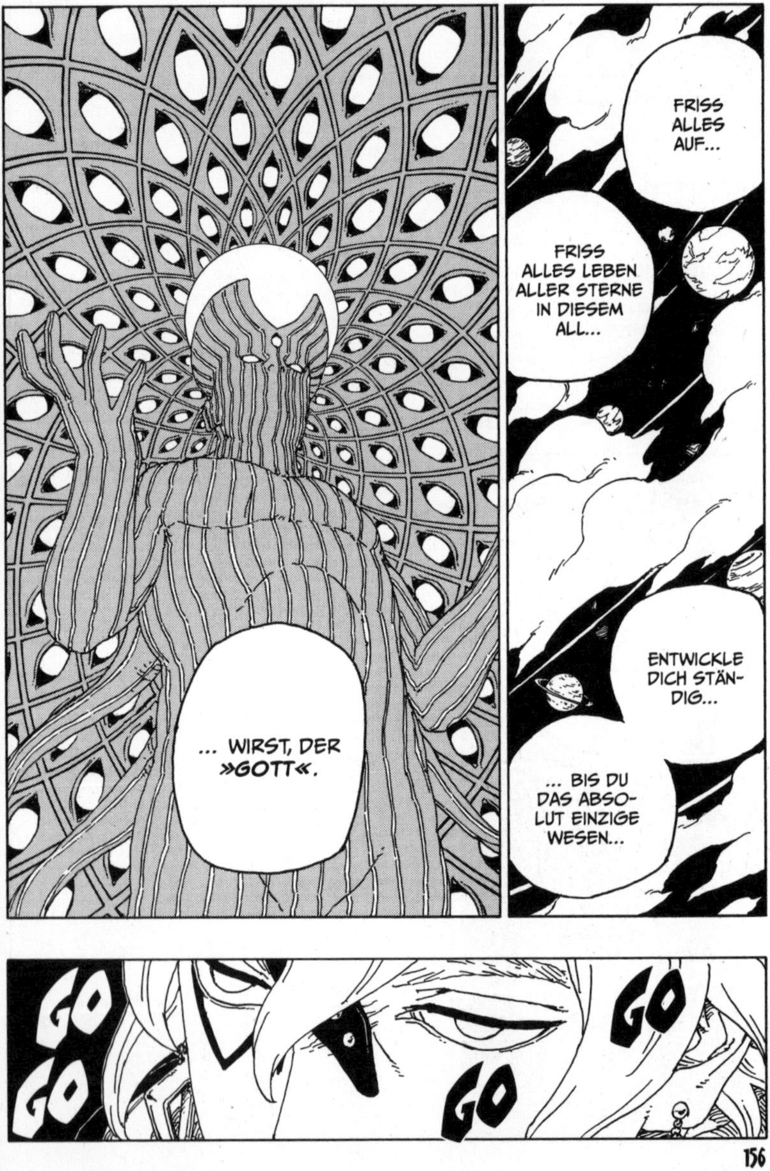

FRISS ALLES AUF...

FRISS ALLES LEBEN ALLER STERNE IN DIESEM ALL...

ENTWICKLE DICH STÄNDIG...

... BIS DU DAS ABSOLUT EINZIGE WESEN...

... WIRST, DER »GOTT«.

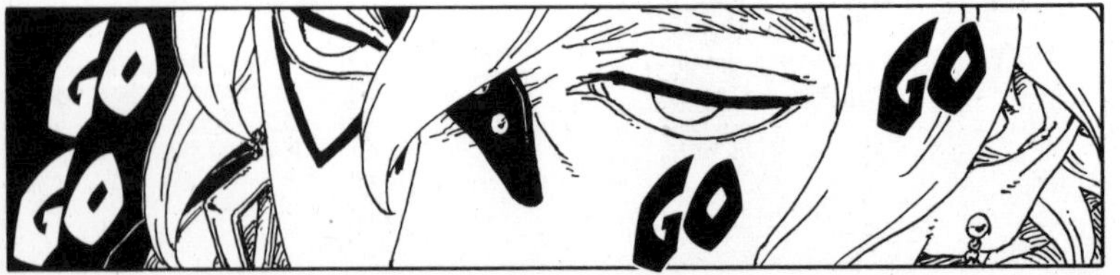

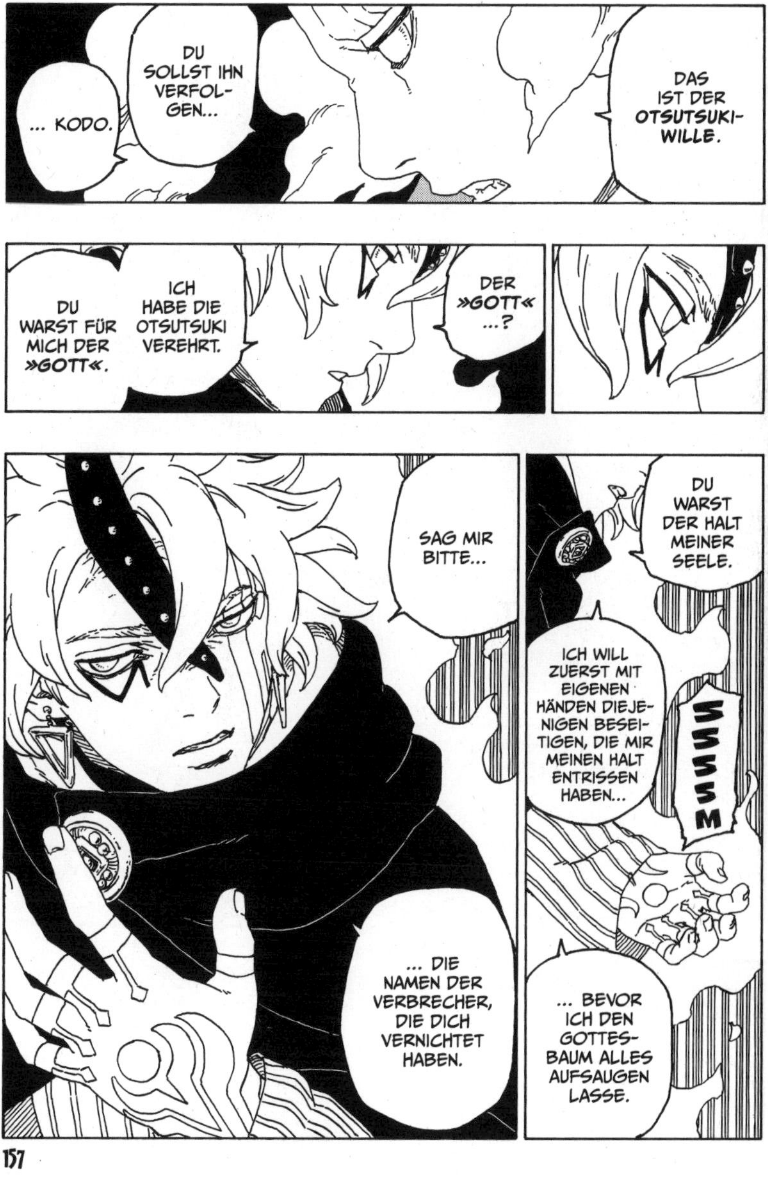

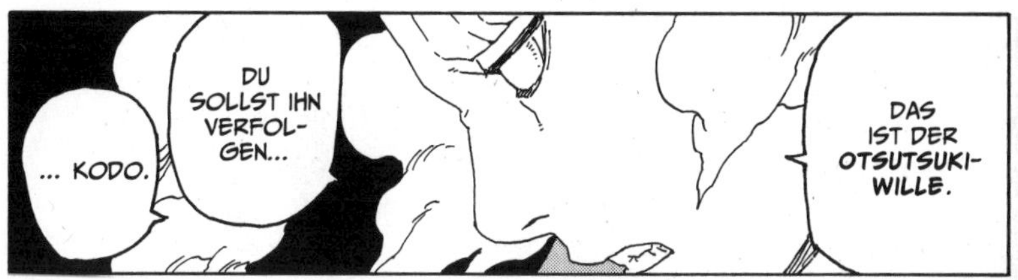


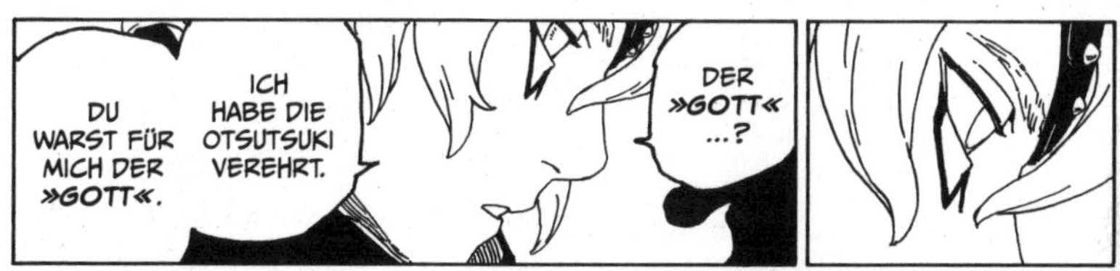


DU WARST DER HALT MEINER SEELE.

ICH WILL ZUERST MIT EIGENEN HÄNDEN DIEJENIGEN BESEITIGEN, DIE MIR MEINEN HALT ENTRISSEN HABEN...

SSSSM

... BEVOR ICH DEN GOTTESBAUM ALLES AUFSAUGEN LASSE.

SAG MIR BITTE...

... DIE NAMEN DER VERBRECHER, DIE DICH VERNICHTET HABEN.

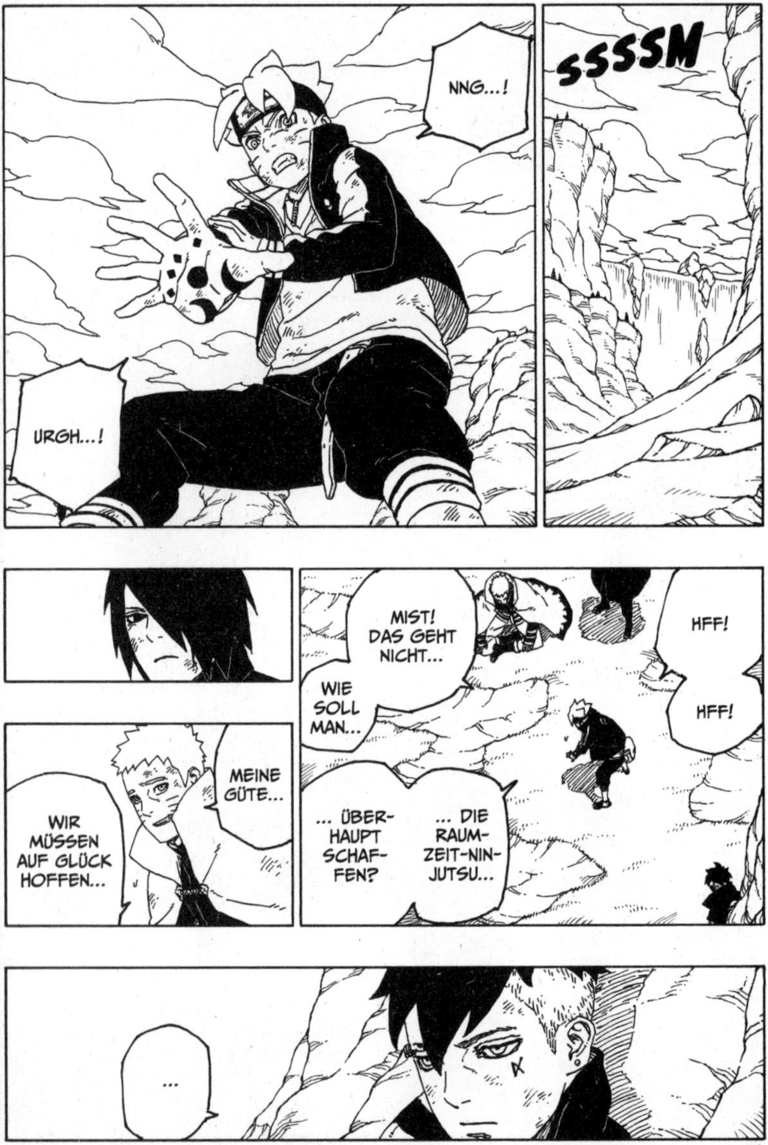

SSSSM

NNG...!

URGH...!

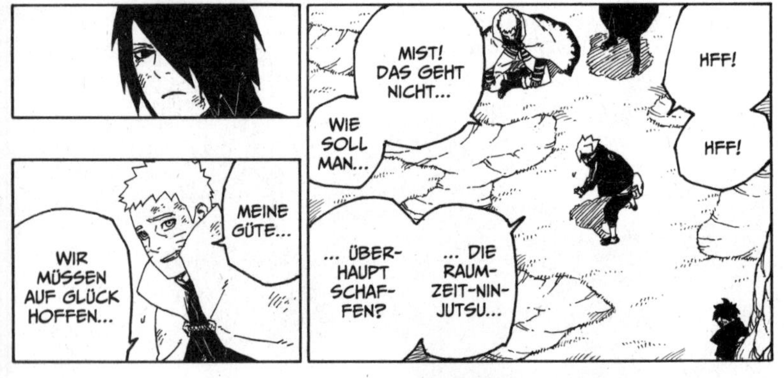


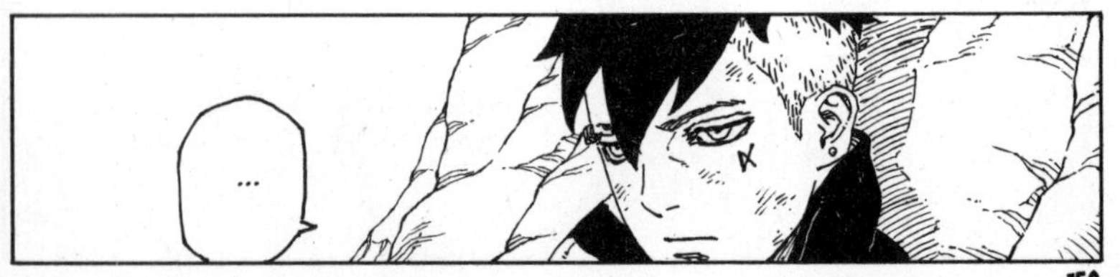

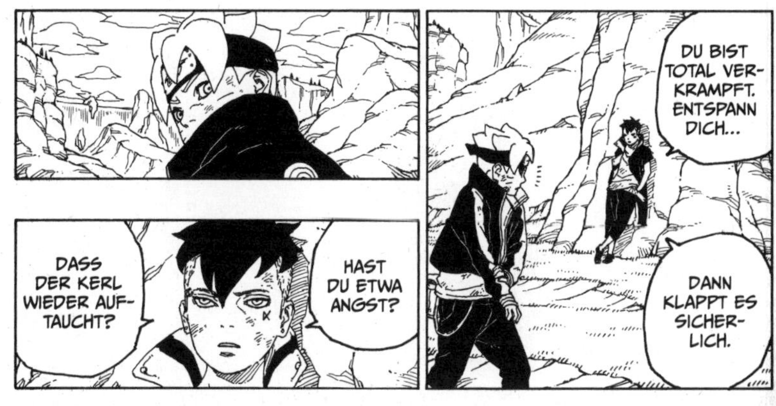
DU BIST TOTAL VERKRAMPFT. ENTSPANN DICH...
DANN KLAPPT ES SICHERLICH.
HAST DU ETWA ANGST?
DASS DER KERL WIEDER AUFTAUCHT?

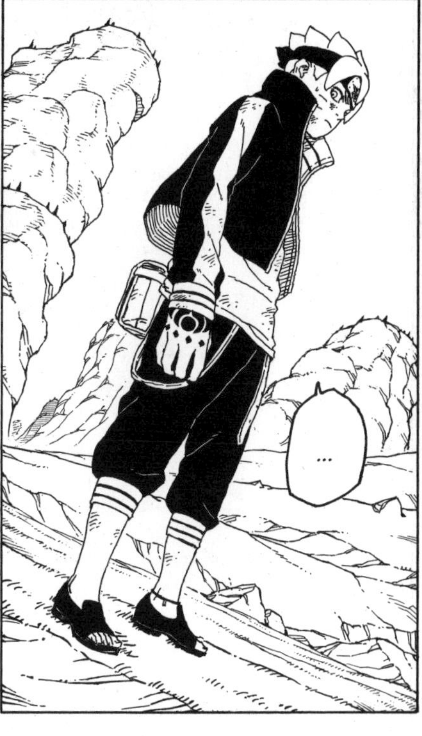
...

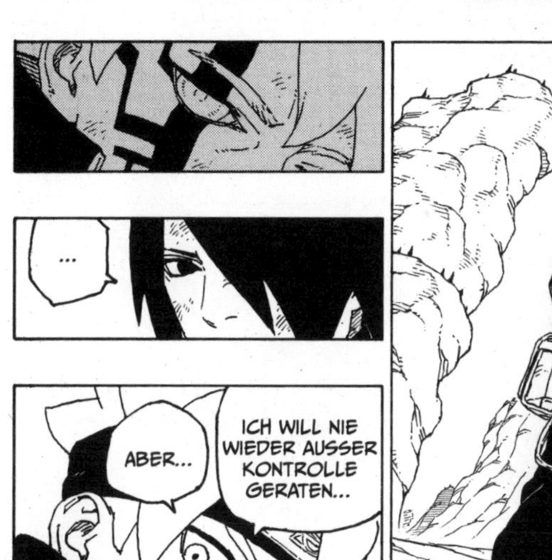
...

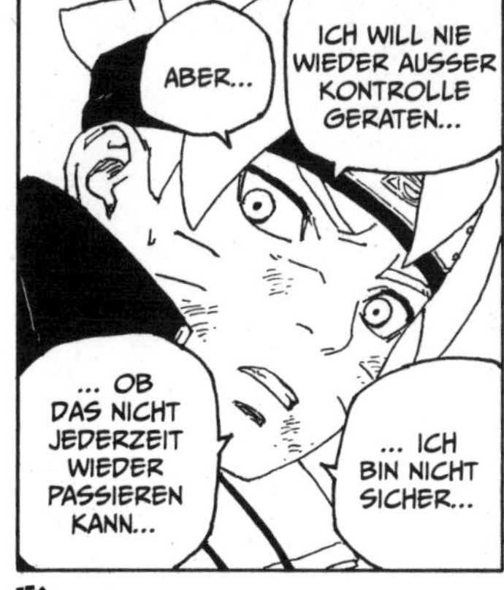
ICH WILL NIE WIEDER AUSSER KONTROLLE GERATEN...
ABER...
... ICH BIN NICHT SICHER...
... OB DAS NICHT JEDERZEIT WIEDER PASSIEREN KANN...

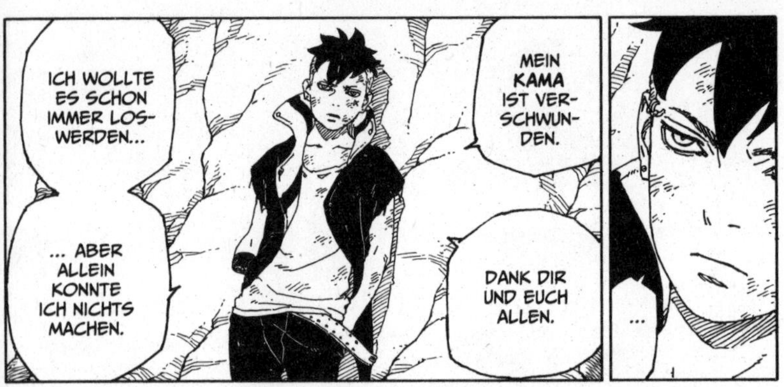

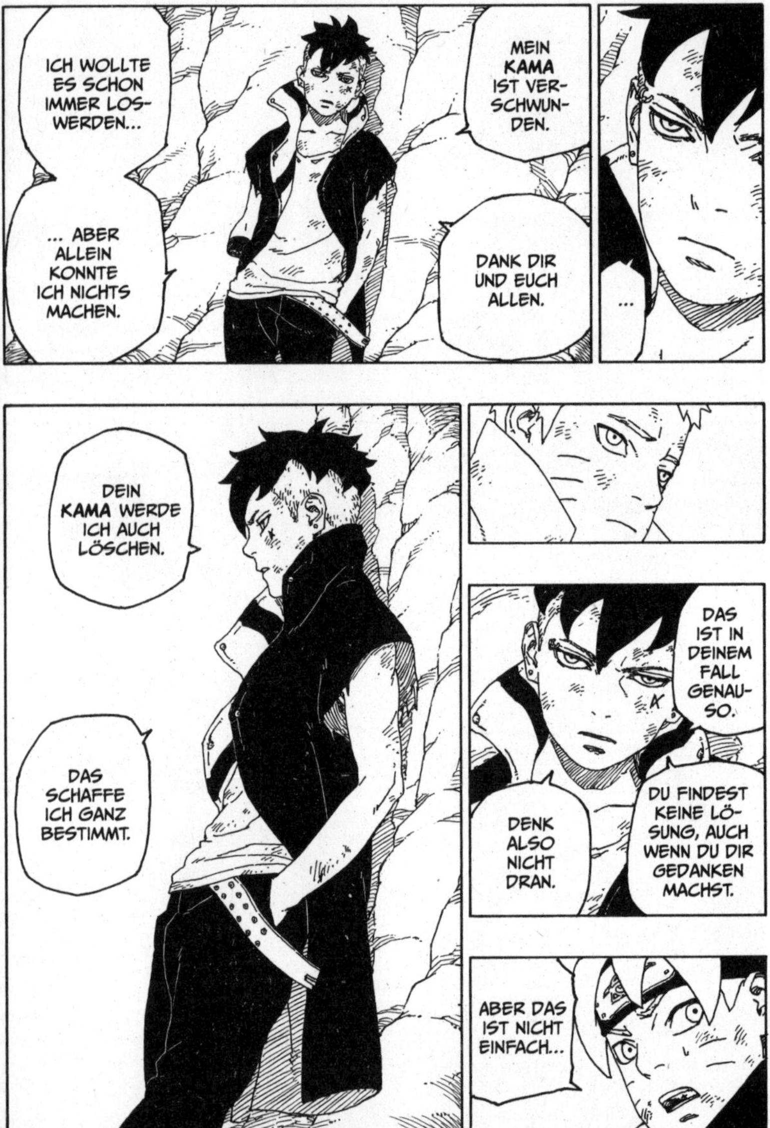

DAS IST IN DEINEM FALL GENAUSO.

DU FINDEST KEINE LÖSUNG, AUCH WENN DU DIR GEDANKEN MACHST.

DENK ALSO NICHT DRAN.

ABER DAS IST NICHT EINFACH...

DEIN KAMA WERDE ICH AUCH LÖSCHEN.

DAS SCHAFFE ICH GANZ BESTIMMT.

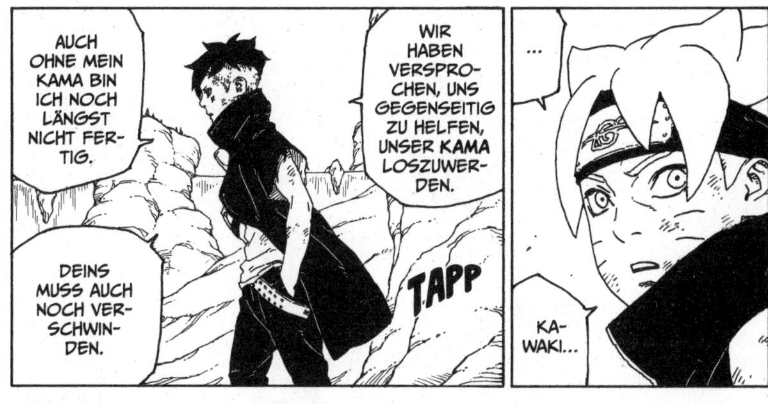
...
KAWAKI...
TAPP
WIR HABEN VERSPROCHEN, UNS GEGENSEITIG ZU HELFEN, UNSER KAMA LOSZUWERDEN.
AUCH OHNE MEIN KAMA BIN ICH NOCH LÄNGST NICHT FERTIG.
DEINS MUSS AUCH NOCH VERSCHWINDEN.

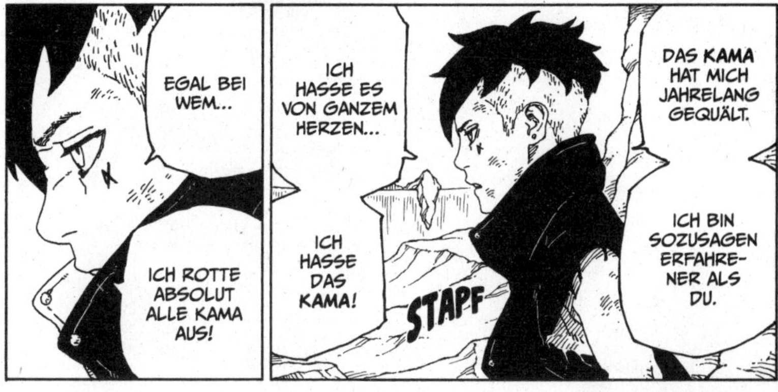
DAS KAMA HAT MICH JAHRELANG GEQUÄLT.
ICH BIN SOZUSAGEN ERFAHRENER ALS DU.
ICH HASSE ES VON GANZEM HERZEN...
ICH HASSE DAS KAMA!
STAPF
EGAL BEI WEM...
ICH ROTTE ABSOLUT ALLE KAMA AUS!

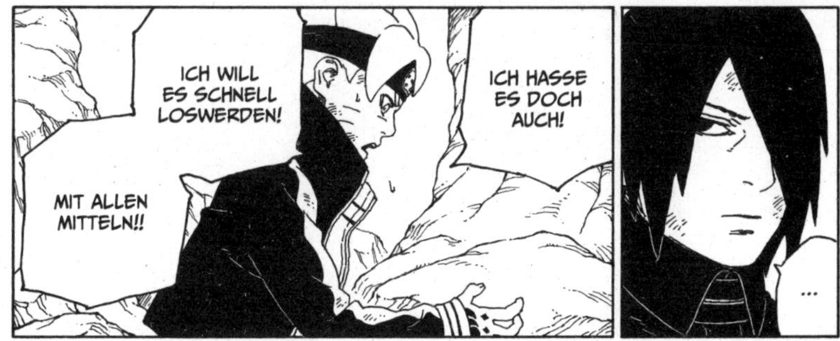
...
ICH HASSE ES DOCH AUCH!
ICH WILL ES SCHNELL LOSWERDEN!
MIT ALLEN MITTELN!!

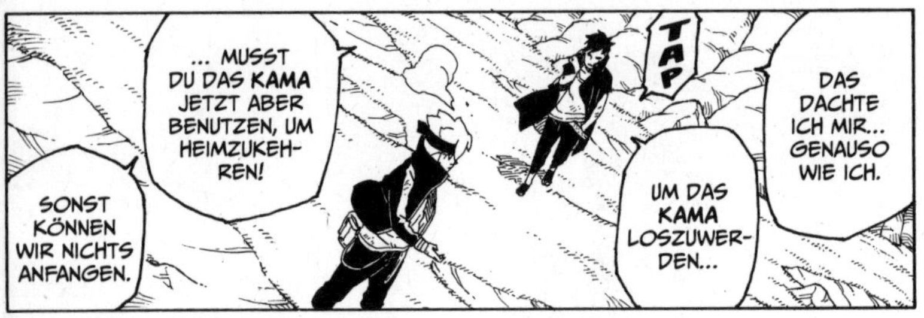

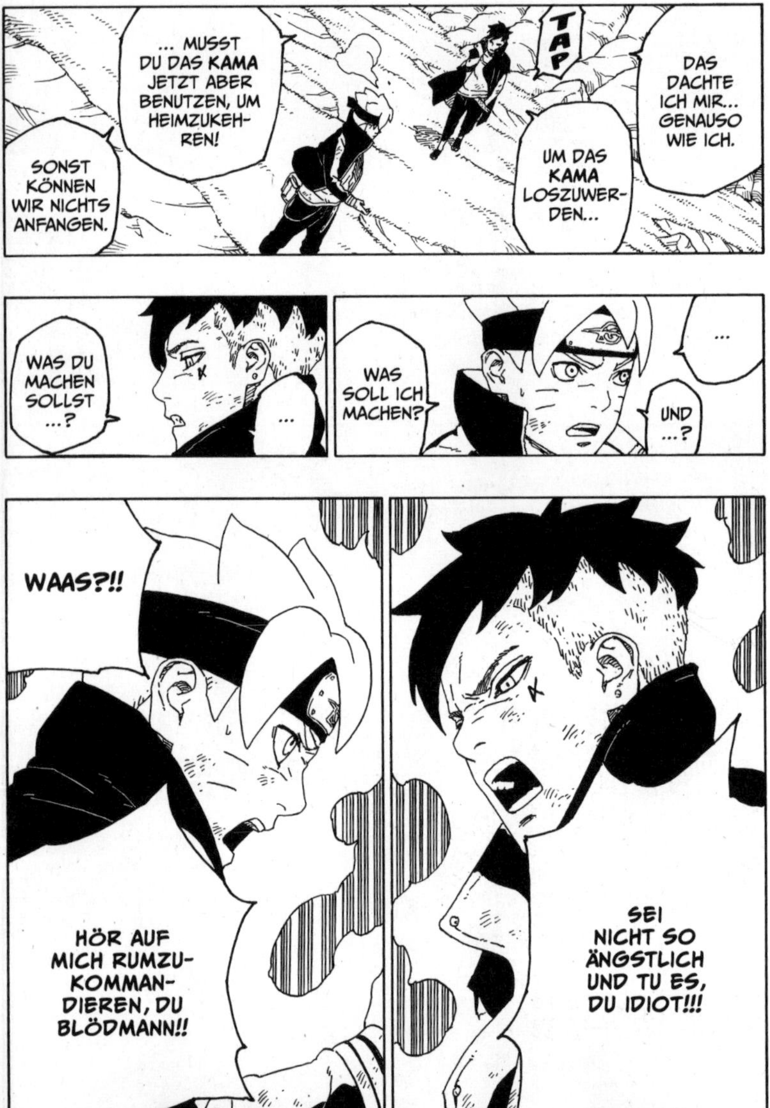

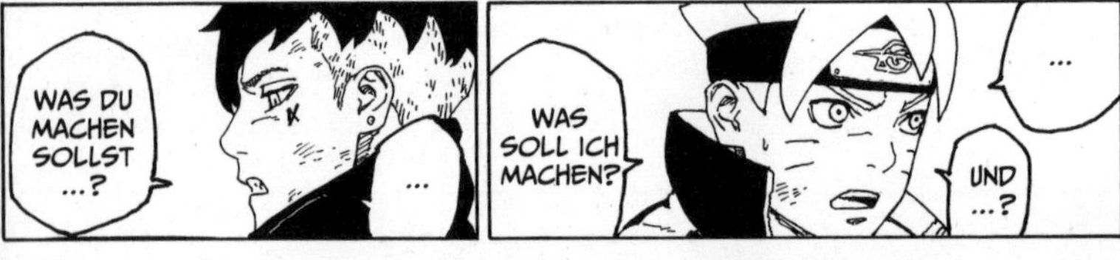


SEI NICHT SO ÄNGSTLICH UND TU ES, DU IDIOT!!!

WAAS?!!

HÖR AUF MICH RUMZUKOMMANDIEREN, DU BLÖDMANN!!

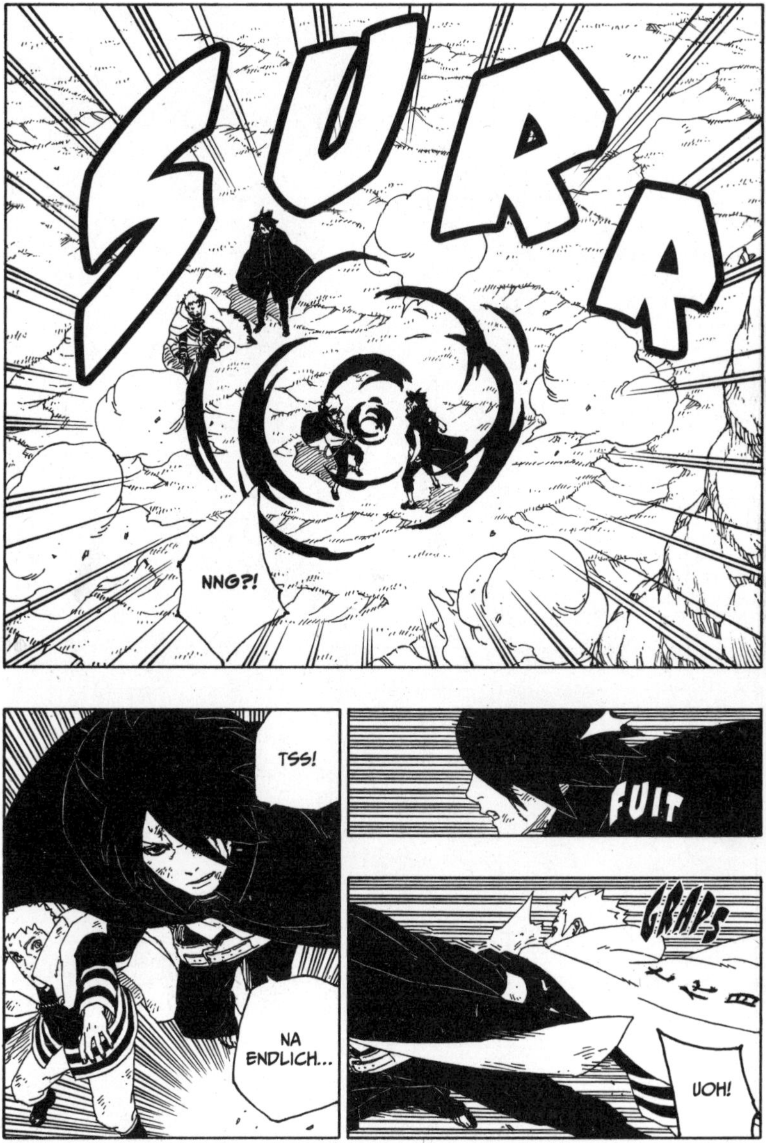

SURR
NNG?!

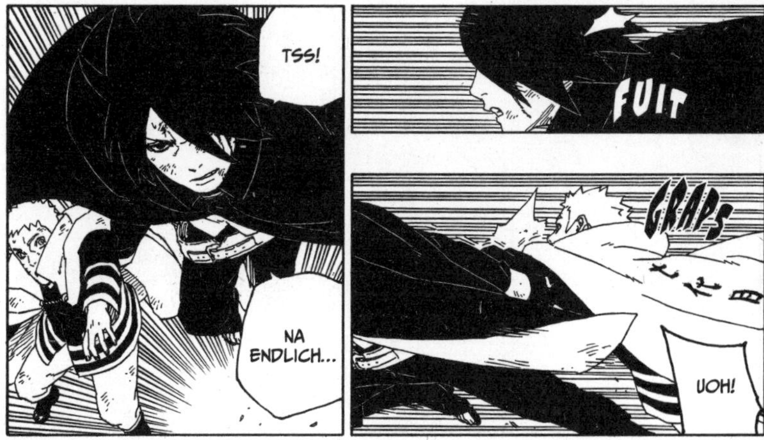
FUIT
GRAPS
UOH!
TSS!
NA ENDLICH...

SSSSSM

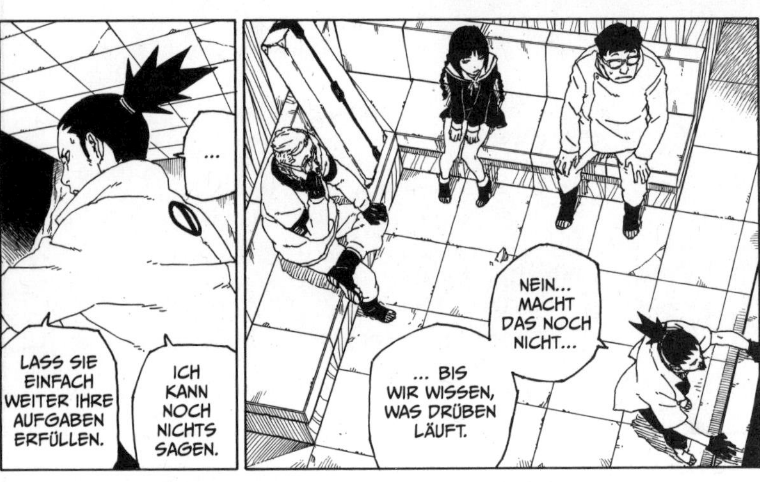
NEIN... MACHT DAS NOCH NICHT...
... BIS WIR WISSEN, WAS DRÜBEN LÄUFT.
...
ICH KANN NOCH NICHTS SAGEN.
LASS SIE EINFACH WEITER IHRE AUFGABEN ERFÜLLEN.

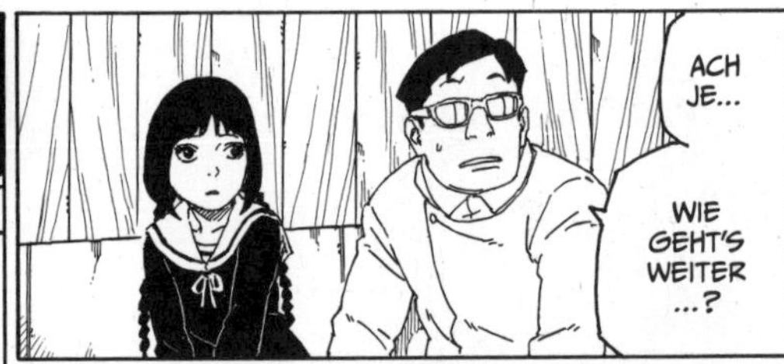
ACH JE...
WIE GEHT'S WEITER ...?

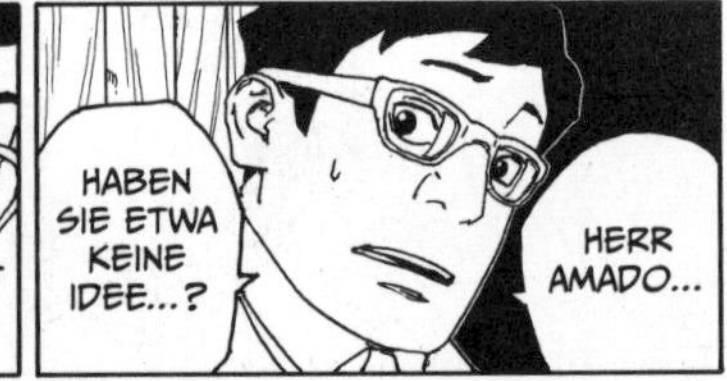
HERR AMADO...
HABEN SIE ETWA KEINE IDEE...?

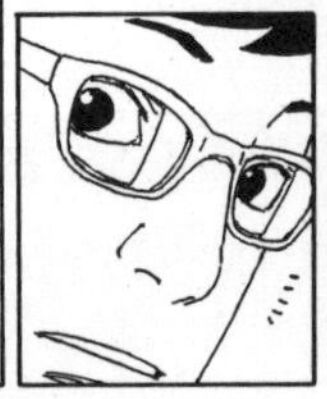

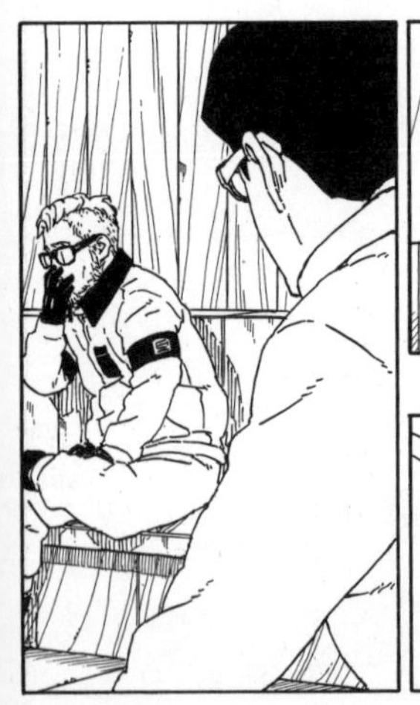

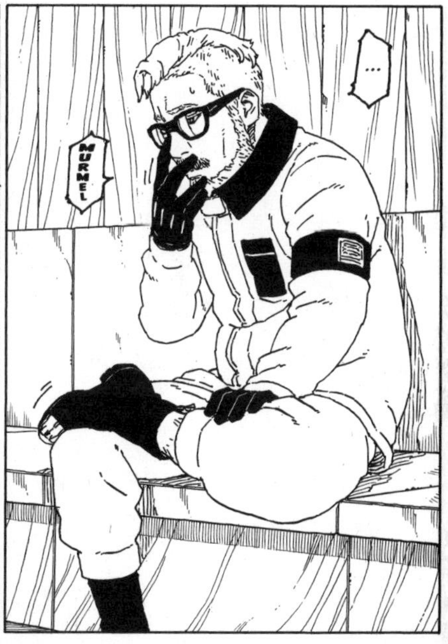
...
MURMEL

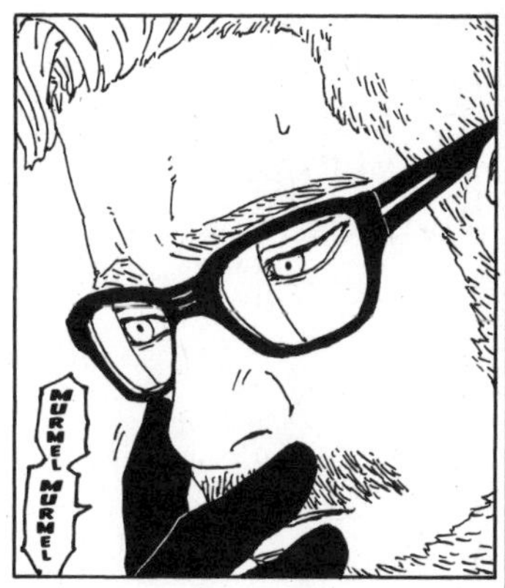
MURMEL MURMEL

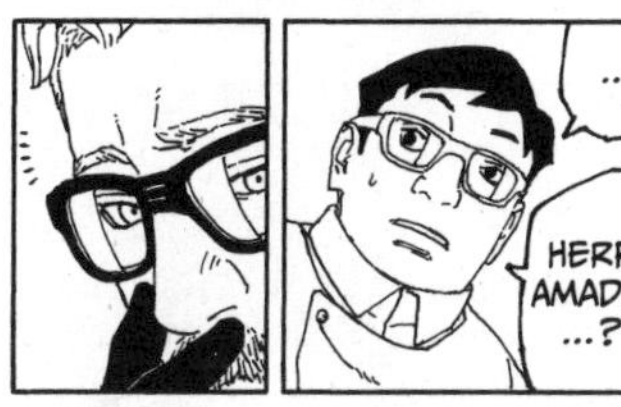
...
HERR AMADO ...?

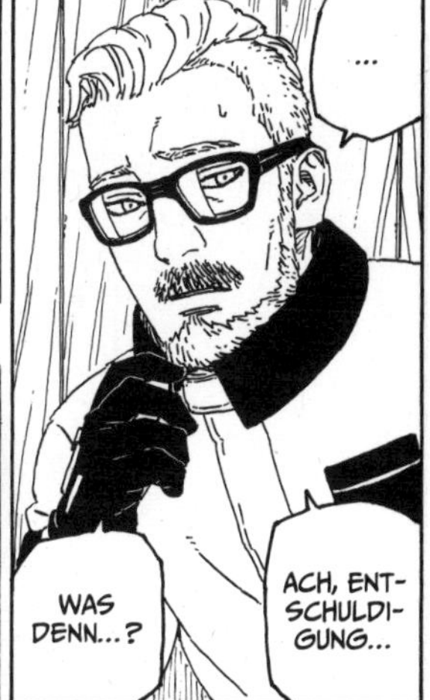
...
ACH, ENT-SCHULDI-GUNG...
WAS DENN...?

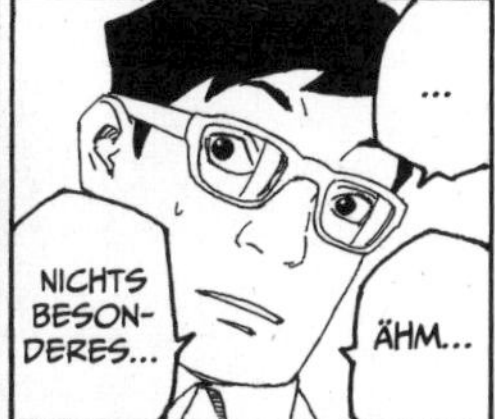
...
ÄHM...
NICHTS BESON-DERES...

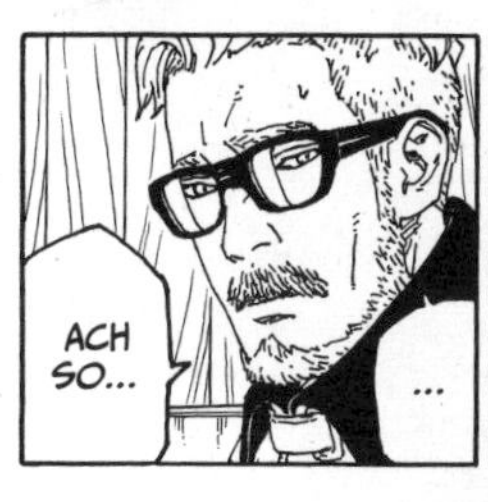
...
ACH SO...

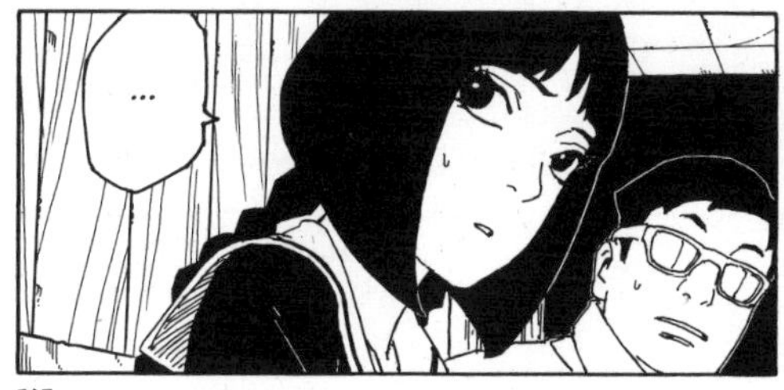
...

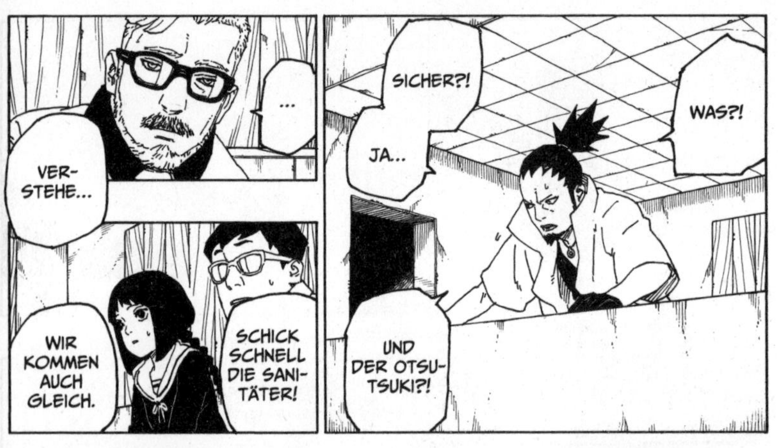
WAS?!
SICHER?!
JA...
UND DER OTSUTSUKI?!
...
VERSTEHE...
SCHICK SCHNELL DIE SANITÄTER!
WIR KOMMEN AUCH GLEICH.
NARUTO UND DIE ANDEREN SIND ZURÜCK!
DER OTSUTSUKI IST NICHT MEHR DA!
ES SCHEINT GEKLAPPT ZU HABEN!
OOH!
HE!
WAS IST MIT KAWAKI ...?!
LEBT ER?!
ALLE SIND VERWUNDET, ABER AM LEBEN.
AUF JEDEN FALL EILEN WIR ZU IHNEN.
GENAUERES ERFAHREN WIR DANACH.

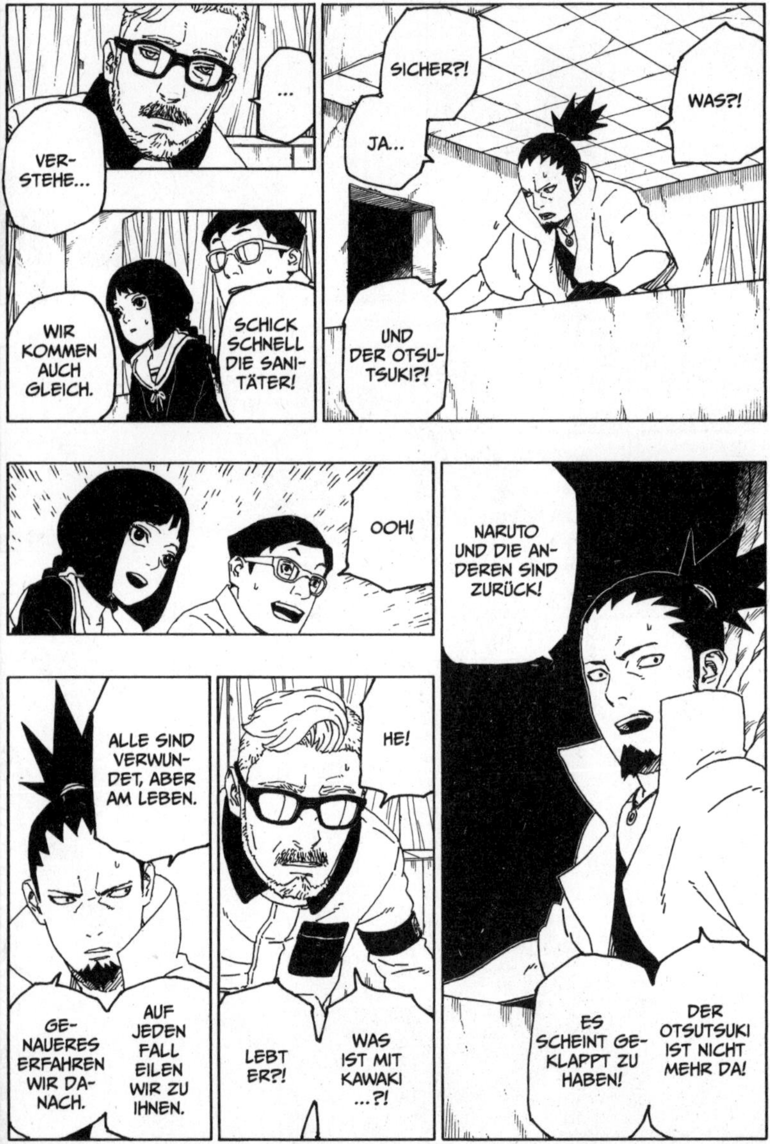

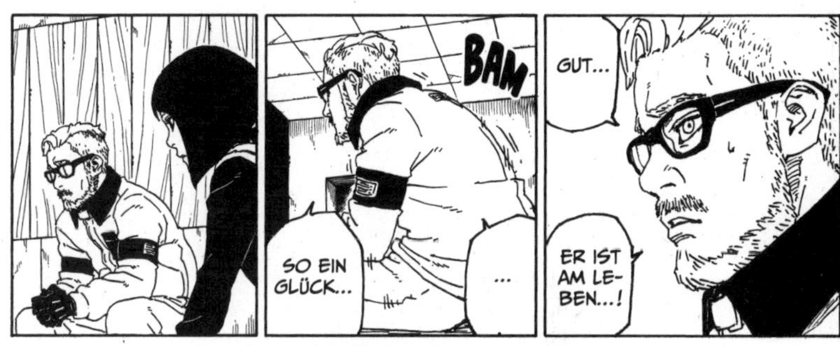

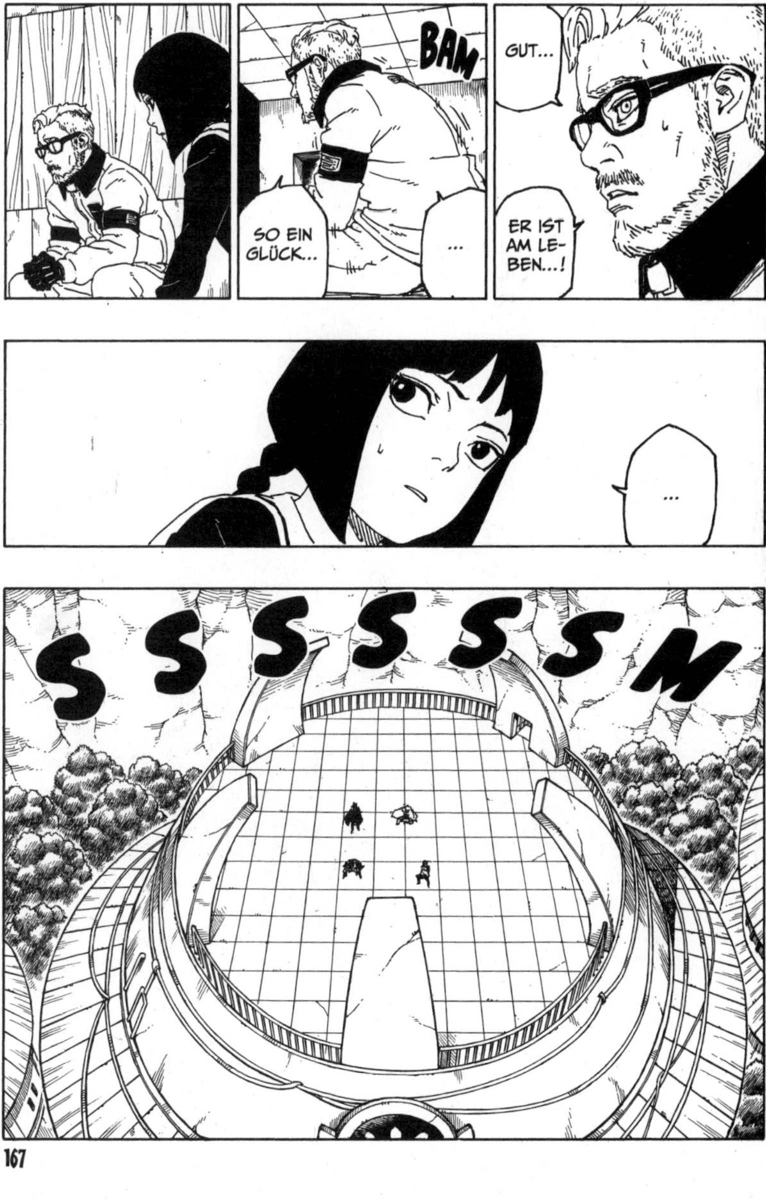

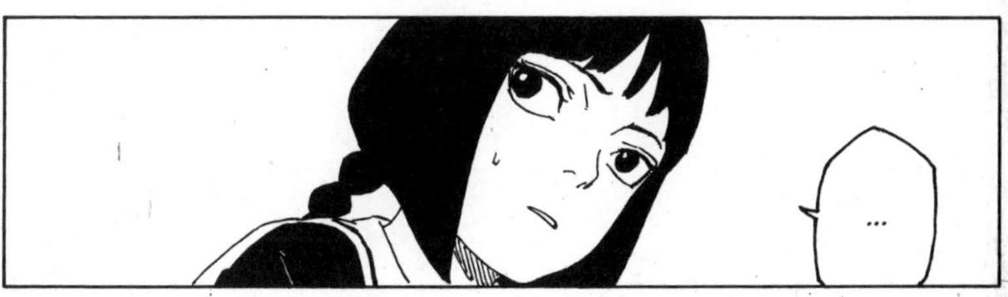


SSSSSSM

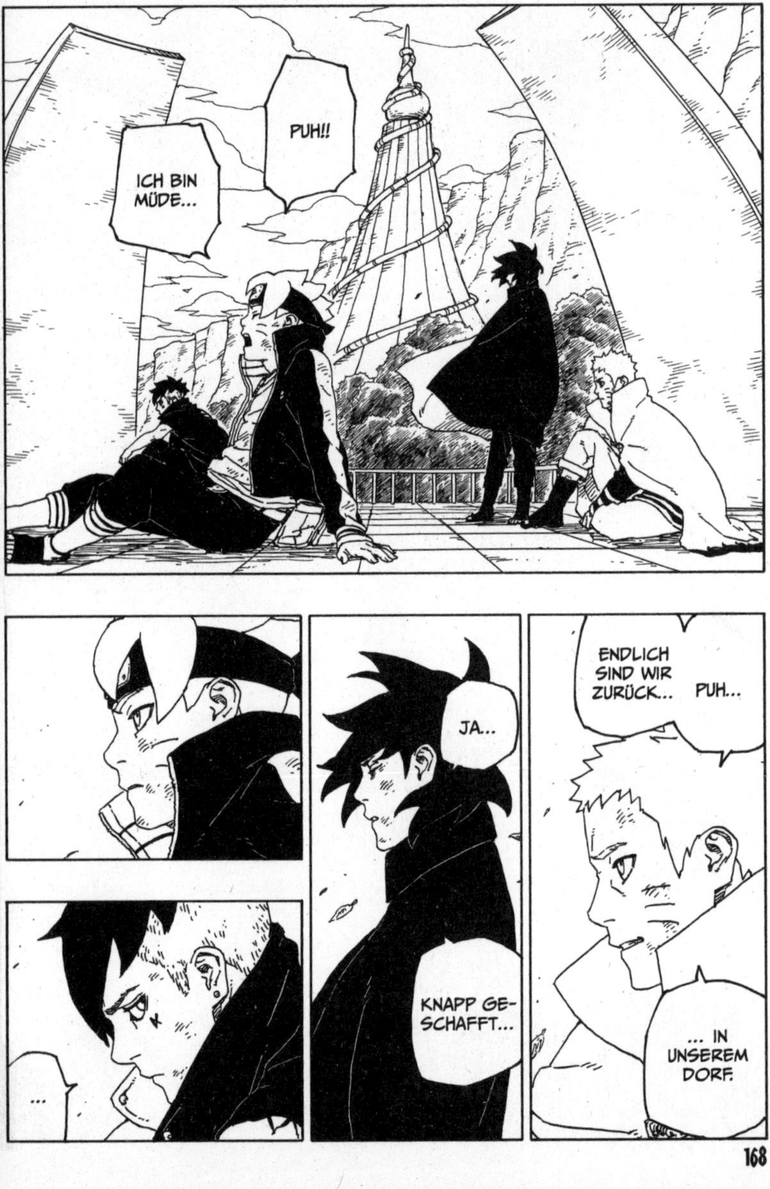

PUH!!
ICH BIN MÜDE...
ENDLICH SIND WIR ZURÜCK... PUH...
... IN UNSEREM DORF.
JA...
KNAPP GESCHAFFT...
...

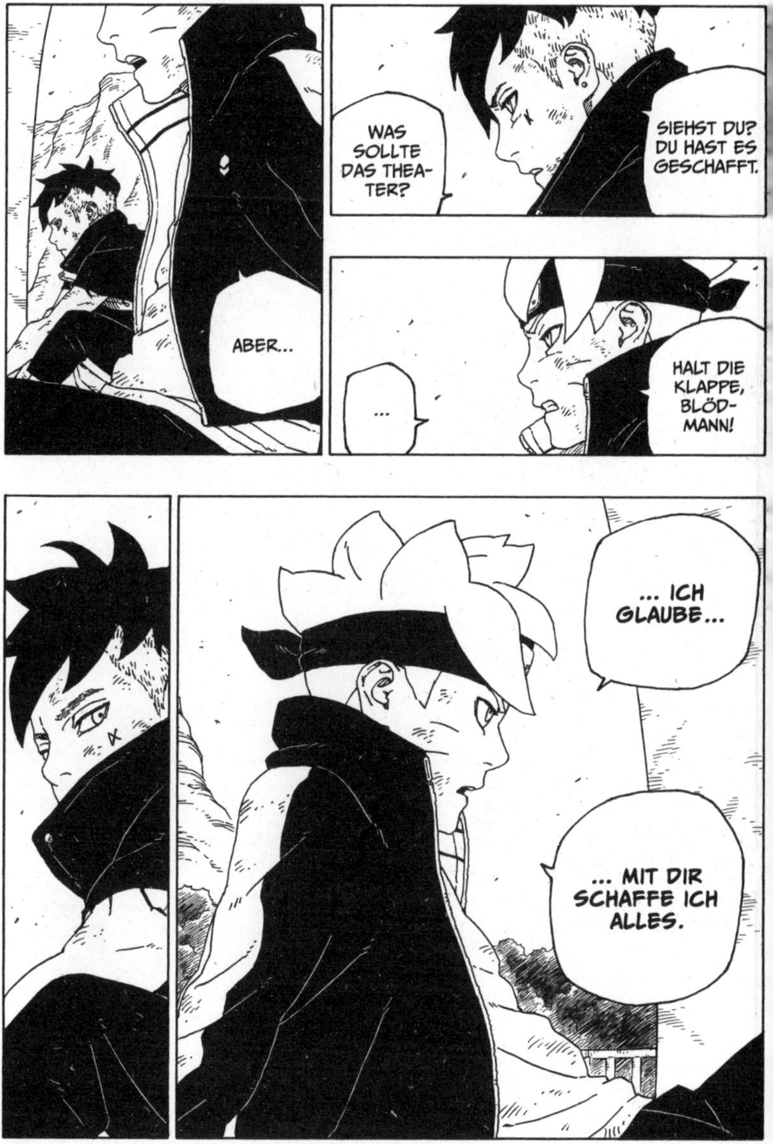

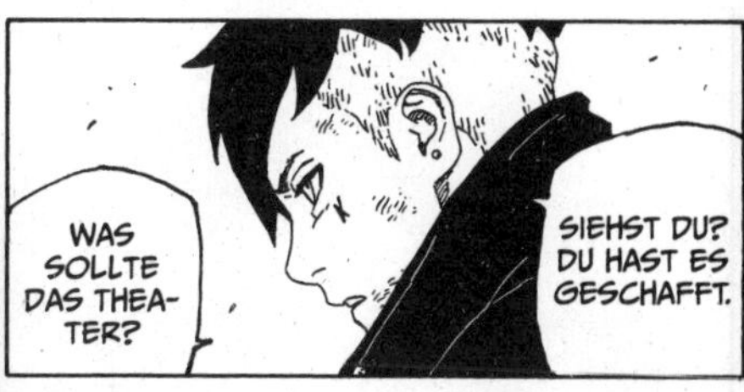


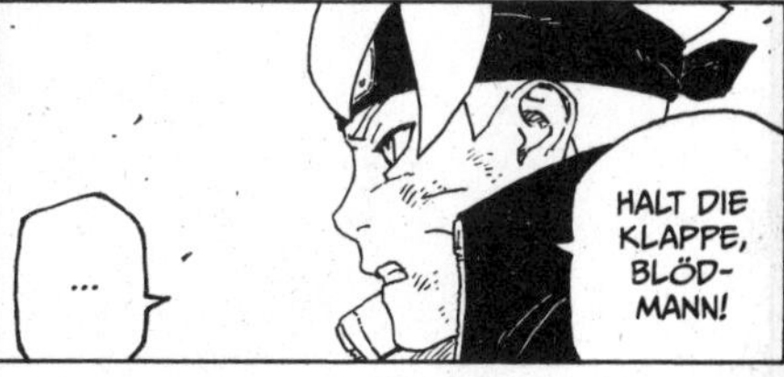


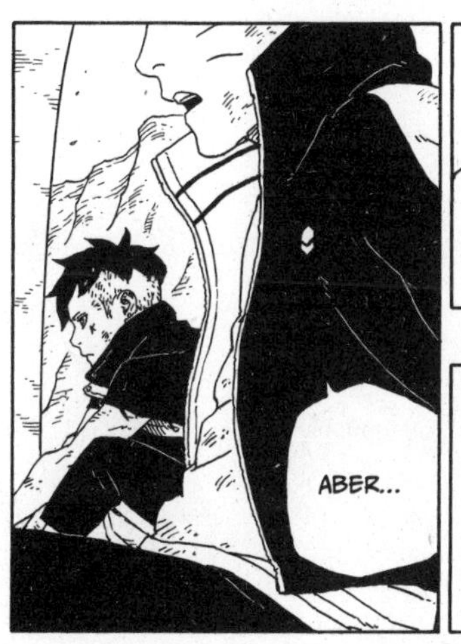


... ICH GLAUBE...

... MIT DIR SCHAFFE ICH ALLES.

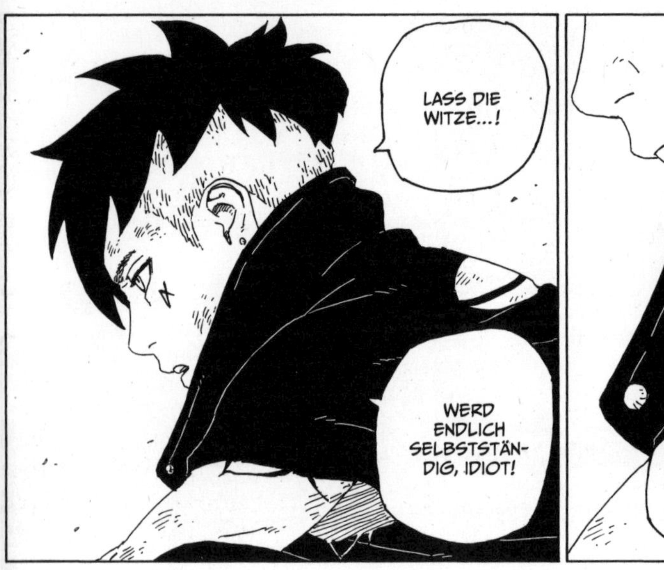
LASS DIE WITZE...!
WERD ENDLICH SELBSTSTÄN-DIG, IDIOT!

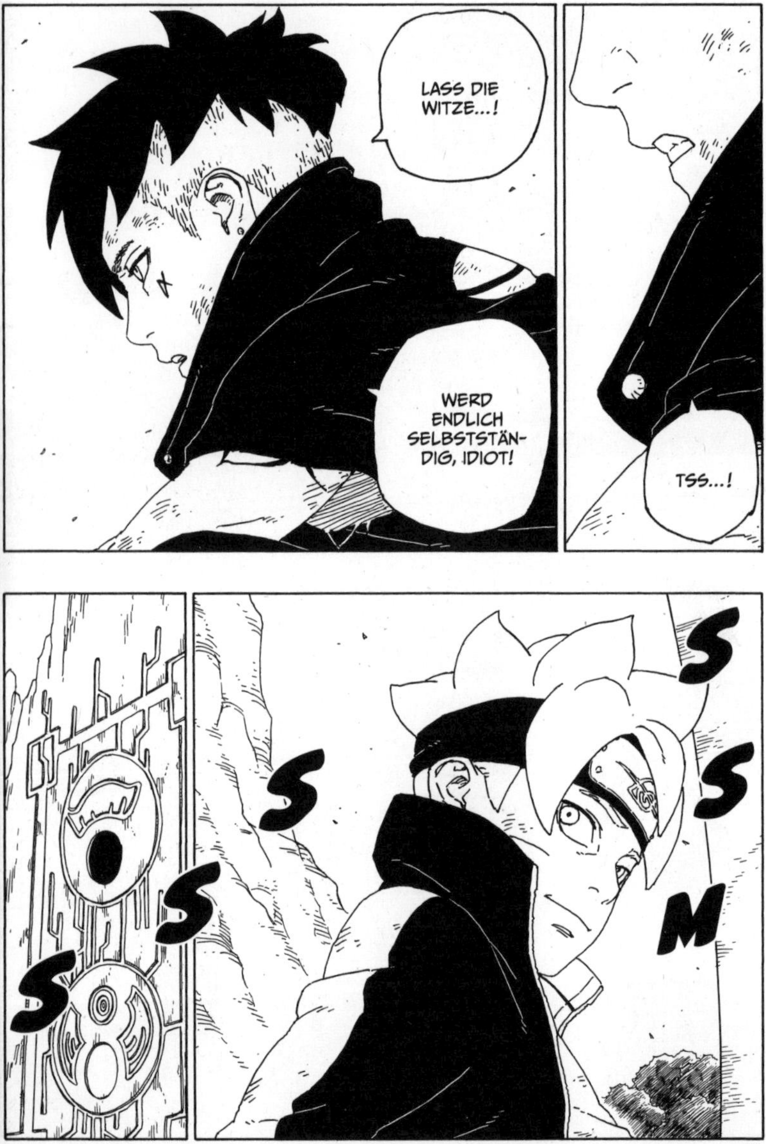

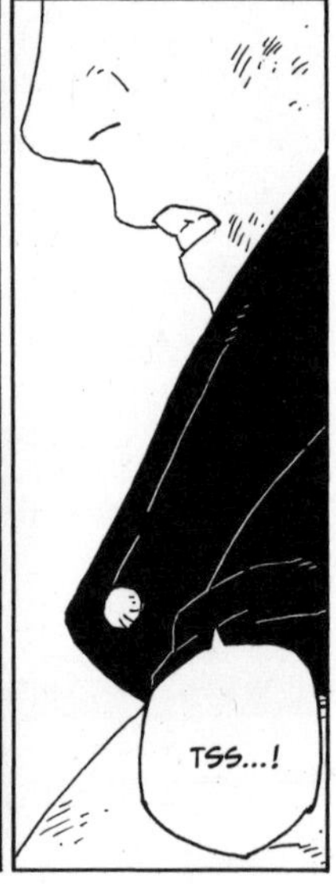
TSS...!
SSSSSM

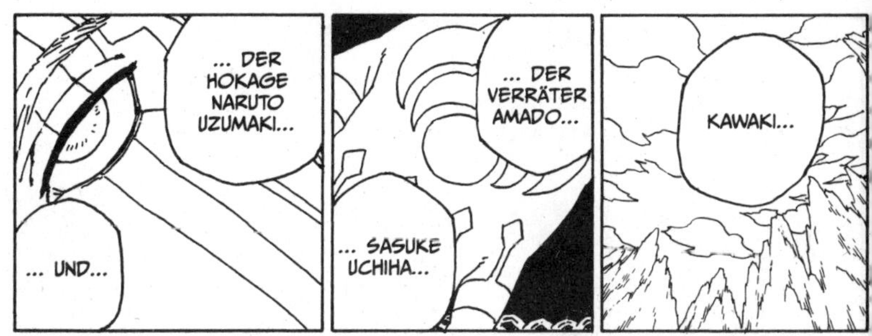
KAWAKI...
... DER VERRÄTER AMADO...
... SASUKE UCHIHA...
... DER HOKAGE NARUTO UZUMAKI...
... UND...

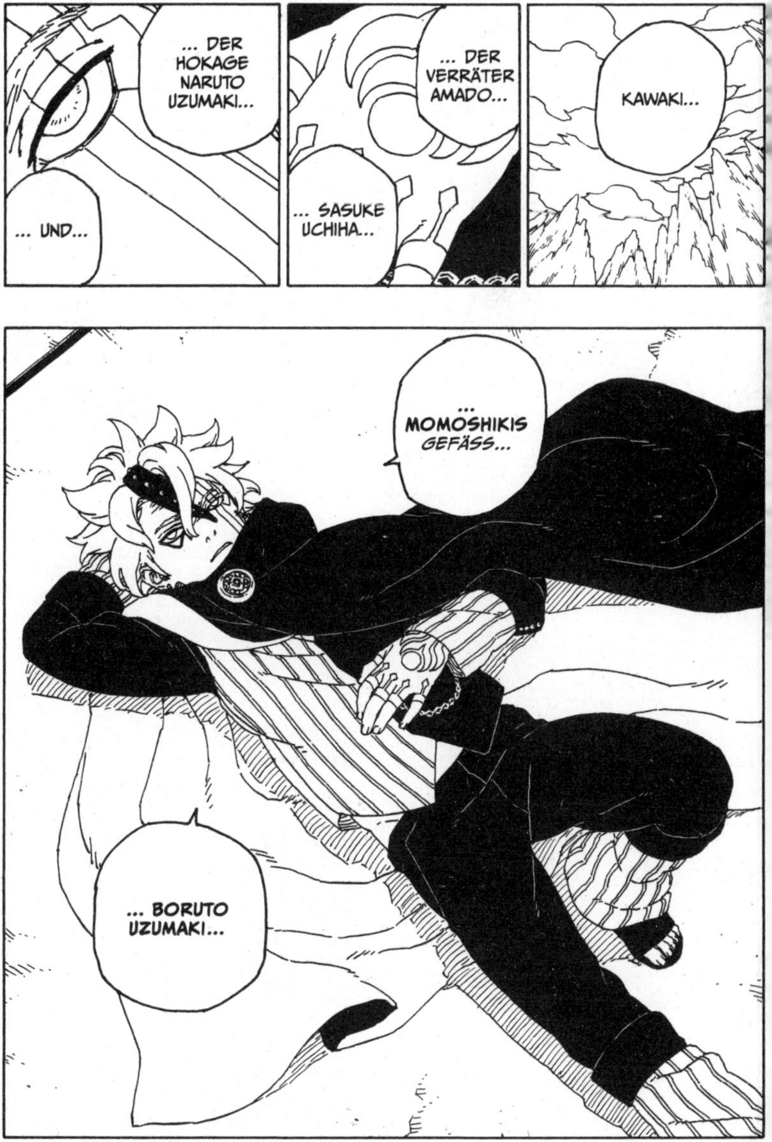

... MOMOSHIKIS GEFÄSS...
... BORUTO UZUMAKI...

## EIN NEUER GEGNER...

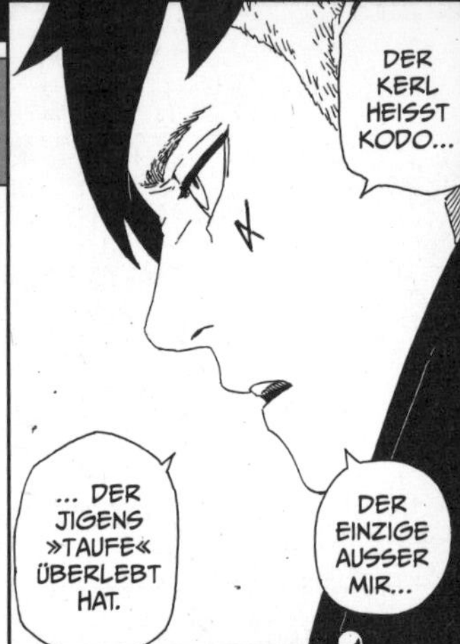


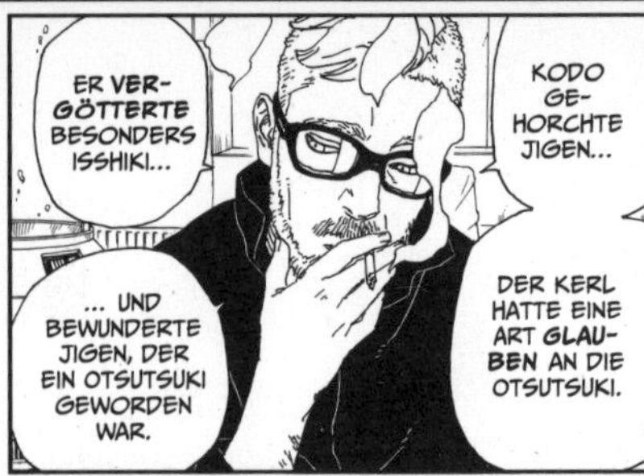


**KANN BORUTOS OTSUTSUKISIERUNG GESTOPPT WERDEN?!**

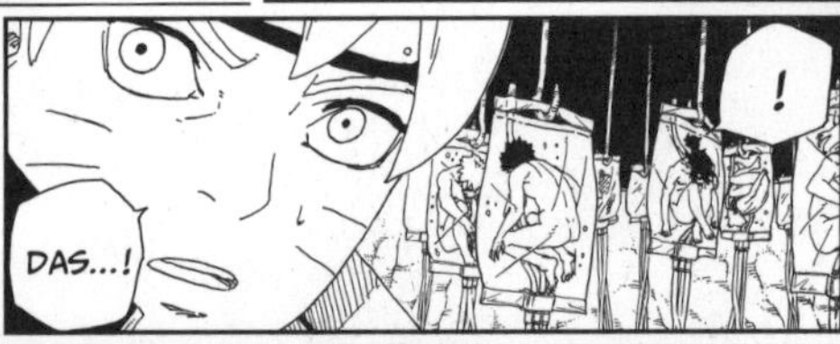


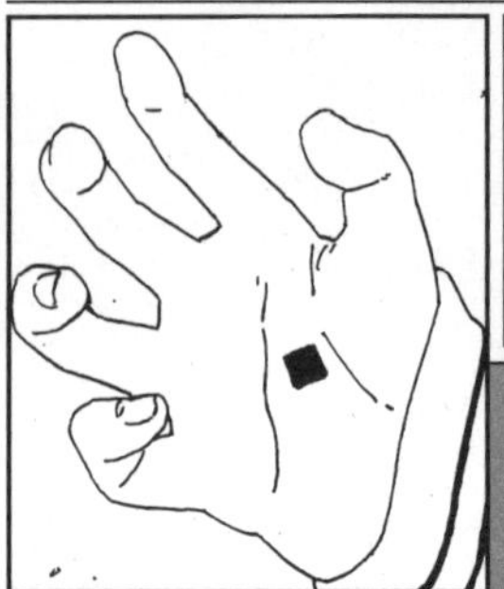

## ... SETZT SICH IN BEWEGUNG...!!!

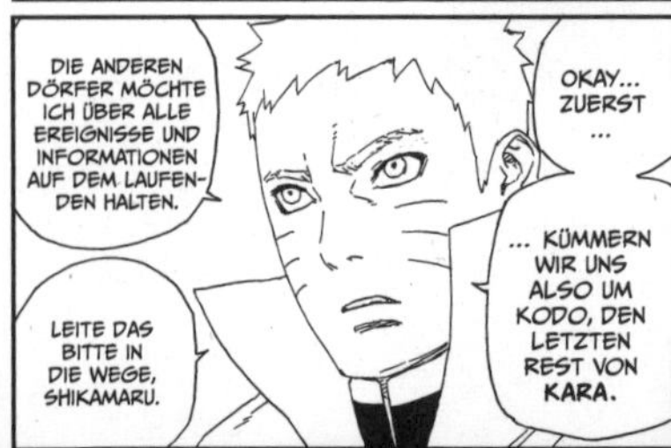


**DEUTEN DIE ZEICHEN WOMÖGLICH ERNEUT AUF EINEN WELTUMSPANNENDEN KRIEG?!**

ORIGINAL STORY AND SUPERVISING:
MASASHI KISHIMOTO

MANGA:
MIKIO IKEMOTO

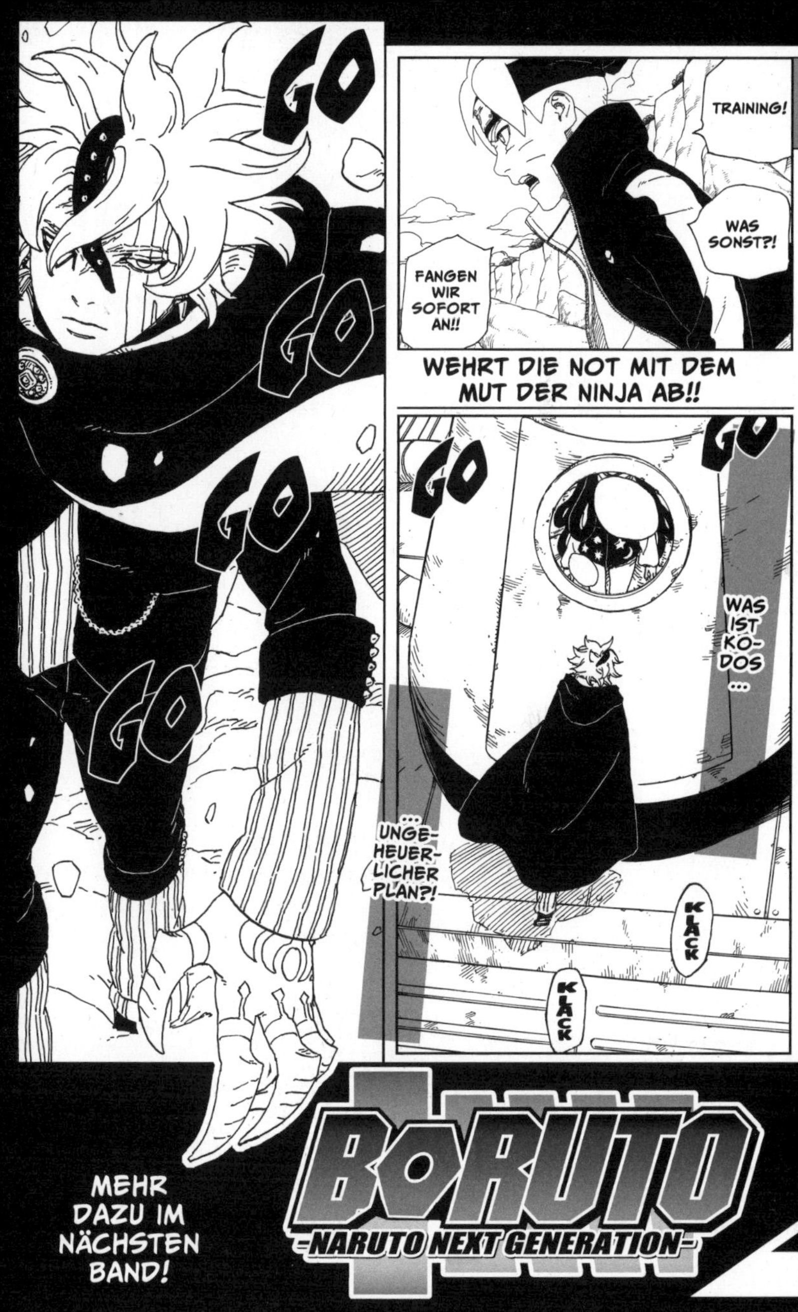
GO
GO
GO
GO
GO
TRAINING!
WAS SONST?!
FANGEN WIR SOFORT AN!!
WEHRT DIE NOT MIT DEM MUT DER NINJA AB!!
GO
GO
WAS IST KO-DOS ...
... UNGE-HEUER-LICHER PLAN?!
KLACK
KLACK
MEHR DAZU IM NÄCHSTEN BAND!
BORUTO
-NARUTO NEXT GENERATION-